"老艺术家口述历史"丛书

上海音像资料馆　组编
丛书总主编　乐建强　沈小榆
丛书执行主编　李丹青

我的京昆生涯

陈姿彤　主编

上海大学出版社

图书在版编目(CIP)数据

我的京昆生涯 / 陈姿彤主编. —上海：上海大学出版社，2020.7
（老艺术家口述历史 / 乐建强，沈小榆总主编）
ISBN 978-7-5671-3866-7

Ⅰ.①我… Ⅱ.①陈… Ⅲ.①京剧-戏曲家-访问记-中国-现代②昆曲-戏曲家-访问记-中国-现代 Ⅳ.①K825.78

中国版本图书馆 CIP 数据核字（2020）第 081012 号

本书由上海文化发展基金会图书出版专项基金、上大社·锦珂优秀图书出版基金资助出版

责任编辑　陈　强
助理编辑　王　俊
封面设计　柯国富
技术编辑　金　鑫　钱宇珅

"老艺术家口述历史"丛书
我的京昆生涯
上海音像资料馆　组编
陈姿彤　主编
上海大学出版社出版发行
（上海市上大路99号　邮政编码200444）
（http://www.shupress.cn　发行热线 021-66135112）
出版人　戴骏豪

＊

南京展望文化发展有限公司排版
江阴金马印刷有限公司印刷　各地新华书店经销
开本 710mm×1000mm　1/16　印张 22　字数 285 千
2020 年 7 月第 1 版　2020 年 7 月第 1 次印刷
ISBN 978-7-5671-3866-7/K·213　定价　65.00 元

版权所有　侵权必究
如发现本书有印装质量问题请与印刷厂质量科联系
联系电话：0510-86626877

丛书编委会

总 主 编

乐建强　沈小榆

执行主编

李丹青

撰　　稿

李丹青　陈家彦　陈姿彤　田　虹
陈　娅　柴亦文　马玉娟

丛书总序

致敬前辈　继往开来

岁月如梭，位居长江入海口的上海，以其优越的地理位置，经过无数生活在这片土地上的人民的勤奋耕耘，历经沧桑巨变，从昔日一个小小的渔村发展成为如今的国际化大都市。东西方文化在此交汇，不同国家、不同民族、不同地区、不同流派的文化在此交融碰撞，从而形成了海纳百川、兼容并蓄、别具一格、创新精致的海派文化。

在上海城市文化艺术的发展历程中，除了本土的沪剧之外，京剧、昆曲、粤剧、甬剧、锡剧、扬剧、绍剧、越剧、淮剧、花鼓戏等地方戏剧，评弹、相声、大鼓、单弦、山东快书等曲艺形式，以及杂技、木偶、皮影戏等多种演出门类，相继进入上海，它们有的走街串巷，有的登堂入室，有的在民间迁移流转，有的在茶楼戏院进行表演，更有的直接进入了正规剧院，可谓百花齐放，各显风采。

尤其是新中国成立以来，上海的文化艺术事业飞速发展，发生了与时代相适应的深刻变革。十一届三中全会召开之后，改革春风吹遍神州大地，上海的文化艺术事业也迈开了新的步伐。各大文艺院团不断探索、积极完善人才培养体系，广大文艺工作者积极深入生活，创作、编排了一大批反映改革发展、富有时代精神的新作品，极大地丰富了人民群众的文化艺术生活。在此期间,涌现出了话剧《陈毅市长》《商鞅》《秦王李世民》《中国梦》;昆剧《蔡文姬》《司马相如》《游园惊梦》;京剧《曹操与杨修》《贞观盛世》《廉吏于成龙》《盘丝洞》;越剧《三月春潮》《深宫怨》;沪剧《明月照母心》《清风歌》;淮剧《金龙与蜉蝣》《西楚霸王》;木偶剧《哪吒神遇钛星人》《皮影趣事》;杂技《大跳板》《牌技》等一大批优秀作品,门类涵盖各个剧种,内容涉及古今中外,既弘扬了主旋律、突出了正能量,又呈现出多样化的表演风格与艺术风采。

　　大多数普通观众往往只能看到艺术家们在舞台上的精彩演出,但对舞台之下他们的艺术生涯并不了解。在这些艺术家的成长过程中,他们付出的汗水与泪水,在艺术创作过程中的辛酸与喜悦,他们的感悟与收获,对自己从事了一辈子的事业的热爱与迷恋,他们的信念与坚持,这些正是培养老艺术家们毕生艺术成就的土壤,给予他们艺术创作源源不断的营养。

　　一则则舞台背后的故事,既绘就了一位位老艺术家的人生轨迹,也将整合为包含各艺术门类创作者心路历程的全景式画卷。而我们口述历史工作的意义也正在于此——一方面,通过对亲历者和当事人口述历史的记录,将为正史增加鲜活的细节和不同角度的观照;另一方面,通过收集老艺术家回忆中的吉光片羽,勾连起他们的艺术人生,再将其传递给更多的读者。而读者们将会随着老艺术家们的讲述,回到那往昔岁月,感受他们曾经的喜怒哀乐,了解那些教科书里学不到的历史。

　　他们是随着新中国成长起来的一批优秀艺术家,见证了祖国飞速发展的沧桑巨变;他们来自不同院团的多种岗位,个个都是业内翘楚,都是我们的老师前辈,由他们谈创作、谈经验,通过发自切身的情感传递,更显生动具体;他们经历过剧种的兴衰沉浮,对整个艺坛有着深刻的认识与思考。通过此套丛书的字里行间,我们能够感受到他们每个人对艺术的执着与热爱、智慧和涵养,让我们受益良多。

习近平总书记在全国文艺工作座谈会上指出:"中华民族有着强大的文化创造力。每到重大历史关头,文化都能感国运之变化、立时代之潮头、发时代之先声,为亿万人民、为伟大祖国鼓与呼。中华文化既坚守本根又不断与时俱进,使中华民族保持了坚定的民族自信和强大的修复能力,培育了共同的情感和价值、共同的理想和精神。"在过去,上海老艺术家们创作了一大批"立时代之潮头、发时代之先声"的优秀舞台作品,教育和鼓舞了一批又一批青年为建设祖国而奋勇前进。如今,接力棒交到了新一代年轻人的手中,希望青年文艺工作者们能够继承和发扬老一辈文艺工作者的精神,创作出更多"不辜负时代召唤、不辜负人民期待"的文艺精品,向优质文化的高峰不断迈进!

上海市文联副主席
上海电视艺术家协会主席

二〇二〇年四月十日

目 录

传统戏曲舞台的执着创新者
　　——马科口述 / 001

武戏,也要有人物
　　——王芝泉口述 / 017

"此曲只应天上有",昆曲的唱是最重要的
　　——计镇华口述 / 043

忆"夏声"和我的京剧人生
　　——齐英才口述 / 066

"丑而不丑,丑中见美",丑角也要给人美的享受
　　——孙正阳口述 / 086

绝代芳华,为程派艺术倾尽一生
　　——李蔷华口述 / 105

老前辈们的确是我们永远学不完的榜样
　　——张南云口述 / 120

昆曲,就是我的血液
　　——张洵澎口述 / 132

我的根,早已深深扎在昆剧艺术的土壤里了
　　——张铭荣口述 / 148

在京剧传承的道路上
　　——陈朝红口述 / 167

"昆曲第一女小生"的戏曲人生
　　——岳美缇口述 / 197

昆曲,就是要保留它原汁原味的东西
　　——顾兆琳口述 / 212

我的作曲生涯
　　——黄钧口述 / 227

昆曲,是值得用你一辈子心血去灌溉的剧种
　　——梁谷音口述 / 263

"杨子荣",是我艺术生涯的一个巨大的转折点
　　——童祥苓口述 / 279

昆曲,是我生命的代名词
　　——蔡正仁口述 / 306

后记:留下一扇记忆的窗户 / 336

传统戏曲舞台的执着创新者
——马科口述

马科，1930年出生，河北保定人。国家一级导演，上海市非物质文化遗产京剧项目代表性传承人。1942年考入夏声戏剧学校，1949年毕业，随校编入中国人民解放军第三野战军文工团，又随团并入华东实验京剧团、上海京剧院。1955年入上海戏剧学院导演系进修，1958年回院正式任导演。原学京剧武生，受到生旦净丑名家指教，在校已能顶演各种角色，并尝试导演话剧小戏。

1954年为周信芳名剧《文天祥》做舞台监督，实际任复排导演。1958年起，导演过京剧、话剧、越剧、淮剧、滑稽戏、粤剧等十余个剧种七十多出戏。其中京剧《红色风暴》《赵一曼》《海瑞上疏》《武则天》《战海浪》《海港》《宏碧缘》《曹操与杨修》《盘丝洞》及越剧《西园记》、粤剧《潮涨潮落》、黄梅戏《红楼梦》等具有广泛影响。

他系统地接受过斯坦尼斯拉夫斯基表演体系的训练，在长期实践中把中国传统戏曲演剧体系与西洋演剧体系相结合，不失中国戏曲本色，形成独特的导演艺术风格。现任上海戏曲导演学会会长。

马科：我出生在河北省深县赵八庄，那个地方离元代大戏剧家关汉卿的墓只有七八里路，那里也是中国戏曲的故乡。村里的长辈们张口就能唱《鲁智深醉打山门》《林冲夜奔》。我年轻的时候回老家，同辈的人问我："你在上海唱戏，给我们唱唱。"我说给你们唱什么呢？他们说，要不我们先给你表演。然后他们就在打麦场上翻跟头、连扭带唱，能唱《狮子楼》《武松杀嫂》《林冲夜奔》，我才明白我的家乡是中国戏曲北昆的故乡之一，他们唱的昆腔，属于北昆。

在我上小学一年级的时候（1937年），卢沟桥事变爆发了，我跟着爹娘开始流亡。我奶奶那时50多岁，裹的小脚，不带她走吧，我父母实在是不放心，但是带着她，她的小脚实在走不了远路，就为这个事情踌躇了很久。等到不得不离开的时候，我父亲只好带着我们撇下他的爹娘走了。当时要赶到石家庄乘坐难民火车，可路上已经雇不到牛车、马车了，我只有七岁，只能跟着父母一起走，三天走完了两百里路。实在走不动了我就躺在地上歇会儿。我父亲背着一个包袱，是我们全家五口人穿的衣服，我母亲背着我妹妹，我姐姐九岁，比我大两岁。最后我们终于赶上了石家庄最后一班火车，更惊险的是上了火车之后不久，日本鬼子的飞机就冲着我们扫射了。我那个时候就非常明白，我是中国人，日本人欺负我们，我们一定要打倒日本帝国主义，誓死不做亡国奴！当时我就产生了非常强烈的民族意识。

采访人：那您是怎样与京剧结缘的呢？

马科：后来我们一家逃难，从甘肃的天水磐安镇，到陕西的柞水县，转了一大圈，最后到了西安。有一天，我父亲的一个同学到我们家来玩，他看见我就对我父亲说："你的这个小子，咋也供不起他上学，你就这么一个儿子，要是抓去当壮丁了怎么办？干脆让他跟着我，我现在在夏声戏剧学校，这个学校很有水平，是宣传抗日的。"我父亲非常同意，到了星期一，我母亲给我打了一个小包袱，我就去参加夏声戏剧学校了。这一年是1942年，我12岁。

夏声戏剧学校是刘仲秋和郭建英主办的，刘仲秋后来是上海戏校、北京戏校的副校长。刘仲秋是相当有名的京剧老生演员，郭建英是梅兰芳的学生，唱旦角的，他们办了这个夏声戏校，目的主要是用京剧宣传抗日。当时学校制度是七年，从前科班学戏是不学习文化课的，但夏声戏校是要学文化的，所以我们毕业的时候文学、历史、地理都具有相当于高中毕业的水平，所以我们比只学戏不读书的老式科班要受益很多。在夏声戏校，许多老师和我父亲都是好朋友，他们都像我叔叔、伯伯似的，所以我在学校也很放松。刘仲秋老师看我是小男孩，先给我吊吊眉毛，看我的形象好像能唱武生，就教了我一出《黄鹤楼》，演赵子龙。由于我是第二批学生，第一批学生的生旦净丑已经配成了一套人马，而第二批的学生还没上台，所以我只能上台跑龙套。

当时我对什么都有兴趣，什么都学了一点。有一次演《女起解》的丑角演员生了病，不能演了，老师挺着急，我就自告奋勇，结果演了《女起解》里面的崇公道。后来《铁笼山》里面有四个羌女，小武旦，也是其中一个同学生病了，我说"老师我来"！后来《嫦娥奔月》里需要陪

马科（右一）12岁在夏声戏校演出《梁红玉》剧照，饰寻丁

着嫦娥在天宫里表演歌舞的仙女角色，教旦角的老师也说"马科，也有你一个"。所以那个时候生旦净丑，除了老生戏、唱功戏轮不着我，其他的我都演过。

我小时候是个戏迷，看着什么戏好我能全背下来，生旦净丑随你考，我全会。当时毕业考试的时候，要汇报自己学会了多少戏，我报了一百出戏，这在同学当中也是不常见的。小孩子确实学什么都很快。我最开始是学武生，刘校长常常会看孩子们练功，但是刘校长跟我说，你学武生体魄不行，长不了大个子，要是演短打武生，你这肉腿，跳不了冲不了，演丑角倒是不错，要是生旦净丑全学，你今后会是很有用的人才。他说改良京剧的任务需要一种人才，叫"戏包袱"，告诉我应该生旦净丑全学。从这次谈话后，我明白了自己的方向，刘校长就给我安排了特殊的学习任务。我们学生每天吃完了午饭之后有一堂课，叫"步台""械舞"。"步台"就是走台步，"械舞"就是耍刀枪打把子。旦角就旦角走，生就生走，丑角走矮子，而我是在生旦净丑里轮着来。我觉得那个时候的学习对后来我从事导演工作起着非常重要的作用。

夏声戏校实际上是地下党支持着办的，我们知道哪个老师又从延安来了，从延安到西安一般就住到八路军办事处，也会到学校来教戏。后来夏声戏校在抗战时期演出《陆文龙》，戏里骂秦桧卖国投敌，很明显是宣传抗日主题的。

我还演过《打城隍》，这出戏毛主席曾经提到过。它是讲几个农民不愿意当亡国奴，不愿意被日本抓去干事，跑到城隍庙里面躲着，暴露了之后组织义勇军打日本鬼子，誓死不做亡国奴的事。这个对我感触特别深，因为我曾经挨过三次日本人的机枪扫射，所以宣传抗日我是义不容辞的。到上海解放，夏声戏校就跟三野政治部文工团的娃娃剧团合并了。

采访人：您能给我们讲讲这个娃娃剧团吗？

马科：娃娃剧团成立于1945年，比夏声戏校成立得晚。抗战时期富连成、荣春社、上海戏校、北京戏校全垮了。当时在北平的敌伪政府放出消息，说要组织一个剧团，原来这些科班的孩子们有的生活过得很艰难，听到要组织剧团，就一下子传开来了，最后加入的有几十个孩子。敌伪剧团把他们骗去之后，简直是非人对待，死了很多孩子。解放军解放盐城之后，把这些娃娃从死亡边缘救了回来，组建了共产党领导之下的一个娃娃剧团，隶属第三野战军政治部文工团，成了解放军部队里的宠儿。第三野战军打仗之前、打完了仗开庆功会，要是让娃娃剧团来演一台戏，简直就是最高的奖赏。打孟良崮的时候我还没有参加娃娃剧团，但我听说打孟良崮的时候，部队行军时就看到娃娃剧团打着竹板儿，沿途给部队鼓舞斗志，最后一下子全歼了张灵甫的部队。陈毅司令说咱们的队伍打了胜仗，国民党马上要报复，就带着队伍大转移。娃娃剧团跟不上，就让娃娃剧团在孟良崮附近的一个地方，脱了军装，穿上老百姓的衣服，一路隐蔽着前进，白天藏到麦子地、树根底下，到了安全的地方就让娃娃剧团连夜归队。新中国成立以后，我们夏声戏校跟这个娃娃剧团合并了。当时我是团里的积极分子，演《大名府》，我一人分饰好几个角色，开始扮演林冲，扎白靠，第一大将军；下面卢俊义被发配了，我就扮董超，花脸，是个坏蛋；扮完了董超之后，梁山好汉进大名府城门的时候有个把门官，是个小丑，调皮捣蛋、下流无耻、调戏妇女，还是我扮。所以林冲扮完了之后扮董超，然后再扮把门官小丑，扮完了之后赶紧再返回头来扮林冲，扎上白靠主持决战。那时候不是我本事大，就是积极性特别高，所以在娃娃剧团大家都很喜欢我。

在这个娃娃剧团受的基础训练不如夏声戏校扎实，但是这些穷苦艺人参加了革命之后，学习觉悟提高了，拼命地吸收知识，他们的学习精神是非常值得我们学习的，所以娃娃剧团和夏声戏校互相学习，打成了一片。我们在第三野战军有两年多的时间，后来陈毅司令亲自决定,把娃娃剧团交给上海,娃娃剧团还挺难过,不愿意离开,陈毅司令到剧团来跟娃娃们讲了很多道理,娃娃们就盘着腿坐在地毯上面听他讲。所以我参军不到三年,就这样调到上海了。调到上海之后,上海京剧院成立了,我也是上海京剧院的第一批青年演员。到了抗美援朝时期,我作为新民主主义青年团总支书记、演员队长,参加了抗美援朝慰问演出团到朝鲜去了。

采访人:当时赴朝慰问的情况是什么样的?有什么印象深刻的事情吗?

马科:去慰问抗美援朝的志愿军,也给朝鲜人民军演出,给朝鲜的老百姓也演。演出场地很有意思,有的时候在山洞里演,有的时候在树林里面演,把松树枝给劈了腾出一片空地表演,条件很艰苦,但又非常高兴。

也有很多有趣的事情。一天,部队上有个人来说,你们派个人来领子弹。我一听要领子弹,可能也要让我们参加打仗,就叫了同事去领子弹。后来一看,原来领的是鸡蛋,我说不是说领子弹吗?那个军人说:"啊,这不是'子蛋'吗?"也不知道他这是什么地方的方言。还有一天,我们正好演出完,在吃饭的时候,忽然间来了空袭警报,眼看着一架飞机冲下来,"轰"的一声巨响,我们赶紧捂脑袋,原来飞机挨了炮弹,"咣当"一下撞到伙房,连伙房也一起炸掉了,很是惊险。反正那时候生动的事情很多。

到后来我病倒了,夜里战友让我坐到行军转移的汽车驾驶室里。半夜我晕倒了,他们又把我扶下来放到地上。慢慢地我醒了过来,听见有人在哭,是几个战友围在我身边。见这场面,我想:我如果是牺牲了,还有这么多战友在这为我流泪,心里还挺感动。后来我就动了一动,大家看我还活着,赶忙把我送到野战医院,再把我送到后勤司令部。组织上研究了之后,派了两名同志护送我回到了上海。

采访人： 回来上海之后您就开始担任戏曲导演了吗？

马科： 是回到上海之后过了一阵，周信芳院长就任命24岁的我为导演。那个时候我是个24岁的调皮鬼，任命我做导演连我自己都不敢相信。让我做导演，不是导演小青年，是导演他自己演的《文天祥》。这出戏是为纪念梅兰芳、周信芳舞台生活40周年准备的，要在北京演出。这一任命，不但把大伙儿吓晕了，连我自己也被吓晕了。我赶紧去找团长、党支部书记，我说这怎么行呢！团长说，周院长是跟党组织商量过才做出决定的，党说你行，你说你不行吗？一句话就解决了我的思想问题，党说我行，谁说我不行？所以一上了排练场，我胆子大得不得了，有种初生牛犊不怕虎的冲劲，"恶霸导演"的称号就是这么来的。

1954年24岁的马科

平常我也不是那种人，由于我的导演身份，所以我在排戏的时候要求比较严格，对有些不听指挥的演员，我发急了就会大吼："你看是你滚蛋还是我滚蛋！我有权力开除你！"等排练结束，我的一些老师们，或者一些跟我要好的小青年，会过来搂着我肩膀跟我说，刚才你那样不对。第二天排戏我就跟大家检讨说，我昨天那样不对，我坚决改正。我就是这么一个性格。那个时候的华东戏曲研究院，上海的名导演很多，都说上海京剧院就一个小马科在那里连续导演了好多台戏，真是不得了。

采访人： 您能谈谈对戏曲导演的理解吗？

马科： 说起戏曲导演，其实以前戏曲没有"导演"这个称谓，但总有干这个工作的人。比如说哪位大家敬仰的老艺人，年纪大了，不能在台上继续演出了，就教戏、排戏，实际上他起着导演的作用，但是对于创新的东西，还是大师们自己来搞。像周信芳、梅兰芳、盖叫天这些名家有师父指点，但是没有专门一个带队的指挥员，他们都是自己进行创新和发展的。在这种情况下，我听说上海戏剧学院来了一个苏联专家，专门讲授斯坦尼斯拉夫斯基体系。我当初在夏声戏校的时候，演剧九队的吕复，他也是名共产党员，常常帮助我们，那个时候我就发现他有本《一个角色的诞生》，里面讲导演应该如何思考等。我看了很感兴趣，但是半懂不懂。这时候听说有个苏联正规的斯坦尼体系嫡系的专家，曾在列宁格勒戏剧学院里面教表演的教授亲自授课，我特别感兴趣，就想去听一听。我虽然是旁听生，但是一听就着了迷。我作为京剧演员出身，感觉中国戏曲的表现力确实很强，但是京剧演员到舞台上不是想角色所想、感角色所感，而是首先考虑跟头范儿怎么立稳了，唱的腔调是什么，演员就像是站在角色后头耍木偶戏似的演角色。对比一下话剧体系，它虽然演得不像中国戏曲这样花哨，这样引人入胜，但是演员在表演的时候想角色之想、感角色之感，就能演出角色的情，所以有它的长处。

我那时候就有个想法，京剧演员表现力很强，如果再加上斯坦尼体系对角色心理感受的揣摩，两者结合在一起就更厉害了。所以我对上课很有兴趣，课堂讨论的时候我老是发言。当时班长想，这京剧院的小孩干什么呀，怎么随便发言？有一次全班同学都到齐了，趁老师还没进来的时候，班长就当着全班同学的面说：马科同学，你是个旁听生，上课就好好旁听，总出来发言干什么，请你注意这个问题。说的我挺难为情的，接下来几天我一言不发。其实那个时候苏联老师已经很喜欢我了，有一次老师提问，大家还没有回答，老师就直奔我这儿来了："我这几天为什么不听见你发言呢？你是不用功还是有什么问题呀？"我说我要发言的，老师说的话你们大家都听见了。就这么着，我更积极了，不仅发言，还有什么想法就出来表演。后来她排莎士比亚喜剧《无事生非》的时候，全班男同学最盼望能够分配到的角色她

《潮涨潮落》剧组讨论

居然分配给我了,还派我做专业课代表,形体动作考试都是我组织、负责,我几乎成了助教了。可是排着排着,她突然变了脸,说我这也不好那也不可。甚至后来对我说:"亲爱的马科,可能我这个角色派错了,整个戏里面你还喜欢哪个角色老师都答应你。"我那时候也发了牛脾气了,说我哪个角色都不喜欢,就喜欢这一个。当时我不知道她到底要我怎么样,就是觉得我这个角色演得不够好,我很着急,每天垂头丧气的。后来我就琢磨,到底怎么才能把这个角色演好呢,能不能把京剧的东西拿来试一试?有一天,我就在课堂上面用京剧的方式表演了,老师看了,一下子喊起来,太好了太好了!这是我第一个中西结合的作品,后来我这个角色就成了观众喜欢、行家们也喜欢的角色,周总理看了两回,然后决定让这部戏到怀仁堂去演出。在怀仁堂演出的时候,毛主席在怀仁堂开会,朱总司令还特意跑到化妆室来,说要看看那头驴。

采访人:您跟童老师的浪漫爱情一直是传为佳话的,能跟我们分享一下吗?

马科：在进修班学习期间，我跟一位女同学谈恋爱了。当时专家的戏还在戏剧学院演出，他们表演系的同学一到八点一刻就吆喝："弟兄们，八点一刻啦！"八点一刻就是我要登场了，表演系一大群人就到剧场看我这个角色出场，我那个时候风头就出成那个样子。有一天，院长做学术报告，我旁边就坐着一位表演系的女同学，不过我不认识她。听报告中间休息的时候，一群同学围着我，夸我演得好。等再回来听报告时，这位女同学就对我说，马科同学，这么多人围着奉承你，你的自我感觉如何呀？我从来没有听过一个女同学对我说这话，顿时噎住了，半天没有吭气儿，也不知道该跟她说什么。戏剧学院美女如云，从来没有一个女同学跟我说这样的话。当天晚上，我辗转反侧，真是很长时间都没有睡着。我忽然间感觉到，自己确实不应该昏了头，心想，我这辈子要娶老婆就得娶这样的老婆。我这辈子很少做出什么英明的决定，但是这件事可以算作我的英明决定。之后我就决定要找她谈谈，可怎么也找不着她了。陈国誉是他们班长，我借用道具、协调教室的时候常常跟她打交道，我看见她就问，这几天为什么看不到童正维了，她干嘛去了？她说童正维生病了，你想看看她去吗？然后我就直奔她宿舍敲门去了，当时童正维的同学一开门发现是我，大叫道，哇，马科你来干嘛？我说，听说童正维生病了，我来看看她。这下子女生宿舍里面乱了套了。她们说你就这么空着手来看病人啊？这句话正好给我台阶了，我当时是实习导演，每个月有工资的，我就跑到静安寺买了两大包东西，又是水果又是糖，然后拿到女生宿舍里面请大家吃。好家伙，消息一下就传出去了，说马科追童正维，脸皮比城墙还厚！之后她就是这样答应我了，不过她说我年龄比她大七岁，不知道我乡下有没有老婆。我就把我十几年的日记全部上交给她做"政治审查"。的确，我感觉我这辈子选老婆我是选中了，她就是我的"政委"，童"政委"。哈哈！说实话，在他们那一届的同学里，童正维在《家》里演瑞珏，在《桃花扇》里演李香君，两个都是女主角。后来跟我结婚

1960年马科结婚时与刘斌崑（名丑）老师合影

之后，她简直是贤妻良母，她说我的工作任务重，让我冲锋陷阵去吧，她在后方支持我。我那时候也没有什么物质条件，就说句谢谢你。等到好多年后，儿女也大了，我的工作环境、条件也好了，我说你愿意上哪儿玩，愿意去演什么戏，你尽管去吧。后来她就去北京演了个《编辑部的故事》。这部戏之前，人家说我是马导演，她是导演夫人，现在她是牛大姐，我成了牛姐夫了！

现在想想，自从结婚之后，她看我工作忙，又要在家写导演计划，她就说你啥都别管了，我给你做饭。刚成家时没有煤气炉子，她就在那儿生烧煤的炉子，搞了半天炉子也没生着。我说算了，咱们还是出去吃碗阳春面去吧。她不干，跟邻居借了炉子用，结果把人家的炉子也搞灭了。这就是我老婆。后来我得了癌症，她就把我带在身边，一边继续拍戏一边照

马科夫妇

顾我，如果不是她，我老早就归天了。

采访人：您导演的《红色风暴》可以说是打响了中国京剧现代戏的第一炮，当时您是如何"西为中用"，把西方戏剧体验的方法引入中国京剧中来的？

马科：1958年我正式回到上海京剧院担任导演，排现代京剧《红色风暴》的时候，我就尝试着像苏联专家指导我们排练的路数那样，按照剧本写的角色来体验一下那样的日子。角色该下操，该站岗，工人罢工，工人家属在家里面怎么洗衣服、带孩子，咱们就按照实际生活来试试看。这一下子就在京剧三团的大院里面搞了起来，站操站得不好，演反动派长官的还会打他一下踢他一脚。舞台上的角色需要学习在生活里面的感受，所以那个时候我一使用这个方法，大家都很投入。当时戏里面的一个角色是给警卫处长他爹开轧道车的，他来报信说老太爷在铁路上被压死了，一边喊一边连滚带爬地跑进来。他这一喊，大家一拥而上，戏里面的工人和反动军警扭打到了一起，场面很混乱。这个事情就按照剧本发生了，虽然没有调度安排，但像真的似的。我怕再闹下去会真打起来，我就说："停下！停下！"大家伙很不愿意地停止了。我说太好了，要的就是这种感觉。大伙儿都挺激动，就这样排第二遍、第三遍的时候，这个戏开头就定了。所谓体验，就是将话剧从生活中人在想什么这个角度去感知，中国戏曲是先理智地去设计好了再表现出来，把话剧和京剧这两个方面融合在一起，它的优越性就出来了，就能很好地取长补短了。

《红色风暴》这部戏大致排练了不到一个月，就在剧场演出了，反响很大。有一次戏演完，大幕落下来了，我正准备找演员说说今天的戏有什么问题呢，就看见一个人从外面把大幕撩起来往里瞧。啊，原来是周总理！我们的院长介绍说，马科同志是我们的青年导演。周总理伸出手来跟我握手，把我拽到亮的地方，然后他说，林祥谦的父亲不是这样牺牲的吧。我说历史上不是这样的，我根据艺术的需要改成这样的。

他说很好很好！我说演员都在化妆室里面卸妆，您去看看他们吧。到了化妆室，一些小孩看到是周总理，激动的呀。周总理跟我们谈过去的历史，谈到今天的戏，和大家一起讨论现在什么地方很好，什么地方是不是应该改动一下。最后周总理做了一个评价，说这个戏是新中国建立近十年来，京剧现代戏的第一炮！

采访人：在新编历史京剧《曹操与杨修》中您塑造了一位"马科式"的"曹操"，您能谈谈是如何进行人物创造的吗？

马科：当时我在日本带了一个小团给学校演出，跑遍了日本三十多个城市，回上海之前，上海京剧院就说有个很重要的任务，希望我来承担。可是我回到上海，不知什么原因，京剧院已经从北京请了一位我很尊重的前辈导演开始排了。随后我被安排到山西排戏。过了一段时间，他们这边排戏发生了困难，剧院里边怕我有想法不高兴回来，就托一个朋友把剧本给我送来。他说这个剧本非常好，希望我接受这个任务。童正维也提醒我，我一看这个剧本，感觉的确是非常好，这个戏也很有意义。在从山西回上海的路上，我一口气写了好几千字关于剧本修改的意见。回到上海我马上去拜访原作者，跟他说，这个剧本非常好，我非常喜欢，也非常愿意排它。但是我还有这么多意见，不知道你

《曹操与杨修》剧照

看了会怎么样。其实我非常担心，怕他看了之后会不高兴。他连夜看了我的修改意见，第二天来敲我门。一开门我赶忙问怎么样，你有什么想法？他给了我四个字——相见恨晚！我感觉到这个人也不简单，我们后来合作得很愉快。

对于这部戏我有很多自己的创造，比方说曹操有个很重要的思想过程，就是杨修带了一个伙伴来投靠曹操，但是曹操想起来他杀了这个人的父亲，所以很怀疑他，上来问了几个问题，一拔剑就把他杀死了，这是曹操的一个错误。但是呢，如果一上来把曹操写成这样一个人物，不就跟历史上写的那个奸雄曹操一样了吗？我觉得应该从正确的历史唯物主义的角度去看曹操，那个历史时期，中华大地上军阀混战，杀得只剩下七百万人了，他非常想结束这个自相残杀的局面，所以他艰苦奋斗、招贤纳士。杨修来也是为了干好事情，所以两个人非常投缘，但是最终却以悲剧告终。当时我在想，咱中国人有个说法，而且我们自己也承认，就是中国人每一个都是好样的，但是放在一块儿就搅起来没完，这是一个大缺点。而这部戏就是尖锐地去揭示这个问题：杨修来投奔曹操，投奔这份崇高的事业，曹操得到杨修就高兴得不得了，两个都是卓绝的英才，最后却越闹越僵，一个杀了另一个。我觉得这对于中华民族是很重要的一课，要把这个说清楚。前边曹操第一次杀了杨修带来的孔闻岱，应该把这个事情说透、点明，说清曹操是怎么想的。不能说是奸雄曹操，他就一定是个坏人，我想把他的想法让观众看明白，甚至要让观众感觉到要是自己是曹操，可能也会这么做。

排戏的时候，还有一个让人印象深的事情。演杨修的那个演员叫言兴朋，我很喜欢他。有一天排戏他又迟到了，我们那儿是很忌讳这个事情的，那天点完了名，执勤班长就说："导演，言兴朋没来。"曹操与杨修，杨修没来，当时我就窝火了，就坐在这儿等着他，一句话也没有。等了他有二十分钟，他来了，想跟我解释，我说你不要跟我说乱七八糟的，咱们这是革命工作,你这样经常迟到,是你滚蛋,还是我滚蛋?他当时就晕了。这时团长说把事情放这儿,咱先排戏,让院里看看该怎么处理。言兴朋知道我可以让他离开,没有他我这戏照样能排,给他这么一个警告后,他很好地把这个戏完成了。这个戏最后到北京去演出,得到了极大的肯定。后来言兴朋到我面前跟我打招呼,我说我不是冲着你,我是冲着这件事情。

其实这个戏也是大家的智慧,哪怕是一个跑龙套的,他说导演我认为这个地方不对,应该是这么着,只要说的合理,我就按照他说的来。所以说《曹操与杨修》是集体智慧,不是我谦虚,确实是上海京剧院这个历史时期获得的共同成就。

在题材上,我导的戏结束了京剧不能表达深刻复杂思想内涵的历史。划时代的、具有里程碑意义的《曹操与杨修》也排出来了,我60岁之后应该离休了。那时候《曹操与杨修》到苏联演出,回来的时候发

《曹操与杨修》剧照

《曹操与杨修》获首届中国京剧艺术节金奖

现我那天生日,他们去买了个小蛋糕给我过生日。有同志提出一个问题,说我那年年底回上海就该离休了,他们希望我不要离休,跟他们继续战斗下去。我说我愿意,所以就这么又多干了十年。后来我就生了癌,这才退下来。之后我赶着写书,我觉得应该给历史一份交代。我并没有过人之才,是周院长喜欢我,把我放在那个位置上,我很愿意竭尽所能来努力创作,在岗位上创作出更多优秀的作品,我要真真切切把这些交给历史。

(采访:李丹青　整理:陈姿彤)

武戏,也要有人物

——王芝泉口述

王芝泉,1941年出生,籍贯四川南充,昆剧表演艺术家、教育家,国家一级演员,全国非物质文化遗产项目昆曲代表性传承人。1961年毕业于上海市戏曲学校第一届昆剧演员班,师承方传芸、夏正寿、张传芳,专攻刀马旦、武旦。表演特点"稳、准、狠、险、美、帅",文武双全,被誉为"武旦皇后",奠定了武旦行当在现代昆曲中的重要地位。

从20世纪90年代开始专心从事戏曲教学,培养出了谷好好、丁芸、燕凌、纪晓玲、杨亚男、赵文英、钱瑜婷、林芝等戏曲人才。代表作有《挡马》《扈家庄》《借扇》《盗仙草》《盗库银》《金山寺》《雅观楼》《请神降妖》《三打白骨精》《上灵山》《白蛇后传》《百鸟朝凤》《红娘子》《小罗成》《梁红玉》《八仙过海》等。

曾获全国戏曲会演主演一等奖、第四届中国戏剧梅花奖、第三届上海戏剧节主演一等奖、文学艺术优秀演员奖,"上海市三八红旗手""上海市劳动模范""上海市优秀共产党员""全国先进女职工""全国劳动模范"等荣誉称号。2002年由文化部特予表彰,并在2005、2006、2007年荣获"上海市优秀教师"光荣称号。

王芝泉：我叫王芝泉，是上海昆剧团的武旦演员。很多人看见我，问我是不是混血儿？其实不是，我出生在四川南充，可是为什么脸长得像外国人？我想想也奇怪。我没有见过我母亲的父母，我的外公是在邮政局工作的。我从小生长在书香门第，那个时候我爸爸是律师，很早就到了上海，所以我五六岁的时候我妈妈带了我和三岁的妹妹，弟弟还抱在手上，一家人乘船到了上海。

我七八岁的时候，父母突然离异了。这个时候我已经懂事了，我妈妈要带着我和弟弟妹妹离开这个家。我记得妈妈把我们三个孩子放在一辆三轮车上，什么都没带就走了。我母亲是有文化的，出去了以后，很快找到了一份教书的工作，学校给了我们一间宿舍一样的两小间房子，我们就在这里生活。我很不习惯，突然从以前的大房子变成了小房子，关心照顾我们的人一个都没有了，什么都要靠自己。我已经开始读小学了，妹妹马上也要入学，弟弟还没有。我记得我们又要交学费了，妈妈一个人七十多块钱的工资，要养活一家子很紧张。但妈妈告诉我，人穷要有志气，我们要坚强，要靠自己。所以，在我的印象里，母亲是一个非常了不起的人，在以后的人生道路上，不管遇到任何困难，我一直都很坚强。问我唱武旦苦吗？很苦，简直是在大风大雨里度过的。没有休息的日子，没有节假日，还牺牲了很多。牺牲玩的时间，牺牲跟同学一起出去逛马路的时间，牺牲了和妈妈、弟弟、妹妹在一起的时间，但是我觉得这种苦都能坚持下去，这都是受我母亲的影响。

采访人：小时候怎么会喜欢上戏曲呢？

王芝泉：我小时候比较喜欢文艺，在学校的时候参加朗诵队，还唱歌、打腰鼓。我还喜欢唱越剧，因为那个时候都是女演员演小生、老生，我觉得很漂亮。记得突然有一天，我们小学的教导主任问我说："你妈妈在吗？有一件事你可以跟你妈妈商量商量。"他拿给我一张报纸看，说华东戏曲研究院昆曲演员训练班正在招生，上面特别讲了一条是免学费、包吃包住,还发练功服和生活用品。他说这样会减轻你母亲的负担,另外你也喜欢。我觉得这个很好,可是昆曲是什么,我一点都不知道。回到家跟妈妈说了,当时她觉得挺好,就陪我去考了。报名的时候是1953年底,我记得我妈妈特地给我做了一套紫红色的小花棉袄,还买了一条围巾戴。当时是在华山路报名,一过去,看到报名的人很多,我到的时候已经报到两千多号了。报完名马上就去考试,有初试、复试。我考了很长时间,老师问了很多问题。首先就问我:"你怎么长得像小外国人一样的?"让我把围巾拿掉,问我:"你会什么?"我说我会很多,就表演了朗诵、跳舞,还表演了一段越剧。从那之后,我的外号,在学校就是"小外国人",还有一个外号是"小四川",就是因为这两个外号,也不叫我名字了。我感觉到老师蛮喜欢我的,都是笑眯眯的,很和蔼。后来发了通知单,我进复试了,妈妈和我都很高兴。复试主要考的是,老师在前面做几个动作,我跟着学。教我做动作的老师是年纪很大的男老师,做了三遍让我学。我当时做得不太好,但是我努力地在做。这位做示范的老师,后来我才知道是朱传茗老师,他很高,眼睛蛮大的,很瘦。朱老师做起动作来眼神很亮,我抓住了这一点,我自己做的时候故意眼神亮一亮,看到下面老师点点头。"对了,对了!"我心想做对了。后面老师又出了一个题目,是假设要到学校去,在路上走着走着肚子疼了,但你想坚持,可又疼得不得了,坚持不了了,你最后怎么办?我心想这倒是蛮容易的,我就斜背着书包走,走着走着哪里疼了,就用手捂住,坚持走。到后来很疼很疼的,我就蹲下来了。实在太疼了,我就坐在地上很长时间。后来又坚持起来,跑步到学校。这段表演之后,老师说挺好的,就让我回去等通知。等通知那段时间,我天天出去看信箱,一个多月之后,通知到了,上面写着"王芝泉1954年3月1号开学去报到",看到了这个真是很开心。没有拿到通知单之前睡不着,拿了通知单也睡不着。之前是害怕,怕考不上,不能去学自己喜欢的戏曲，也不能帮妈妈减轻负担；等考取了以后是激动，期待着3月1号开学的日子快点到来。

采访人：你们那个班一共招了多少人？

王芝泉：60个人。当时有几千人报名，选了我们60个人，进学校了就是昆曲班。当时我们的班主任老师说，你们这班是昆曲班。同学们都不知道什么是昆曲，我之前还以为报考的是越剧班。我说"不是越剧呀？"我原来以为昆曲只是一个广告的招牌。老师说，昆曲是什么，老师会演出给你们看，让你们了解昆曲是什么。之后老师们就在舞台上化好妆，演出《断桥》给我们看。演出的是朱传茗老师、张传芳老师，还有沈传芷老师，都是男老师化妆成女的，年纪也很大，我觉得有点难看。这就是昆曲呀！听也听不懂，也不知道在唱什么，我心里突然凉了一大截，觉得考错了。后来回到宿舍了，也有同学哭着说要回家。

我虽然心里有落差，但我不回去，因为这里吃饭不要钱，一开学就发练功服、棉大衣给我们，再不好、再难看也要待在这里。我是这样想的，也有同学跟我一样的想法。我们这个班有一个很大的特点，同学的家境都不好，有各种各样的原因。这个时候，我们的班主任老师来跟我们解释，讲昆曲的历史——它是最古老的剧种，比越剧还要早几百年。郑传鉴老师、周传沧老师，为什么老师的名字中间一个字都一样？我们问。因为他们都是"传字辈"。"那我们要不要有名字呀？"我们的同学都很天真地问班主任。班主任说，现在解放了，你们就用自己的名字。那个时候我记得袁雪芬也来了，教育我们说，昆曲是越剧的"奶奶"，教我们的老师也都在教她们，能得到这些老师的教导是很幸运的。

采访人：什么时候您对昆曲真正感兴趣了呢？

王芝泉：对我来说应该还是在学了武旦之后。我们当时是大家都学一样的戏，第一出戏是《定情赐盒》，所有的男同学学唐明皇，所有的女同学学杨贵妃，开始慢慢地学习，一对对地配合。我当时对毯子功、腿功，还有形体课很感兴趣。因为我从小好动，加上我优厚的先天条件——腰、腿特别好。一开始还不知道，老师帮我下腰，发现我的腰特别有软度，腿也是。我下腰时不哭的，所以老师经常表扬我，老师越表扬我就越喜欢上这个课。

采访人： 从这时候您就开始主攻武旦？

王芝泉： 刚开始主攻花旦，第一学期还没有分行当，因为老师们讨论了，觉得虽然我腰腿很好，可是他们觉得我脸长得比较活泼，平时性格也很活跃，所以分行当把我分在花旦。第一天进到花旦组我就看到了演小青的，胖胖的、矮矮的张传芳老师。张传芳老师先自我介绍，然后发了第一出戏《春香闹学》的剧本。昆曲是一份简谱、一份工尺谱。我们有专门的音乐课，学工尺谱和简谱，但是以工尺谱为主，老师会教我们板眼与口法。我们昆大班60个人的工尺谱都很好，后来学昆曲的都不太学了。这也是我们最传统的记谱法，我觉得今后学昆曲的人还是应该学，学音乐的人应该也要了解工尺谱是什么。

我们第一出戏学的就是《春香闹学》，我不感兴趣，因为很慢，唱着唱着好像要睡着似的。所以小时候张老师不太喜欢我，觉得我不太用功，老师一唱，又睡着了。我看见人家武旦组在练动作，觉得他们都学动作了，我们怎么还不学，很着急。有一次去上厕所，我跑到武旦组门口看，里面非常热闹，同学们正在练翻身以及各种身段，老师声音很响地喊："记住了，1、2！"后来我就经常在门口看，有一次被老师发现了，说："你干什么？怎么不去你的课堂上课？"就这样，我的班主任找我谈话了。老师说我不用功，我觉得挺对不起妈妈，下决心以后上课要努力一点。可是后来老师说了，让我明天开始不要到张老师那里去学花旦了，到王传蕖老师那边学老旦。我当场就哭了，我说不要学老旦。可是老师说这是罚我，要是学得好，一个学期后再

1957年,王芝泉在《拜月亭》中的老旦扮相

回到花旦组,但也不能去武旦组。既然老师这么说了也没有办法,我就去了。

王传蕖老师是真好,其实我那个时候发了很多的小脾气,对老师一点都不热情。可是王老师非常耐心地教我,开始学《岳母刺字》,我说不要学,老师还是耐心地给我讲解剧情。后来老师叫我走台步,拿一根棍,人要弓下来,我就把棍子扔掉,我说我不学。结果老师把棍子捡起来,拍了拍我的肩膀,他说:"芝泉,一个好演员,你什么都要学,学了以后必定对你今后的艺术人生道路有用的"。我说:"老旦有什么用?我不喜欢。"他说:"你听老师的话,就好好地把老旦学好,以后可以学别的,当然我也没有觉得你是适合唱老旦。"没有办法,我只能先跟着王老师学,先学唱腔。虽然我不喜欢还是学,就这样学下来了。王老师一个字一个字,一边教我戏,一边教我要怎么做人,教我不管做什么事情一定要做好。后来我发现,他让我练大嗓子,使声音很宽很亮,后来我唱了很多女扮男装的戏就是从这里得益的。没有想到通过王老师的教育,我一学期学了两出戏,一出是《岳母刺字》,一出是《见娘》,学好之后我还是回到了花旦组。

回去之后我感觉到自己思想有进步,也好好地学了,学了好几出戏,像《胖姑》《思凡下山》。大概是1958年吧,我们的校长俞振飞和言慧珠,他们带队跟京剧院一起要到欧洲演出。在同学中挑了八个女孩子，以闺门旦组为主的，我没有选上。突然有一天让我到校长室，我一看，要出国的都在场。校长说王芝泉好像矮一点，我很机灵，偷偷把脚踮起来，校长笑了，"就她吧！"原来是其中有一个同学有其他的原因要换下来，就选中我了，这样我就非常开心地跟着校长跑宫女。还有京剧院的很多老师，如李玉茹老师、张美娟老师。那个时候看到张美娟老师真是发疯一样的喜欢，觉得她怎么那么好看。后来快要出国了，审查剧目的时候文化部的领导说，这批戏校的孩子一出去要半年多，是不是应该把她们换下来，让她们回去学习，所以又把我们换下来了。当时正好在北京，就让我们跟京剧院的老师们学了点片段，也算有所收获。当时京剧院的王泗水老师教《挡马》片段，我看到张美娟老师排戏非常好看，武功非常棒，我就问他我能不能学《挡马》。他说可以呀，这样我就跟王老师学了《挡马》小片段，当时这样学了两三天，就汇报演出了。所以有时候我总想，命运真的是突然会有转折点，这就是我人生的转折点。

采访人： 那您是什么时候正式转到武旦行当的呢？

王芝泉： 说来也巧，回学校之后武旦组来了一位新老师，是"传字辈"的方传芸老师，教《挡马》。这时我想机会来了，就去找倪传钺老师了。我说我的《挡马》已经学过一点了，这次方老师来了能否调到方老师那里去学《挡马》。他说："你消息蛮灵通的！"我说是呀！我就求他让我去学《挡马》这一出戏，

王芝泉练功

磨了半天,他终于同意了。到1957年,我三年级的时候,就正式进入武旦组了,老师是位京剧武旦老师,名叫夏正寿,艺名松雪芳。

采访人:您到了武旦组已经是三年级了,其实和武旦组相差了三年的功夫,您是怎么补上来的?

王芝泉:之前三年我一出武旦戏也没有学,刚去的时候,老师对我很不热情,就让我在旁边练。我就在旁边看着武旦组的同学们,他们练什么我就练什么。以前的课堂不是很大,老师都是在中间教一个人,大家在旁边跟着做,当时我心想:什么时候我能站在中间让老师单独给我抠动作、眼神,该多好!我下定决心,非常努力,非常刻苦。平时向同学学习,在课堂上注意老师,老师对每一个同学的要求,我都把它当成是对我的要求。练了一段时间,这出戏老师教得差不多了,有一天课堂上同学很少,就把我叫过去,让我走几个动作看看。我走完之后,老师笑了。从这一天开始,我就一直在课堂中间站到现在。因为我真的喜欢武旦,人家说苦吗?苦!但是这种苦我很喜欢,苦的过程中有很多乐。每训练一个新项目的过程都是很苦的,但最后成功了,多乐呀!

采访人:学武旦要练很多功,您当初在昆大班学习的时候平时怎么练功?

王芝泉:因为那个时候我们的老师每周一、三、五教昆班,周二、四、六教京班。齐淑芳是京班的,我总觉得我赶不上她,虽然我跟她不是一个班的,但是我们两个都是唱武旦的。我们两个人都有心胸,都有心机,都很刻苦。那个时候我已经懂得"练私功"了。什么叫"练私功"?就是除了课堂上练功,课下自己找时间练功,去消化老师在课上教的。老师经常告诉我们,他们有的都没有老师教,是"偷戏"学来的,过去很多的名演员都是这么"偷"会的。

后来我就学习了《挡马》。昆曲剧本没有《挡马》这出戏,是50年代方传芸老师、汪传铃老师和曲友戴夏根据《缀白裘》所载乱弹《挡马》剧本重新整理、谱曲、编排身段，才有了这样一出昆曲的武戏。这一出小武戏，是非常好看的，可以说是百看不厌。为什么呢？第一，杨八姐是女扮男装，表演上必须有男子气概，用的是武生的身段动作，但是有时会流露女子的身段，所以有两处又采用了武旦的表演手法。第二，就是中间的武戏部分。在打斗的过程中，并不是你来我往，而是杨八姐手拿宝剑猛击，焦光普躲闪，从头到尾，都没有真正的对抗。这就要说到第三，在打斗的过程中，焦光普利用一把椅子挡、逃，做足各类造型以及身段，这些动作设计非常巧妙。

我们两位老师创排出这出戏之后，在华东会演上演出了，一炮打响。之后很多演员都提出来向老师学习，这样我们办了一个学习班，各团的角、主要演员都来学习。比如说上海的孙正阳老师和李玉茹老师，学完了以后他们也开始演出《挡马》。这个时候，汪老师身体不好，过了一段时间就过世了，只剩下方老师了。方老师是之前一批昆曲老师中年龄比较小的，1957年的时候进入上海戏校教昆曲班，当时我的第一

《挡马》剧照

出戏就是跟他学的《挡马》。方老师很辛苦，他一个人教两个演员，又教杨八姐又教焦光普，当时是张铭荣演焦光普。

方老师教我们《挡马》的时候，已经比他自己演的时候，增加了许多东西了。等到我已经学会了，方老师说最近有个梆子剧团来演《挡马》，可以去看看，我就去看了。看完后我觉得梆子团的戏好得不得了，很是激动，他们利用两张桌子，开打的技巧很长。之后还看了李玉茹、孙正阳的《挡马》。回来之后，方老师问我观后的感想，我觉得梆子剧团的好，技巧多、精彩热闹。但是方老师说："我就是认为上海京剧院李玉茹老师的杨八姐演得好。"好在哪里？方老师说他们的表演好、人物好、情绪好，两个人的配合好。开打也好，技巧也好，要为人物服务，要为剧情发展服务。方老师这么一讲，我顿时领悟了。技巧、基本功固然非常重要，但更重要的是在台上的唱、念、表演、刻画人物。所以说《挡马》这出戏，是两代人创造的。这出戏1954年得了大奖，是因为我们"传字辈"的方传芸老师和汪传钤老师创作了这出戏；第二炮打响的就是老师的学生——我和张铭荣学下了这出戏，再向兄弟院团进行了学习、加强、提高。

采访人：您和张铭荣老师的《挡马》，之后又增加了哪些技巧？

王芝泉：经过慢慢磨炼，我和张铭荣的这出《挡马》已经相当熟稔，能够做到有技巧、有难度、有人物了。后来我们毕业公演，要带这出戏到香港演出，要拿出一点新的东西。这时，方老师再帮我加功。因为我腰、腿都好，但是缺乏力度，所以方老师让我练腿，把腿抬到翎子的高度，再把这一技巧加到切合实际的地方。这时我就下决心练腿，练得非常狠。当时我们搬到文化广场那边，只要有树的地方，我就去吊腿、踢腿。我在睡午觉的时候，一边睡一边压腿，等到睡醒了，左腿完全麻了，再跑到宿舍外面踢腿，踢五六十下把腿踢松了。每周一、三、五练左腿，周二、四、六练右腿。练到后来成功了，能抬到翎子的高度了。1961年毕业公演的时候，方老师帮我想了一个点子，创造了"双腿脚掏翎子"。

那时有腿好的演员可以做到用左腿掏翎子,但是可以用右腿掏的还没有,因为双腿掏翎子要求两条腿都要好。所以1961年演出的时候,是《挡马》第二次的一炮打响。

第三次是在1984年。1978年之前我们昆剧团已经成立了。昆剧团成立了以后,有一个全国戏曲会演,在上海的众多剧种中,我们的《挡马》代表上海去参加会演,我当时很兴奋。在对这出戏进行反复加工的时候,方老师提出,"芝泉你得练厚底了"。武旦、刀马旦是从来不穿厚底靴的,但是穿厚底符合女扮男装的杨八姐这个人物,虽有难度,却可以平添几分舞台潇洒。方老师老给我出这些难题,但是他都是让我的艺术更上一层楼。于是我又开始练习穿厚底,那时候我有两双厚底,团里一双,家里一双。从进团开始穿厚底,回到家也穿厚底。又要抬腿又要踢腿,厚底很重,腿踢也踢不起来,很不习惯,所以更要苦练。

《挡马》剧照

采访人：1984年的时候您已经43岁了。

王芝泉：嗯，我确实是下了苦功，后来厚底练好了，我们还加了一个技巧——"宝剑出鞘"，是我从婺剧里借鉴的。当时演焦光普的换成了陈同申，我们跟陈同申一起，不断地尝试。练了三个多月，终于成功地掌握了踢剑的力度和角度，为此我腿上留下了很大一块的乌青。

采访人：这一版的《挡马》是1984年的时候演出的？

王芝泉：是的，我们1984年到北京去演出，这出戏作为开幕式的第一出，演得非常好，所以这是《挡马》第三次一炮打响。我感觉到我们成功了，没有辜负老师的辛苦教导，这个成功是两代人的心血。我感觉到只要努力去做、用心去做、刻苦去做，是没有不成功的。这使我深深地体会到，学好戏、演好戏，必须要爱上它。只有爱了，才会全身心地投入。只有练了，苦练了，动脑筋练了，才会成功。我与张铭荣、陈同申不断地研究，不断地练功，不断地推陈出新，使武戏有人物、有技巧、有表演，这样的武戏才能站住脚，才能受观众欢迎。这出戏我教了我第一批的学生，谷好好、丁芸、纪晓玲，第二批的杨亚男、赵文英，现在第三批的有黄亚男、林芝，他们都把这个戏接下来了，也得到了很好的反响。在全国各地也有很多人都来学习，包括台湾的国光剧团。我就像我们老师一样地，毫无保留地传授给他们，把这出戏传承下去。我现在是全国的昆曲传承人了，这是我应该做的事情。

采访人：您是什么时候毕业的？

王芝泉：我们是1961年毕业的，毕业演出是到香港，大获全胜回来的。当时主要演《挡马》，还有全本的《白蛇传》，我是四个白娘子之一。

采访人：当时您演了《挡马》和《白蛇传》，演出的反响怎么样？

王芝泉：当时《白蛇传》中我是演"盗草"，演出之前在学校里经过反复的训练、加工,全力以赴地排练。去香港之前我们在上海的预演就已经很轰动了,报纸上天天都有报道我们学校的文章。去香港之前,学校特意带我们去外办找合适的服装。我找了一件大衣,两件羊毛衫,一套裙子,很漂亮。我们那次到香港演出,震动了香港。我们连演了大概十几场戏,都是全力以赴,特别是两台大戏,一台《杨门女将》,一台《白蛇传》。这两台大戏舞台上的演员年轻、基本功好、扮相好,轰动一时,让大家看到了新中国培养出来的第一批京昆演员是这样的。

采访人: 香港回来之后您就正式参加工作了吗?

王芝泉: 香港回来以后,成立了上海青年京昆剧团,分为京剧演出队和昆曲演出队,我是在昆曲队。

采访人: 在"文革"前还演过些什么戏吗?

王芝泉: "文革"前我们除了演这些传统戏,还排了很多戏,像《盗库银》《盗仙草》。我当时是上海青年京昆剧团推出的"十块金牌"之一,京剧院一共有两块,另一块"金牌"是齐淑芳。我跟齐淑芳两个人互相竞争非常厉害,我们两个人采用强练功法。早上一般是六点起床,六点半上课,我们一般都五点半起床,后来越来越早,四点半就起来练功了。俞校长和周校长知道了,还特意找我们二人谈话,让我们要多睡一会儿,说我们年龄太小,练得太狠了。我们两个人这样在学校练功是很出名的,我们都非常刻苦,心思全放在业务上。我一直提醒自己,如果想成为一名优秀的演员,必须动脑筋苦练基本功。

采访人: "文革"期间的情况能跟我们简单地介绍一下吗?

王芝泉: 我们在最好的年纪,舞台上演戏演得最好的这段时间,被"文革"耽误了。我们就像鲜花一样,刚刚绽放出来,"文革"就开始了。刚开始的时候都不懂,只是知道不让练功,不能再唱昆曲了,说昆曲是才子佳人、帝王将相。那个时候要开始练现代戏,京剧的现代戏《红灯记》《沙家浜》等八个样板戏已经出来了。

采访人：那您演了哪些京剧呢？

王芝泉：说来也巧，当时京剧要排《红灯记》，在挑演员。他们找演员，一个个都去唱一段，我们在看热闹，里面一个京剧老师说外面好像王芝泉来了，让我进去哼一段京剧。过了两天名单出来了——李铁梅是由王芝泉来演。

采访人：这是在1966年的时候吗？

王芝泉：是的。后来就演成了，

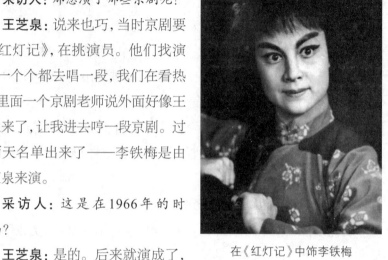

在《红灯记》中饰李铁梅

还派我到北京去学。当时是杨春霞演的A角，我演的B角。学完回来以后我们就演出了，觉得还可以。有一次于会泳来看我们的戏，看完之后脸色就很不好看，说："我告诉你们，你们这个团的崇洋思想非常严重，你看看你们派演员怎么派的？这个长得像外国人的可以演李铁梅吗？她那个样子出来就像资产阶级。她哪像工农兵？工农兵有那么漂亮吗？"当时我听了真的很难过，我想之前是因为我长得像外国人考入戏校，现在排《红灯记》又说我像外国人不好。我卸完妆，推了一辆自行车，一边走一边哭，路上走了两个多小时。回到家里真的很失落，我知道我不能再做演员了。我一个晚上没有睡，第二天到团里，看到新的演员已经来了，我就默默地自己离开了剧团。这是我一生中第一次受到打击，振作不起来，不知道要干什么。过了一段时间，岳美缇、梁谷音都被分到工厂去了。我想我们那么年轻，刚刚20岁多一点就要离开舞台，自己本来有很美好的演员梦也无法实现了。

采访人：您当时去了哪里？

王芝泉：当时有领导来找我，他说王芝泉你三天之后到"五七京训班"去报道，我说"五七京训班"是什么单位？他说"五七京训班"是像学校一样，培养下一代的。这个时候我已经结婚了，刚刚生完孩子。我说我不去，我不想再干文艺了。后来领导告诉我，我要是不去，明天就下乡养猪，没办法我只好答应了。当时的训练班很远，在上海中学那个地方，交通也不方便，我只能每天来回骑两个多小时的自行车。

采访人：从那个时候开始教学了？

王芝泉：当时"五七京训班"的领导是我最喜欢的张美娟老师，还有军宣队，我们京昆剧团进来的工宣队是来批判我们的。我、华文漪、梁谷音，我们这些人也是跟着陪斗的。再有就是筹备老师，招收学生。学生一定要"三代红"，我去的时候已经招好了第一班。教学上要教现代戏，另外以"京舞体"结合，即京剧、舞蹈、体育结合，不能用兰花指，要演工农兵。道具不能拿我们演出的枪，要拿步枪，刀也要变长。

反正我当时很灰心，领导怎么说我就怎么做。我在这个学校的这段时间，也做了很多工作。教了戏，教《红灯记》，到北京去学《红色娘子军》，学了回来教吴琼花，我的一个同学教连长，然后又有一个男老师教洪常青，要跟现代戏、样板戏一样。这期间，还不断要受批判，很压抑，没有自己能发挥的余地。

采访人：这种情况到什么时候结束的？

王芝泉：打倒"四人帮"之后，军宣队、工作组才撤掉了，重新调整班子，恢复了上海戏校。此后的一天，蔡正仁和顾兆琳来找我。我们在这之前有很长一段时间没有见面了，他们说："有好消息，马上要成立上海昆剧团了。我和顾兆琳一直没有改行，现在就在京剧院忙昆曲团成立的事情，来看看原来我们昆曲的同学现在都在做什么。"我听了很兴奋，问他们"我能回来吗？"我那时候刚生完孩子，一直也没有练功，体重有将近120斤了。我说我现在的身材胖了，你们是不是不要我了？蔡正仁说不会的，他们第一出戏是《琼花》，让我想想办法瘦下来。这时候我就下定决心要减肥，一是少吃一点，另外就是苦练和跑步。当时是京剧团的三团在排《琼花》，在衡山路的教堂那边，每天九点钟开始

练功

排练。我每天早晨六点钟从小西门的家里跑步到那边,再围着教堂跑步,跑一个小时之后开始练功,腰、腿、跳。在京训班期间我学了很多舞蹈的东西,也学了很多武术的东西。所以我觉得在京训班的收获就是学了很多体操、舞蹈和武术的东西,在我今后演的很多的戏里面都运用上了。

采访人:到演《琼花》的时候您瘦到多少斤了?

王芝泉:瘦到109斤,从118斤到109斤,一共瘦了9斤。演《琼花》的时候运动量很大,很短的时间要把它排出来。华文漪演的琼花,计镇华演的洪常青,岳美缇演的红莲,我是演里面的一个战士。戏中有开打的,这次的开打我反而比过去进步了,因为我在学校练过步枪,当过女民兵,所以说在京训班的这几年也是有收获的。我们演出了一个月,之后又到广州去演出,这个阶段成立了上海昆剧团。"文化大革命"使我们少掉了一段最好、最年轻的时光,整整十年,到成立昆剧团的时候我37岁了。

采访人：王老师您最喜欢的是哪出戏？

王芝泉：我喜欢的戏很多，像之前提到的《挡马》，下面我想讲一讲我最喜欢的另一出戏《扈家庄》。这出戏在戏校里的每个女孩子都要学，因为它载歌载舞，有唱有表演，基本功比较多一点，所以说就算是文戏演员也会学一点。1978年恢复昆曲，我首先恢复的一出大戏是《三打白骨精》，然后是一出折子戏《挡马》，与此同时，我也开始恢复《盗仙草》《沉香救母》《盗库银》。那个时候我的丈夫王啸麟说："《扈家庄》这么好的戏，你为什么没有把它恢复起来？"我说我没有勇气，以前在戏校看老师教，我只是在旁边学了一点点。而且我本身学武旦就比较晚，所以在学校时期，我没有把这出戏"落地"。我们指的"落地"就是彩排，一定是化了妆，穿了服装，这样学好的戏才算是"落地"。我总是觉得《扈家庄》这出戏很难，里面的唱很多，对唱功要求很高。各种身段、动作也特别多，边唱边做、边唱边耍、边唱边打。另外，这出戏又特别长，场子也多，人也多。后来我丈夫鼓励我，他说你作为一名武旦演员、刀马旦演员，如果不把这出戏攻下来作为你的主要剧目，你就站不住脚。

这样我就决定学这出戏。我先到南京，跟南京戏校的冀韵兰老师学习。他是两门抱的，既是宋派，又是荀派。而且这位老师很注重在动作、身段上的革新，又很漂亮，非常美。他会做头面，自

《扈家庄》剧照

己会研究创新。我跟冀老师学习了有半个月，这出戏全部学完了。冀老师基本上是靠近宋派的路子，有很多跳、蹲的动作，动作很美，也很讲究。之后我又到上海戏校，找到王月珍老师学了偏"南派"的路子。我还观摩了哈尔滨京剧团张蓉华、北京京剧团宋丹菊（宋德珠的女儿）所演的《扈家庄》。于是我产生了一个想法，全国表演的《扈家庄》基本上都是宋派的，我作为一名跟随"传字辈"老师学习多年的昆曲后辈，是否能将昆曲的特点融入其中呢？我当时把这个想法跟领导谈了，领导说芝泉你大胆地做，做完了让我们看看再说。

采访人： 那《扈家庄》这出戏，是您自己想要排的？

王芝泉： 对，我自己想排的。

采访人： 这出戏当中有哪些创新？

王芝泉： 我的想法是这样的，这出折子戏有18场戏，看下来有55分钟左右，蛮长的，我认为应该要精炼一点，首先我砍掉了一些场次。我还把李逵的戏砍掉，留下王英的部分。我觉得这一段开打以表演为主，不要打得很多。王英的矮子功也是，非常有特点。同时我把时间缩至35分钟，人员上也省掉了大概20多人。

身段也有些变化，因为第一段扈三娘在唱的时候，都是在表现她的美和武艺高超。这一段，我充分利用两个翎子，把她的那种骄娇、妩媚、漂亮，都放在这段的翎子功里。我借鉴了川剧《别洞观景》里面的翎子功，根据唱词设计了一套完整的翎子组合——单手掏、双手掏、反手掏、交叉掏、抖翎、边掏边翻身、弯腰掏，伴以圆场、翻身和掏腿，载歌载舞，唱作并重，刚柔并济。后面演到要出征了，就基本不用翎子，都是翻身、踢腿，前后两段是不一样的身段。

扈三娘与王英的这一段开打，是方老师跟我一块儿研究的。扈三娘瞧不起王英，一刺一打，王英灵活躲闪，这段戏是武戏中带文戏的，是个有人物角色的。后面大开打的时候，一高一矮很有人物个性，有特

《扈家庄》剧照

点、有性格。在舞台上选择一高一矮的角色很少。因为最后扈三娘是失败的,我总觉得扈三娘的下场不够精彩。那天我又跑到京剧院,找到技导张奎芳老师,他帮我设计了一套激烈精彩的"小快枪"。扈三娘到最后败得很惨,但很有技巧,也很美。张老师为我设计了连续13个转身,5个大甩腰,又漂亮又有节奏,没有破坏原来的戏曲规矩,最后亮在下场门,这段设计一直用到现在,没有改动过。

采访人:《扈家庄》这出戏什么时候第一次演出?

王芝泉:第一次是1981年。1982年去北京演出,要带这出戏,但是我很忐忑。因为这出戏的改动很大,怕得不到北京各位老师的认可。后来经过一番思想斗争,对戏又进行再加工,领导看了以后提意见,最后还是把这出戏带到北京演出了,演出是在人民剧场。演出前,我在后台有点紧张,但是我一上台就拿出了自己最好的状态,投入角色,用好身段、好武功,用表演、唱念展现给各位老师和观众。我自己也创造了一些动作,比如边唱【水仙子】边耍戟——正花、反花、扔花,也有绕脖、翻身花,新创了"涮腰背花"。观众反应很热烈,谢幕的时候我很开心,得到了很多掌声。演出结束到后台,很多老师都来了,我心里已经发抖了，不知道老师们会怎么说。这时，京派大武生高盛麟老师来问我："小王，你是什么路子？"我很紧张，我说是昆曲路子。他说："昆曲路子比京剧路子好，好在哪里？你保留了很多好的唱词，删掉了一些不必要的。你的基本功好，表演好，唱念好，原来一出平平的武戏，经过你强调了表演和唱念，用昆曲的路子，身上真美呀！这戏好，这戏好！"张云溪老师也夸赞我。我真的非常开心，一直笑到回化妆室。我觉得这次演出得到了老师们的认可，才觉得自己的努力没有白费。

这个戏一直到现在，我也教了好多青年演员和学生，外地也有很多人来学习。之后我们去巡回演出，我带了四出折子戏，一出是《扈家庄》，另外三出是《盗库银》《八仙过海》《雅观楼》。在北京《扈家庄》第一场演出结束后，文化部就决定将这出戏去参评"梅花奖"。在我心里，昆曲一直是以文戏为主，我能够演出昆曲武旦戏在"梅花奖"这样的大奖中有一席之地，我感觉很兴奋、很知足。回来以后，突然有一天团长来了，说有天大的喜讯，我们团五位演员全部获奖。所以有的时候我回想自己的一生，虽然中间有很多曲折，也很辛苦，也受了大伤，但是最后得到这么高的荣誉，我觉得非常满足了。

采访人：还有一出《雅观楼》？

王芝泉：对。我真是没想到这一生还会演《雅观楼》，因为《雅观楼》是一出武小生的戏。有一天俞老（俞振飞）的一个学生沈晓明，要我到俞老家里去。到了俞老家进去一看，桌子上放了一本剧本，一本唱腔，剧本上面写的是《雅观楼》。俞老说他叫我来就是为这件事情，这出《雅观楼》是武小生的戏，俞老师本人非常喜欢，小时候学过，一直想演，但那时这出戏一直是禁演的，后来也没演成。当时是1982年了，俞老说好像现在可能会松一点，想让我先学起来，练起来，等到一开放就可以演出了。

剧本经过俞老修改好，我开始每天到他那里，俞老亲自教我拍曲学唱。俞老还安排我找京大班的武小生周清明（师从杨小佩）学习北派的功架和身段。俞老说,这出戏确实蛮难的,角色身穿箭衣,脚穿厚底,李存孝所使用的特殊武器一长一短、一轻一重的"混唐槊"和"笔捻抓"需要同时舞动,实非易事。而且李存孝虽然年纪小,但要演出他的将官气质。学完了身段和唱念,俞老说还要加一点"出手"的东西,于是我又找到了"小王桂卿"老师,他教了我耍槊的一些动作,我就天天练,基本上架子也打好了。最后,天津最有名的厉慧良老师为我加工"把场"。所以这出戏,我就是这样在高人的指点下成功的,对我来说自己也很喜欢这种类型的戏。这出戏后来学的人不多了,因为太难了。

《雅观楼》剧照

采访人：还有《盗仙草》这出戏也是很有特色的？

王芝泉：《盗仙草》和《盗库银》,这两出戏,我想一起讲一讲。这两出戏,一个白娘子,一个小青,她们头上戴的、身上穿的都是一样的,只是颜色不一样,一个白,一个青,但是在舞台上演出的人物性格,完全不同。因为我慢慢地年龄也大了,戏也演的多了,我要求自己,每演一出戏要有一出戏的特点。人物性格不一样,用的兵器不一样,打的也要不一样。我自己特别强调的就是两个人物的不同,白娘子一出场就要让人家感觉到,这是一个善良、贤惠,又很有智慧的人物。她很稳重,做什么事情都不莽撞,很文气。小青是比较粗犷的,性格爽朗,爱憎分明。《盗仙草》中白娘子的第一个亮相是在找仙草,脑子里在想自己的丈夫

《盗仙草》剧照

许仙,所以她是不愿意大打出手的,任何条件都可以答应,只求把仙草给她带回去救许仙。这出戏当时在戏校时期开打是以枪为主。60年代初在上海青年京昆剧团时,曾经改良过一版用剑打出手,我这里对白娘子的处理就设计了两套双剑在中间。我们尝试着把宝剑的分量加重一点,一边在踢,一边上面的手在扔,这套动作设计也合乎她不想开打的剧情。这样到最后一段是用的12根双枪,6个人的出手。当时是1983年,我们要带这出戏到香港去演出,我是演到《盗草》的《水斗》。我再加工这出戏的时候,就将原先的"凤、月、鹤、鹿"仙童增至6人,由原先踢8根枪改为踢14根枪,并加上拐踢、双踢、托举踢、后踢和边走边踢的"活动踢枪法"。

《盗库银》这出戏是我小时候,戏校武旦组的松雪芳老师(原名夏正寿)教我的。他教的比较传统,穿的都是长的战裙袄子,武器使用的是枪。后来我慢慢地经常演出这出戏,出手都是比较老一点的,我就琢磨想把这出戏改编一下。偶然的机会,我看到猴戏《闹龙宫》里面的孙悟空有一个很粗的大锤,而且他有一个动作,先滚,滚完了之后踢锤。我想如果《盗库银》能够用锤开打,就很有特色了。这个想法一提出,大家都说可以试试看,昆剧团的道具组一起设计,一起做。先做了一个试试，看能不能踢。锤是很重的，踢起来很疼，我就想办法包上棉垫子再踢。所以这里的小青非常粗犷，拿了武旦刀，用八根双头大锤打出手，而且要耍双鞭，整套动作勇猛有力、干净利索，很能突出小青的人物。这出《盗库银》后来也是很成功的，到北京去演出得到了很多专家的认可。

采访人：王老师您觉得您是怎样获得今天的成功的呢？

王芝泉：我能够成功，我觉得有三点原因。第一点，我有很好的"传字辈"昆曲老师和非常好的京剧老师。我在上课的时候，由京、昆老师在教，老师们的不同风格、不同技艺我都吸收了，而且还有机会跟名家学习。第二点是我自己的刻苦。我算是在上海戏校出名

《盗库银》剧照

的，上海戏校最刻苦的是王芝泉。俞老说过，只要看见王芝泉，就是抱着枪在练功夫，整天满头大汗。我练功最废的就是鞋子，脚又特别小，所以有时候我会特别去申请多要一双鞋子。虽然练功是很苦的，但我喜欢昆曲，我热爱武旦。所以我觉得，这些苦我都能忍受，最后得到了成果也是值得的。另外我也喜欢去研究、动脑筋、去创新。虽然我没有上过大学，但是我们经常写体会，每一出戏演完了，都会记录下对于角色的体会，也有专门的老师给我们分析剧本，所以我觉得当时我们戏校的氛围很好。第三点是我有一个团队。在戏校的时候，我的同学周启明、邱奂、孙世龙、白正东为了帮我练把子、练出手，整天陪着我，我感觉到他们是有所牺牲的。从学校开始，我们的关系就非常好，到了剧团以

后，有的一直跟我在团里，一直到现在我们还在合作排戏。我们无形当中像一个小组一样，也会经常研究研究业务。再加上我的爱人是戏校京剧班的武生演员，我们在台上演，他在下面看，看完了他可以提10条意见。所以我很感谢我的这些同学们，我的这个团队。

采访人：后来怎么就转向教学工作了呢？

王芝泉：其实我很早就开始教学了，昆三班招进来的时候我40多岁，心里想着，现在是成功了，积累了很多的武戏，但是如果我今后老了，演不动了，就要失传了，所以我必须要传人，一定要把我的这些戏能够传下去。所以1986年这一班招进来后，我自己要求来教学。他们当时给我分配了三个学生：丁芸、纪晓玲、范毅莉，一个星期大概上两三次课。前一个阶段我是边教边演的，在这个过程中，我感觉在演戏的中间进行一点教学，对演戏会有帮助。等到要毕业的时候，这三个孩子都不错的，《盗仙草》《扈家庄》《借扇》《打店》都学了，也都演出了，她们之中丁芸应该是比较好的。当她们还有一年毕业的时候，我要教《挡马》了，这出戏要求腿好，我就问了，你们同学中间，有没有腿好的？他们说有呀，有一个谷好好，腿挺好的。我把她叫过来，让她踢腿给我看，确实不错。我说我是要你的，但是我还要再与领导去谈一谈，然后也费了九牛二虎之力，把她从闺门旦那组要过来了。经过我的训练，她在毕业的时候演了一段《挡马》的"马趟子"，毕业后考进了剧团。还有其他两个同学叫张艳秋和陈玉，就一块儿并在我组里了。所以我首先教的就是昆三班，教到他们毕业，到了剧团我变成有六个学生了。我根据这六个同学每个人的特点，给他们定戏。比如说丁芸，我当时给她定的就是以《扈家庄》为主，以出手为主；谷好好，我让她以《挡马》为主，先把一条腿练好。这样六个人都有自己的戏，都能演出。她们每个人也都会觉得老师对自己是重视的，他们就会努力地去练。如果我总是让她们跑龙套，他们就没有这种进取心了。这六人是我第一批培养的武旦，都很不错，在京、昆两个团都起到了很好的作用。

后来王梦云校长请我去教97京剧班,她说:"芝泉你现在戏演得少了,但是我希望你为京剧也出点力,培养一些京剧的武旦。"文戏就让学生跟京剧老师学,武戏的部分,我按照唱腔来编身段,采取这样的教学方法。这一批我也是教了三个学生:杨亚男、赵文英、孙晓欣。这几个孩子也很能吃苦,特别是杨亚男,她是从农村来的,练功练得蛮狠的,所以这个孩子我很喜欢。我对这些孩子的要求都是非常严格的,因为我自己的基本功好,我要求我的学生基本功一定要好,有了基本功,有了身段,在戏里面唱念、表演才能更加自如。他们这一班和昆三班,我在上课的时候,叫她们练功,我说今天要走几十个点翻身,他们不会少一个。就是难受了,不舒服想吐了,她们会出去,到厕所去洗洗脸,再进来继续练。确实很苦,但练功对于武旦来说是最重要的。一方面坚持苦练,同时要求她们动脑筋练功,多想些为什么……我现在开始在教昆五班了,全是"90后",还有两个是1995年的,我可以说是外婆级的老师了。教现在的孩子与以前那批不一样,过去我不大表扬

王芝泉与学生合影

她们的，现在的孩子，要多表扬，多关注她们。首先让她们觉得老师很重视你，慢慢地引导，让她们有兴趣，动作做得好了马上表扬，然后再指出做得不够的地方。

采访人：那您觉得现在昆曲的传承还需要做一些什么呢？

王芝泉：现在我希望昆三班的这些同学们在继承我们昆大班的同时，能够有创造，就像我们那个时候。我们心里就是想让他们在舞台上能多演一点，现在她们还不到30岁。我能做的，就是能把昆五班教好，让她们先多学传统戏，让他们走上舞台，边演出边继续学习。教学的任务就应该是落在昆三班身上了，我们这些老师再下去教不动了。我想争取到把昆五班送到剧团，就正式退休。另外我还想给她们排大戏，让她们多学一点，也学一点京剧。这样我想，我们的昆曲不会消亡，会越来越好，越来越兴旺。现在我们昆曲的观众，年轻的已经超过年纪大的了，情况与以前大不相同。因为我们昆曲不断地走进学校，中学、大学、社区，昆曲的观众现在都是大学生、硕士生，甚至博士生，他们也觉得昆曲很精彩。观众现在慢慢先看得懂，然后再能够听得懂，所以我感觉昆曲是有希望的，只要我们努力。今后在昆曲传承方面，我们有生之年还是可以贡献一分力量的。我为什么会这样呢？三个字：爱昆曲！

（采访：余　娟　整理：陈姿彤）

"此曲只应天上有"，昆曲的唱是最重要的

—— 计镇华口述

计镇华，1943年出生，上海人，祖籍江苏吴江，昆剧表演艺术家，国家一级演员。1961年毕业于上海市戏曲学校第一届昆剧演员班。工老生，师从"传字辈"郑传鉴、倪传钺老师。代表剧目有《搜山打车》《开眼上路》《扫松》《烂柯山》《长生殿·弹词》《绣襦记·打子》等传统折子戏和《邯郸梦》《蔡文姬》《唐太宗》《钗头凤》《蝴蝶梦》等大量新编剧目。代表性的戏曲电视连续剧有：与越剧大师傅全香合作越剧《李清照》《杜十娘》，京剧《神算记》，及与李炳淑合作的京剧《孽缘记》等。由其主演的根据莎士比亚著名悲剧《麦克白》改编的昆剧《血手记》，参加1987年英国第四十一届爱丁堡国际艺术节和1993年新加坡第一届亚洲艺术节，均引起轰动。1981年在首届上海戏剧节上一人主演《钗头凤》等三出大戏，分别获得表演奖、演出奖、纪念奖。1986年因演出《烂柯山》等荣登第四届中国戏剧梅花奖榜首，1990年主演《十五贯》荣登第二届上海白玉兰戏剧表演艺术主角奖榜首，1994年主演《一捧雪》荣登第七届上海白玉兰戏剧表演艺术

配角奖榜首,并获得首届中国昆剧艺术节荣誉表演奖及首届宝钢高雅艺术奖。2001年获美国林肯文化中心的亚洲杰出艺人奖。2007年因主演《邯郸梦》获"文华表演奖"及"观众最喜爱演员奖",并荣登第十八届上海白玉兰戏剧表演艺术主角奖榜首。2008年当选国家级非物质文化遗产项目昆曲代表性传承人。

采访人:计老师,请您先自我介绍一下好吗?

计镇华:本人叫计镇华,1943年5月出生在上海,籍贯是江苏吴江同里镇,现在是世界遗产保护地。

采访人:您怎么会想要去考戏校戏剧学习班的?

计镇华:那时候应该说人还很小,只有六七岁,对于戏曲既熟悉又不熟悉。因为上海是个半殖民地的特殊地方,中西文化共存。中国的传统文化在上海非常繁荣,在20世纪四五十年代的时候整个戏曲处于鼎盛时期。所以对于戏曲应该说有一点印象,但只能说是印象。当时我住的地方是二马路,就是现在的九江路,是上海繁华中心的地段,也是戏曲舞台最集中的地方。从我家步行两三步就是人民大舞台了。那个时候上海的中国大戏院、人民大舞台、天蟾舞台、共舞台、大世界这些剧院都集中在这个地方。当时中国的戏曲占领了大部分的文化阵地,所以潜移默化地有一种对戏曲朦胧的了解。四五十年代,从整个中国来讲,戏曲,尤其是京剧是非常流行的,基本上一些大的剧场都是演京剧的。那时候北方来的很多名家大师,马连良、梅兰芳、程砚秋等都必须在上海站住脚,所以当时京剧在全国是非常普及的。

采访人:您那时候看京剧看得很多?

计镇华:不仅仅是看京剧,还因为京剧影响很大,当时踩三轮车的、拉黄包车的那些人都会唱京剧麒派,这是家喻户晓的。我父亲也同样受到这样的感染,所以也喜欢唱京剧,甚至请一些琴师、一些喜爱京剧的内行人到家里教唱。就像现在我们过马路的时候经常听到香港四大天王的流行歌曲，当时你走过大街小巷的时候都是京剧，尤其是在我家住的地方，拉胡琴的声音是非常多的。所以我家就是这样的情况，一个礼拜请几次老师，我父亲学。当时我年纪小，只有五六岁，也不懂简谱，就凭大人在唱，我拿了个小板凳坐着听。小孩子学东西快，大人还没学会我就已经学会了。当时我父亲学了好多京剧段子我都会，什么《洪羊洞》《武家坡》《失空斩》《文昭关》等。所以这个时候戏曲的确对我有一些潜移默化的熏陶，但是还谈不上喜欢还是不喜欢。还有我家里两个奶奶，因为我祖父有大老婆小老婆，我的亲祖母人家称她是聋奶奶，因为她耳朵聋，不过这个聋也没有完全聋，必须凑近她耳朵大声地叫她才能听得见。聋奶奶喜欢看什么呢，就是到人民大舞台去看戏。聋奶奶是封建社会过来的妇女，非常本分，她就这么穿着长袍带着我们去人民大舞台看戏。她看的什么戏呢？《十八罗汉收大鹏》《七侠五义》《怪侠欧阳德》，都是连台本戏，海派戏。演员在舞台上飞来飞去，她耳朵不灵了就看看这个。我当时才四五岁，有时候就藏在她的长袍下混进去，有时候被检票的抓起来。这就是我幼年时代对于京剧的一些朦朦胧胧的印象。

采访人：那您是什么时候进入戏校学习的呢？

计镇华：后来我读到了四年级，我小时候读书不大好，经常跟不上。我记得当时我成绩报告单一来都是开红灯，一共四门功课有三门不及格，母亲觉得这样不是办法。正好我家有一个朋友，是我们的邻居，他跟我母亲说华东戏曲研究院昆曲演员训练班在招生，我看你小孩的嗓子京剧唱得挺好的，叫他试试看吧。这正中母亲下怀，因为家里六个兄弟姐妹，就靠我父亲赚钱养家，母亲是家庭妇女。我父亲是个职员，工资不算低，但是六个小孩负担也是很重的。我大哥、二哥到了1950年初抗美援朝参军去了，家里还有四个子女。以前私立学校的学费还是蛮贵的，我母亲就让我去报考戏校。当时我对"昆曲"两个字根本不了解，只知道京剧。实际上到了1949年前后，昆曲的一些艺人已经几乎都不唱了，1937年日本人全面侵略中国的时候就已经解散了，所以真正唱昆曲的剧团都没有了。我小时候更是根本不知道昆曲是什么，我就是在这样的情况下去报考了华东戏曲研究院，当时是1953年底。

采访人： 当时不太知道昆曲演员训练班吗？

计镇华： 根本就不知道，当时去考的时候人山人海，大部分都是因为家庭条件不太好去考的。

采访人： 您还记得当时考了些什么吗？自己觉得比较满意的，或者是觉得考砸了的？

计镇华： 因为我那时候比较小，印象不太深刻。反正考我们的大都是"传字辈"的老师，还有一些其他的老师。当时主要看的是形象，因为我小时候眼睛比较大，形象还不错，嗓子好。有几个老师帮我们做小品，表演有几个人要杀我，我就这样跑。做几个小品下来，测试完了就通过了，然后复试又通过了，就这样糊里糊涂进来的，我到戏校以后都还是茫然的感觉。

采访人： 进戏校是什么时候？

计镇华： 1953年年底考的，真正进戏校是1954年，开学是3月1日。我当时虚岁11岁还不到，属于年龄小的。我进校的时候是五年级，其他有的同学可能已经初一了，智力不相等，所以我文化成绩比较差。这对我来说挑战蛮大的，总觉得自己成绩不好，文化课成绩不好，业务课成绩也不好。我们进戏校的时候开始都学同一出戏——《定情赐盒》，是《长生殿》前面几折的戏。老师主要是通过这个戏来甄别学生唱什么行当，看形象，也看嗓子音色。老师大概觉得我属于形象、嗓子都好的，所以把我放到沈传芷老师那儿唱小生，所以半年以后我就开始跟着沈传芷老师学小生。但是我跟着沈老师学的时候，一般老师总归喜欢聪明的学生，像我这种接受能力比较弱的经常坐冷板凳。我年纪小，尤其昆曲的南曲是很难学的，一板三眼，这些曲子跟现在的时代距离是比较远的，像《定情赐盒》里面的唱腔，唱得都要打瞌睡了，一遍两遍二十遍下来，然后再一遍两遍四十遍，到了下午有时候困得其实都没听进去，四十遍下来还没学会，所以小时候觉得对昆曲没有太大的感情。

采访人：一开始并不是很喜欢昆曲？

计镇华：词也不懂，好多都是文言。《长生殿》，尤其《牡丹亭》《游园惊梦》里面说爱情的，我年纪小也不理解。后来学了《游园惊梦》，学了《断桥》，看人家学得好，那种羡慕之情还是有的，人家都学得好，自己着急又不知道怎么用功。我那时候还没分行当，像《见娘》这出戏，老旦、老生、小生都是沈传芷老师一个人教的，所以虽然那时候我在跟沈传芷老师学小生，但是我实际上已经开始进入老生行当了。因为要排戏，从郑传鉴老师那里拉一个老生来不方便，沈老师就地取材，直接把我当老生来排戏了，当时排的小生戏里面有老生的配角就都是我，如《见娘》中的李成、《出猎回猎》中的刘智远。

所以后来才有1956年3月21日星期三那一场重要的演出。3月20日那天上午，我们接到通知说晚上有一场演出，结果《白兔记·出猎回猎》里面演刘智远的演员嗓子变声了，唱不出了。老师很着急，本来就他一个人演的，老生组的演员都不会。但是我会，我之前在小生组学过的，沈传芷老师就说叫我来。就这样，龙套也没跑过的我就直接上台了。我很紧张，上午就走台排。这个演出是很神秘的演出，在什么地方也不讲的，其实就是以前的中苏友好大厦，现在的友谊剧院。沈传芷老师给我化的妆，化完以后，勒头勒好，眉毛一吊，服装穿好。我这个人台下不怎么样，但一扮上戏特别亮堂。沈传芷老师说："这个小囡真是漂亮！"上台的时候我真的是很紧张，因为灯光很亮，下面漆黑一团看不见。我的头勒得也疼，勒得恶心的感觉。那天演出是我第一次的粉墨登场，也就是糊里糊涂上去，糊里糊涂下来的。但是我没想到最后谢幕的时候毛主席在下面，很多高级领导在下面看戏。最后一出戏是陈大濩的《文昭官》，谢幕的时候说"毛主席万岁"，这一叫我才知道下面是毛主席。从此以后沈传芷就把我一脚踢到老生组去了，从此我就在郑传鉴老师的门下学习老生。

采访人：到了老生组有没有如鱼得水？

计镇华：依然是得不到重视，我是半路进去的，人家都学好了，我怎么挤得进去呢？当然先进山门为王，我后面进去的，学戏又是比较慢的人，还是照样坐冷板凳。

采访人：老生组的主要老师有郑传鉴，还有倪传钺？

计镇华：倪传钺老师是1957年以后才进来的，我刚去老生组的时候由郑传鉴老师教，我基本上在边上看也没排上什么戏，主要是我们几个师兄、陆永昌、甘明智他们几个聪明的学生在排，我基本上也就靠边站。到了1957年的时候，倪传钺老师来了。我们老生一共有八个人，一分为二，四个比较聪明的郑传鉴老师留下了，还有四个就给了倪老师，因为我学戏比较慢所以也给倪老师。分开以后对我来讲业务上也是一个小小的转折，因为当时倪老师看出我条件比较好，那个时候人也长高了，形象开始英俊了，嗓子也还过得去。倪老师是位很有书卷气的老师，所以他排了好几出戏就选中我了。我记得有《当酒》《闹朝扑犬》等几个戏，这使我后来有机会能够演一些传统的折子戏，但是演得也不多。汇报演出的时候，倪老师经常以我为主来汇报。当时更重要的一点是，就是1955年俞振飞先生从香港回来，1957年做了戏校的校长。俞振飞是一位在舞台上很有表现力的艺术家，我那时常看他的演出。我记得1955年看过他演出《迎像哭像》，到现在还印象深刻。他的唱，他的表演，非常有感染力。他后来跟言慧珠合作，也演了很多昆曲、京剧的戏。所以俞振飞到了上海以后，对昆曲的推动起了一定的作用。

采访人：俞振飞的表演让您对昆曲有了一些新的认识，是吗？是他的表演让您更加喜欢昆曲吗？

计镇华：应该说是很喜欢，通过他的表演，我对昆曲的唱腔有了更深入的了解。因为俞振飞的唱有魅力，他有一副好嗓子，能够把昆曲唱腔中的情意很好地展现出来，也就是说能够把昆曲唱腔中优美的部分充分地表达出来。戏曲的唱是非常重要的，听了他的唱，我对昆曲有了更加形象的认识。所以俞振飞来了以后，我觉得对我们是一个很大的推动。他来了之后不久，他的夫人黄蔓耘去世了，后来他跟言慧珠合作了很多戏。1957年的时候，俞振飞跟言慧珠合作了《墙头马上》，这是我们昆曲在新编历史剧中搞得不错的一个戏。它遵循了传统，也可以算得上新编。《墙头马上》里面有一个角色，老师们选中了我。对我个人来讲，当时能够跟俞振飞、言慧珠一起合作是很难得的。因为俞振飞比我整整大41岁，他那时候五十几岁，我才十几岁。言慧珠在里面是一个女主角，俞振飞是男主角，俞振飞父亲这一角色是郑老师演的，言慧珠的父亲这个角色是我来演。虽然只有两场戏，但是我有这样的机会能够跟俞振飞、言慧珠同台演出，而且后来是经常演出，对我来讲在演艺过程中的帮助非常大。跟他们一起合作，那种潜移默化的感染是非常重要的。因为戏曲演戏是一种感觉，跟那些演员一起演戏的话，自己会被大师们在舞台上的魅力感染。当时这个戏在上海演出蛮受欢迎，后来还一起到北京参加庆祝新中国建立十周年的演出，又参加了在人民大会堂宴会厅的。那时候人民大会堂刚建造不久，是国内的十大建筑之一，建筑宏伟得不得了。

采访人：在这之后您的演出机会多一些了吗？

计镇华：自从演了《墙头马上》，跟了倪传钺老师学了很多戏以后，基本上已经确立了老生组以我为主的地位，所以我那时候是老生组演出机会最多的。当时可以讲，在毕业前夕的1960年前后，我已经是在老生组里面演戏演得最多的一个。

采访人：您的毕业演出是《白蛇传》吗？

计镇华：毕业以后不久成立了"上海戏校京昆实验剧团"，但是要知道老生在整个昆剧里面的地位是不高的，那时候是以"三小"为主的，小旦、小生、小丑，其他都是为辅的。"传字辈"老师当中这三个行当是最强的,小生有顾传玠,旦角有朱传茗,小花脸有王传淞、华传浩。所以他们"传字辈"老师在我们老师辈当中,"三小"就占了很大地位。毕业前夕,我是在老生组,在整个班级里面还不是很突出的。1956年的时候,我们昆曲有一出戏,就是周恩来总理说的"一个戏救活了一个剧种"的《十五贯》,1956年开始在北京演出的时候,轰动全国。毛泽东看了两次,周恩来看了好几次,《人民日报》发表了文章以后,《十五贯》的影响非常之大,所以也影响了戏校。周玑璋校长说,这个戏一定要把它学下来,那时候学校就派我、蔡正仁、刘异龙、王英姿、周启明赴杭州向周传瑛老师、王传淞老师学这出戏。

采访人:这是在什么时候?

计镇华:1960年春天,我记得1960年的春天杭州西湖畔细雨蒙蒙,景色非常美丽,天气也比较寒冷。那个时候我跟周传瑛老师学,心里很紧张,因为我知道我学习很慢,本来还有师兄弟在边上,但当时是我一个人,把这出戏学下来非常累。我那次特别用功,特别地用脑子,周老师也非常耐心地教我,所以还可以,基本上把这个角色给学下来了。

那时候学戏,说实话我看到浙江昆剧团的情况不是很好,虽然当时他们已经得到了中央的嘉奖和重视。他们剧团有点像家庭戏班的感觉,住的地方很简陋,也很穷,这个剧团是非常艰苦的。新中国成立前夕他们在杭嘉湖演出没有服装,服装坏了,就把金纸剪下来贴在上面。门票没有,就拿报纸撕成一条一条,写上几排几座。演戏的人就像叫花子一样,很可怜的,这个剧团就是在这样的情况下挺过来的,很不容易。我非常佩服朱国梁、周传瑛、王传淞带领他们这班人,始终没有脱离戏曲舞台,一直挺到新中国成立,非常非常了不起。

采访人:这个是第一次学?

计镇华:对,回来以后就汇报演出。校长看了以后皱眉头,觉得我演得一般,结果这出戏又被打入冷宫。这是我在毕业前夕学过的一个大戏，实际上这出戏就彩排了一次，也没很好地演过。不久之后我们就毕业了，成立了京昆实验剧团。我记得当时是1961年8月，上海市委宣传部长石西民还来参加我们的毕业典礼，一起拍照，不久以后实验剧团就改成上海青年京昆剧团，赴港演出去了。

当时演出主要是两出大戏，一出是《白蛇传》，一出是《杨门女将》，还有很多折子戏。那个时候我们被称为"十块金牌"的演员，好像是杨春霞、华文漪、李炳淑、孙花满、岳美缇、梁谷音、刘异龙、王芝泉、齐淑芳等。岳美缇、梁谷音因为出身不好，没有去。当时我们出去演出，昆曲还是以"三小"为主，所以那时候主要是小生、旦角的戏。武旦王芝泉也很出色的，刘异龙、京剧的有李炳淑、杨春霞、齐淑芳、孙花满，那时候在香港演出很轰动。当时京昆剧团的一位副团长叫吕君樵，他蛮看重我的，让我演《白蛇传》中的法海。虽然是一个配角，而且是反面人物，但是我因为这个角色而有机会到香港去。所以其实到1961年前夕的时候，我还是只能在剧团演一些不是很主要的角色，大戏里面的一些配角。

采访人： 这种情况一直持续到什么时候？

计镇华： 1961年从香港回来以后，到了1962年，上海市委书记柯庆施提倡要"大写十三年"，就是所有的戏曲、戏剧要以工农兵为主体，用现代戏反映工人、农民、解放军或者是革命先烈。所以那时候我们把电影《自有后来人》改编成昆曲，还有把电影《红色娘子军》改编成昆曲《琼花》等。

在"大写十三年"这段时期，我从中得益不少。为什么呢？像李玉和这样的角色，必须要老生演员演，而且我30岁的时候形象也很好。当时女主角是华文漪，她是我们昆剧团的领军人物，因为是排现代戏就把我推上去了，就这样我从演出机会比较少，进入演出非常繁忙的阶段。记得1964年我们在上海天蟾舞台演了108场《琼花》，剧院将近3 000个位置，天天满座，是非常了不起的纪录。

采访人：这是在"文革"前夕吗？

计镇华：1963、1964年的时候，《自有后来人》也是1962、1963年的时候，这出戏还到部队去演出。那时候蔡正仁演反派的日本侵略者鸠山，我就演李玉和。以现代戏为主的时候，我这个老生演员演出机会非常多，剧团基本上以我和华文漪为主。

采访人："文革"这段时期还不能按照老师的教法去演，因为角色都是新的角色。

计镇华：对，唱腔上有所改变，与歌剧相近。《琼花》也是靠近歌剧，《自有后来人》靠近一点苏剧。当时我们的国家政治运动特别多，现代戏演了没有几年又开始搞"四清"了，要求我们这些演员停止演出，到工农兵中去。所以我们去了一年上海的农村，我去的是"北蔡人民公社"。一年的时间感觉特别长，终于结束了，可以回到剧团演戏。那时候剧团又开始恢复一些传统戏，排《大名府》等剧目，又唱京剧又唱昆曲的，之后没多久"文化大革命"就开始了。

"文化大革命"开始之后，剧团改成上海青年京剧团，我们唱昆剧的演员全部改唱京剧。但是我演出机会还是非常多，那时候演的是京剧样板戏《红灯记》《沙家浜》。我演里面两个主角，李玉和与郭建光。对我来讲帮助非常大，因为这两出戏男主角的唱腔很多，包括身段，郭建光还有很多武戏的东西。所以在青年京剧团成立以后，我演的基本都是京剧样板戏，我们剧团经常演《红灯记》《沙家浜》这两出戏。那时候《沙家浜》里华文漪演阿庆嫂，《红灯记》我跟童芷苓、梁谷音都演过，这是在"文化大革命"初期的时候。

采访人：有没有想过有可能从此之后再也演不了昆曲了？

计镇华：有可能。

采访人：您会觉得有什么样的感觉？

计镇华：很茫然，也不知道怎么办。因为"文化大革命"来势那么汹涌，当时就随着大流走，根本没感觉。

采访人：然后到了1977年的时候，是蔡正仁向市政府写了一封信。

计镇华：这个是大家都有的愿望，实际上是水到渠成的，已经到了这个时候。

采访人：当时就觉得还是很想再返回到自己的本行。

计镇华：这个是大势、时势，大家都违背不了这个时势。时势能够出英雄，你要违背这个时势是不可能的。所以到了1978年，已经水到渠成，各个地方的剧种都起来了，并不仅仅是昆曲，这是当时必然的形势。

我在1970年被调到《智取威虎山》剧组大约三个月，不久，又被调到了《龙江颂》剧组，在《龙江颂》里面最后一场戏我的角色是"粮食保管员"，刘异龙演一个坏分子。后来说要把《龙江颂》拍成电影，我们就到了北京，整整一年的时间在北京拍电影。拍电影的时候还有一个好处，因为《龙江颂》剧组不仅仅演《龙江颂》，还经常演其他的样板戏，如《沙家浜》《红灯记》这些戏，我也能经常演出。当时演样板戏也蛮有压力的，不能出错，所以演戏的时候很难进入角色。粮食保管员的角色只有四句唱，这四句唱我经常还唱错，因为我怕唱错，很紧张，唱到第一句想第二句，唱到第二句想第三句，这样往往就错了。因为样板戏唱错了是个政治问题，所以在北京的时候我头发掉得很厉害，现在头发已经掉光了，就是因为从那时候就开始掉头发了，每天都很紧张。到了1973年，我们《龙江颂》剧组又进行巡回演出，这次巡回演出还比较平缓。正是因为在这个剧组里面，虽然演的是小角色，但我一直没有脱离舞台。这是从1970年一直到1977年，六七年的时间，这段时间我还是比较平稳的。

采访人："文革"结束之后就恢复昆曲了？

计镇华：到了1977年以后，其实文化局已经开始筹备恢复昆曲了，那时候把我们这些人从京剧院召集起来，把一些分到工厂的人叫回来，我们开始恢复。那时候还不敢恢复老戏，是以排练《琼花》的名义把我

计镇华(右)在《十五贯·访鼠测字》中饰况钟、刘异龙饰娄阿鼠(左)

们聚集起来。1977年我们恢复演出了一个阶段的昆剧现代戏《琼花》,同时在筹备成立上海昆剧团,到了1978年年初,昆剧团成立。那时候考虑演什么戏最合适,最后定为《十五贯》,因为周恩来曾说一出《十五贯》救活了一个剧种,而且因为我们有条件,饰演况钟、娄阿鼠的演员都是现成的。

采访人:但是好像再去学了一次?

计镇华:是的,在1月份的时候,我们又到浙江去学《十五贯》,那时候我已经全忘记了,所以要重新学起。那时跟周传瑛老师学的时候,周传瑛老师已经大不如前了,他有严重的哮喘,所以做几个动作就气喘吁吁的,我也不忍他多做。当时周老师给我们讲戏,不厌其烦地一步一步教我。在这次演《十五贯》的过程当中,我最大的心理障碍是我在演艺生涯当中需要解决的一个重大问题。在排《琼花》的时候,导演叫李世仪,是上海歌剧院的,他说:"计镇华,你很会演戏,形象又很好,但是你缺一样东西,你的声音要解决,你的中音部分好,低音部分也不错,高音部分有点叫喊的感觉。所以这对于你要创造更多的人物,演得更好是一个很大的障碍,所以我帮你介绍一个人。"我说我已经三十几岁了,是不是没有办法解决了,因为练声很难的,要改变自己的声音不是轻而易举的事情。他说他有一个声乐老师，过两天让他来看我演《琼花》。在后台我见到了这位声乐老师，他叫姚士达。他本身是搞房地产的领导，他喜欢声乐，对声乐很有研究，他是我艺术生活中影响很大的老师。所以后来我非常认真地对待这个事情，《琼花》演完不久，我就跟着姚老师几乎每天不间断地在他家里，按照他的练声方法进行训练。我跟姚老师大概练了三个月左右的时候，在上海大众剧场第一天演出《十五贯》，我的太太也在下面看戏。因为太太对我也很了解，我第一段唱完【点绛唇】后我太太就跟姚老师说，计镇华声音变了，高音没有那么累了。这在我的演艺生涯当中是个重要的突破，我可以从高音中解放出来，全身心地去演绎刻画人物。在此之前，我往往会在唱到某一个高音的时候游离出人物，解放出来以后我在塑造人物方面就游刃有余了。所以1978年的时候，我们在大众剧场连续演了一个半月的《十五贯》，后来越演越好，到最后一点负担都没有了，我能够完全投入到这个人物当中去，也能享受到塑造人物的快感。从这点可以说明一名戏曲演员基本功的重要性，这些基本的东西都解决了才可以去塑造人物，所以那段时期《十五贯》的演出是我一生当中一个重大的转折。

我觉得表演艺术，戏曲演员的"艺"跟"技"是分不开的，往往有时候技巧的重要性胜过艺术的表现。你可以想象，如果一个武旦连下腰、翻身都会担心的话如何演《扈家庄》？一个武丑连跟头都不会翻的话又如何来演《时迁偷鸡》？如果我没有嗓子如何来唱整出【九转货郎儿】的弹词？所以通过姚老师的练声把我以前所担心的东西都化解了。我以前演《琼花》，包括样板戏里面的李玉和，最薄弱的环节就是高腔，有时嗓子稍微好一点过得去，碰到不好的话我在舞台上就六神无主。所以那时，我就养成了失眠的坏习惯，很担心自己的嗓子，睡不好嗓子更不好，就这样恶性循环。

采访人： 是《十五贯》给了您充分的自信？

计镇华： 对，1960年演的《十五贯》跟1978年演的《十五贯》是截然不同的。1978年舞台上的况钟可以说是光辉的形象，我可能自己有点夸张了，但是我自己很享受，享受演出，享受自己能够在舞台上塑造这样一个观众喜爱的角色。在我整个昆曲生涯中，从1978年一直到1990年，这12年几乎是我最好的阶段。

采访人：在这段时期您最喜欢的、最拿手的戏有哪些？

计镇华：嗓子解放了以后可以演绎各种角色，各种不同的戏，所以《十五贯》成功后，接踵而来的另外一个戏就是《蔡文姬》。《蔡文姬》中曹操戏不多，但是分量很重。

采访人：《蔡文姬》这个戏是新编的吗？

计镇华：对，新编的，我们的《蔡文姬》是郑拾风先生根据郭沫若先生的剧本改编的。剧中的曹操不是京剧里的白面曹操，而是一个伟大的政治家、军事家、文学家、诗人，所以怎样塑造这样一个人物是有点难度的。杨村彬[①]在排这个戏的时候说，计镇华，你打算如何演绎这样一个角色？我也觉得很犯难，我知道北京人艺的刁光覃演这个角色非常有名，是他的代表作，后来我们组织所有剧团的人看他在北京人艺演出的录像，我说我不看，看了会先入为主，我要自己去想。所以我看了一些曹操的资料，认真读了这样一个剧本，我觉得在这个戏里面要突出曹操主要的特征，要体现他会用人、爱才。蔡文姬是个很有才华的人，他对蔡文姬的爱，这个爱是爱才的爱而不是另外一种爱，那种强烈的欲望。但是这个戏里面又有矛盾，突出曹操爱才的同时还要表现他的多重性，要表现他在军事上、政治上、文学上的雄才伟略。所以不能简单地用老生这样单一的行当去表演曹操，更不能以京剧的白面曹操去表现。所以首先要把行当给破除，新编历史剧不是传统剧，可以按照新的概念去塑造人物。服装是按照汉代的服装去设计的，把传统设计的都丢掉了，没有髯口。所以新编历史剧看什么？像这种新编

[①] 杨村彬：上海人民艺术剧院导演。

历史剧就完全可以用话剧的体验，由内而外来丰富这个人物，把行当的东西淡化，人物个性则加以强化。所以我既用了花脸的东西，又有老生的东西，也有小生的东西，也有武生的东西，说不清楚。就是在演绎我想象中的曹操是怎么样，演戏凭感觉，印象当中曹操是怎样，用心去体会来帮助自己处理形象。

采访人：这个戏是什么时候出的？

计镇华：1978年底到1979年吧。华文漪的"蔡文姬"演的很有气质的，像这种角色跟传统剧目的人物处理是不太一样的。表演风格上也不一样，你必须要根据时间、服装、剧本结构来塑造人物。所以到了排练的第一天杨村彬就肯定了我，他说，"好，计镇华你就按照这样一个范本，我放心了"。后来在北京正式演出，看了我的演出以后观众没有觉得我塑造的曹操逊于刁光覃，得到了北京人艺大部分人的肯定，那是很不容易的。这个戏是郑拾风改编的，所以我一生当中碰到的老师除了郑传鉴老师、倪传钺老师以外还有就是姚士达和郑拾风。《琼花》的创作郑拾风也都参与了，好多唱腔他也曾经改过，他跟我合作的第二出戏就是《蔡文姬》。他是在《解放日报》工作的。这出戏的成功给我带来了第三出戏《钗头凤》，由于曹操的成功，杨村彬推荐我去拍电影，于是在1980年我到峨眉电影制片厂去拍了《风流千古》，一拍又是八个月，很辛苦。我体会到新的文艺——电影的表演跟戏曲表演的不同，所谓的体验并不是那么简单，你要完全投入到新的人物当中去，又要求非常自然地表现出来，不能有京剧的程式，这对我来说是个新课题。开始导演对我很不满意，拍到后来一直到结束，我自己还是觉得没有很好地入门，电影的表演对我来讲还是很生疏，但是这个过程对我的帮助非常大。

采访人：角色的体验帮助了您去理解人物？

计镇华：对，因为它必须是内在的东西，你觉得很自然很生活，但是也有激情。

采访人：既能够让观众感觉到，但又不能很夸张。

计镇华：舞台上的夸张可以用形体，可以用身段来辅助你，电影的表演完全靠内在的东西。比如一个静止的特写镜头，含情脉脉的或者非常激动的，人物本身并没有什么身段，但是你必须要有内在的情感在里面，而戏曲可以用其他身段辅助你的表达。所以这一点对于我来讲，通过电影分镜头的拍摄如何快速进入角色，如何理解戏曲当中的激情和电影当中的激情或者平淡，这些对我的帮助很大。这八个月里面对我的触动很大，因为跟我一起拍摄的一些同事都是老手，其他都是话剧界的，很多是电影界的。我的压力很大，因为我是第一主角陆游嘛，杨村彬也是好心说你应该到那边锻炼锻炼，感受一下另外一种艺术形式，对你以后演戏是很有帮助的。确实我体会到杨村彬的苦心，我也是得到了很大的帮助，如何在戏曲当中体验人物，体现人物。

采访人：那么您觉得在戏曲当中您是如何体验人物的？

计镇华：传统戏曲摆在我面前，应该如何去演绎它，比如说《烂柯山》《十五贯》。如果按行当来分的话，中国戏曲行当分的是很死的，生旦净末丑，也不过就几个。像老旦、花旦、青衣等，按照年龄、性格分只是个大块的东西。其实在生活当中人物是丰富多彩的，同样一个人，你看上去很文静，但一讲话马上性格就变了。我们如何把行当的东西再演绎、再体验，这个就是我们演员需要深入研究的了。比如讲《十五贯》中的况钟，是个清正廉明的角色，是很豁达、正直的，看见恶的东西是很仇恨的，看见善良的东西会去保护，所以他

《烂柯山》剧照

演戏都很正。同样一个角色，如果演员在对某个角色形象概念上的体会不同，在舞台上呈现的东西就会有区别。比如《一捧雪》里面的陆炳，他也是一个官。陆炳跟严嵩同朝为官，在这样一个范围里面他始终是个不倒翁，很不容易。他有他在官场上能够混的这一面，讲得难听一点就是"官油子"，八面玲珑，但他也有正直的一面。他看到汤勤是非常愤恨的，他心里想帮的是莫怀古，但是他表现出来的东西要违背他自己的心愿，所以他和汤勤对白，带有讥讽的一面，跟况钟的表达不一样。

如何演绎人物，传统剧目如何来进行创新、改造，我觉得更重要的是如何把每一段唱腔的内容准确地、优美地呈现给观众。首先必须要有一个非常优美的歌喉，我觉得没有一副好嗓子是演绎不出昆曲优美的唱腔的。所以昆曲在唱腔方面要十分重视，一个剧种的唱是最重要的。

采访人： 您第一次得梅花奖是什么时候？

计镇华： 1978年到1985年这段时间，是我最辉煌的时候，也是最繁忙的时期，演人物演得最多。电影拍完不久我就跟华文漪排了一出《钗头凤》，这个戏的影响非常大，因为它有一个很大区间的表演空间，从20岁的陆游演到82岁的陆游。尤其在陆游的整个表演过程中，我也尝试了很多新的东西，因为新编历史剧必须有新的创作，不能完全用传统的东西来体现，所以必须用行当之间的东西区分，要把它化解。

采访人： 从20岁到82岁，20岁的陆游是老生的陆游？

计镇华： 不是，所以在20岁的时候如何演绎他爱国主义与爱情之间的关系是个难点。因为这个戏是爱情和爱国相互穿插的，所以刻画陆游这个角色，既要把年龄的层次演绎出来，还要把他爱国和忠贞的爱情表现出来。因为陆游跟唐婉是很不容易的，当然陆游有他的时代局限，他在50岁左右的时候，对当时整个社会已经失望了，可以说过了一段纸醉金迷的生活。但是从他的一万多首诗里面可以看出，到沈园以后他就怀念唐婉了。在沈园见面时那种沉默，看到唐婉的倩影，那种回忆，那种无奈，那种彷徨，最后到见唐婉后奋力写下了千古流传的《钗头凤》这首词。剧情到最后一场就是他的一首《示儿》诗，这是他希望能够统一中国，表现了强烈的爱国主义热情。这个戏很过瘾，他有年龄上的跨度，跟《邯郸梦》还不同，《邯郸梦》带有喜剧、讽刺意味，很荒诞的。这之后不久我又演了《唐太宗》和《烂柯山》。

采访人： 这些剧目全是新编的？

计镇华： 全是新编的，所以我新编的戏排得特别多，很有体会。这些新编的剧目往往是非常靠近历史的，《唐太宗》中演员的服饰都是唐代的服饰，《蔡文姬》中是汉代的服饰。剧中的元素既有传统的，又增加了很多现代化的表演，演员要适应不同的表演风格。这对导演的要求尤其更高，他对于整个风格统一性的把握很重要。一出戏最重要的是统一，没有统一很难受。我跟傅全香老师演的《李清照》和《杜十娘》基本上以生活表演、话剧、越剧加唱，所以在表演上的统一性是个问题。新编历史剧也追求一个统一，虽然我对新编历史剧有自己的想法，但是我要服从导演的意图，他如果制定出这样的范本我就要按照他的范本去体现。我开始的时候对昆曲的发展和传统继承有一些想法，但每个阶段都有变化，开始我是一个革新主义者，所以我的表演非常革新，当时受到其他同志的异议。包括《蔡文姬》等，是非常传统的表演，但是我的人物表演方法跟其他的一些同学有很大不同，包括我现在演传统戏，风格上都有些不太一样。

采访人： 后来有什么改变吗？

计镇华： 后来我觉得昆曲这样的剧种，新编历史剧不应该多搞，可以搞，但不是主要的。因为那个阶段是我的黄金时代，我排了很多新编历史剧，后来又排了《连环记》，当时领导也对我很信任，排一个戏成功一个戏，但是现在看也不怎么样，很多新编历史剧生命力太短。

采访人：也包括《血手记》吗？

计镇华：《血手记》应该说还可以，因为它基本传统，跟《蔡文姬》不同。

采访人：但是这个故事是非常西方的？

计镇华：对，它也是郑拾风先生由莎士比亚的《麦克白》改编的，黄佐临的设想是，把中国跟西方的文艺，两种截然不同的板块的东西相互碰撞，看产生怎么样的一种效果。所以他很早就想用中国的戏剧来演绎莎士比亚的作品。后来他看到我们，觉得用昆曲碰撞更好，因为昆曲跟莎士比亚是同时代的，魏良辅生活在16世纪，莎士比亚也在16世纪，所以他想把东西方的文化加以碰撞，产生新的火花。然后把中国的戏曲文化推广到西方，因为西方其实很不了解中国的文化。

采访人：80年代您还演出了一些传统折子戏？

计镇华：演了很多新编历史剧以后，回过来演了很多折子戏，如《搜山打车》《弹词》这些戏。我这个人做事不太有主动性，往往是别人推着我走，我才走一步。到了80年代，许多戏都堆在我身上了，我说这个戏没学过，没学过没关系，学，推着我的人就是当时的领导和郑传鉴老师。

郑传鉴在传授计镇华（左）

采访人： 就是80年代的时候是第二次再去学戏的时候？

计镇华： 对，这时候郑传鉴老师是我们剧团的顾问、艺术指导，所以我太有优势了，我要学戏，郑老师就在旁边。那时候所演的《扫松》《弹词》《搜山打车》《打子》《宁武关》等，都是这时候学的，而且演出机会特别多。到了北京演出的《弹词》轰动了，每唱一段下面就鼓掌，我自己都没想到在北京这么受认可。他们说北京如饥如渴，这个《弹词》几十年没看到了，今天竟然在北京的舞台上看到这出戏。后来80年代到北京去演《烂柯山》，又引起了轰动。那时候整个剧团到香港演出都是我跟华文漪领衔，昆曲以老生为主体是很不容易的。整个这个阶段对我演艺生涯来说是黄金时期。我跟郑拾风之间很有默契，他写剧本都是我来演的，90年代的时候他还根据日本传说改编了一出《夕鹤》。《夕鹤》是继《琼花》《蔡文姬》《钗头凤》《血手记》后，我第五次与郑拾风先生合作。他的剧本有个很大的特点，既高雅又通俗，很多人都赞美他的剧本雅俗共赏。

采访人： 您对俞老生的发展所做出的努力在哪里？

计镇华： 主要在唱腔方面，你要在一个行当站住脚，必须有一项很扎实的基本功。对现在的年轻人来讲基本功也同样重要。基本功当中最重要的是唱，唱戏唱戏以唱为先，你唱的要像有些地方戏一样，像黄梅戏剧、越剧，它们都是以唱为专长的。昆曲往往很重视载歌载舞，这样把唱腔都减弱了。其实是唱腔最重要，如果把它唱得完美，真的是"此曲只应天上有"的感觉。要是做到这样的境界，昆曲是不会消亡的。所以，首先要有非常好的歌喉，能够体现这样的曲子，准确体现唱的内容，这是最为重要的。因为表演抒发人物感情的方式是唱，演到重要环节的时候就要唱，声情并茂。

采访人： 那您对现在年轻的昆曲演员教学怎么看呢？

计镇华： 我跟学生说唱一定要唱好，唱是第一位的。我看现在的几个学生还是蛮用功的，但是在基础方面学的还是不太够。

采访人：那您怎么帮他们呢？

计镇华：现在很难了，如果到了二十几、三十几岁再要纠正他的基本功就很困难。

采访人：可是您到三十几岁的时候还有一个老师。

计镇华：那个不是帮我打基本功的，打基本功是在我十岁进戏校的时候。进戏校头三年很重要，基本功没打好会影响以后的发展。所以李瑞环同志讲得很对，学京剧要从娃娃抓起，如果从小不抓的话到二十几岁再抓已经很困难。现在的年轻人基本功也存在这个问题，这次我看了北昆不错，北昆的演员基本功都蛮好。唱念做都不错，手眼身法步都很好，这不容易。估计这批演员都是京剧过来的，京剧在基训方面是比较有规范的，比较好，但是昆曲京味太重了也不行。

采访人：您现在总结一下对于昆曲的创新有什么看法？我觉得您其实是很有拓展思路的戏曲演员，各种戏曲都会去尝试，您现在怎么看昆曲的传承？

计镇华：我觉得昆曲的主要精力应该放在优秀的传统剧目上，可以搞一些新编的东西。但是搞新编的东西一定要慎重，不能单纯地为了新编而新编。比如我搞这些戏从唱腔方面想要达到一些什么要求，从布景方面达到什么要求，使其既能够表现戏曲写意的特点，又能凸显昆曲的传统风格。

采访人：您觉得昆曲的特点是什么？

计镇华：一桌二椅，以演员为中心，很干净的舞台，但又要有一种时代的气息。搞一出戏，要从某些方面得到什么启示，从演员的表演上、唱腔方面、布景方面、灯光方面，我觉得都可以尝试。比如我们演《蝴蝶梦》，这是个传统剧目，我们想是不是在灯光方面可以演绎一下，用现代化的灯光把梦的意境体现得更好，使这个传统剧目更有现代意识。或者《邯郸梦》这出戏，唱腔方面不够，我们是不是能够在原有曲牌的基础上适当地进行一些修改，使唱腔能够更好听一点；乐器上面我们是不是可以加强,低音部分、中音部分做些调整,等等。新编剧我们会在服装上面进行一些改造,因为马连良、梅兰芳的服装也有所改变,跟以前服装不同。像这些新的尝试,至少在学术方面有点目的性。所以我们允许改,但是不要脱离这个东西,而且要有目的性。演一个角色要爱一个角色,这是一个演员非常重要的素养,"演一个,爱一个",才能演好每一个角色。

采访人:那您自己艺术生涯当中最喜欢的戏是哪一个?

计镇华:很难说,因为我有几个戏都很喜欢的,譬如说《烂柯山》里面的朱买臣、《十五贯》里面的况钟、《邯郸梦》里面的卢生、《弹词》里面的李龟年、《搜山打车》里面的程济、《扫松》里面的张广才、《琵琶记·吃糠·遗嘱》里面的蔡公,我觉得都很喜欢。因为每个人物角色的个性截然不同,可以演出丰富多彩的人物形象和人物内涵的东西,所以很难说哪个戏我最喜欢。

计镇华在《扫松》中饰演张广才,张铭荣饰演李旺

采访人：昆曲在您生命当中有怎样的地位？

计镇华：我的一生就是昆曲，除了昆曲我没有其他东西。我在舞台上显示我自身的价值，离开了舞台我什么也没有。

采访人：您对于昆曲现在的发展是怎么看的？

计镇华：我认为环境是很重要的，戏曲没有普及怎么能出得了大师呢？现在的大师都是人封的，有人说计镇华是大师，我不承认我自己是大师，我不过是个艺人，我是个唱戏的，不过是个艺人而已。周信芳是大师，俞振飞是大师，因为戏曲在那个时代普及。所以你看现在有流派吗？流派都是在五十年前形成的，梅派、程派、杨派、俞派，包括越剧的傅派，等等。新中国成立以后有没有流派，尤其是"文化大革命"以后，没有普及就不可能有派，没有派就不可能有大师。戏曲一定要有这样的时势、这样的土壤才可以生长出。我们不过是继承大师的衣钵而已，我们能够很好地继承下来，流传下去，承上启下，能够起到这样一个作用已经很了不起了。

（采访：余　娟　整理：陈姿彤）

忆"夏声"和我的京剧人生
——齐英才口述

齐英才,1926年出生,河北晋县人,高中学历。1938年6月考入陕西西安私立夏声戏剧学校,学艺七年,毕业后留校任教。1949年6月参加第三野战军政治部文工三团任京剧主要演员,1951年底集体转业到上海华东实验京剧团任演员队长。1955年上海京剧院成立,先后担任三团、二团、一团团长,1979年上海京剧院恢复建制后任主管业务的副院长,1984年调任上海市戏曲学校常务副校长,1986年离休。

采访人:齐老师请您介绍一下您的家境情况,以及投考戏校的原因。

齐英才:我叫齐英才,原籍是河北省石家庄的晋县,现在已改称晋州。我的父亲是个知识分子,在大学里学习法律,毕业后就在县城里当律师。"七七事变"日本鬼子全面侵略中国的时候,父亲自觉知识分子不能做亡国奴,于是带着我们一家,母亲、我、妹妹离开了家乡,辗转到了陕西省的西安市。那个时候西安是国民党的大后方,我们认为到了这个地方会比较安定。谁想呢，到了一座人地生疏的城市，没有亲戚，也没有朋友，没过半年带出来的积蓄就吃光用光了，生活成了问题。由于那个时候逃难的人多，西安人满为患，工作实在是难找，父亲四处求职也处处碰壁。我那时已经十多岁，又是家里的老大，懂得了家庭的一些情况。家庭困难，父母着急，我也要想办法。当时看见街上有小孩卖报纸，我就也去卖卖报纸，每天赚个一两毛钱，勉强还能过过日子。就在这个穷困潦倒的时候，偶然发现有个"私立夏声戏剧学校"的招生广告，其中有两条最吸引人，一是它管吃管住、不要费用，另外还可以学文化、学平剧（京剧），至于平剧是什么，我还不清楚。包吃住穿，还学艺、学文化，我当时认为这能够解决我个人的生活问题，因此马上禀告父母想投考。我父亲上大学的时候看过平剧，所以他很赞成，但是我母亲不太同意。为什么呢？她听说学戏很苦，经常会挨打挨骂，我一个小孩子去那里受苦受罪，母亲感到心疼。但是那时首要的是活命，能学戏、能生活，今后还能自立，去投考是当时最好的出路了。

正式投考是1938年4月，到6月戏校一共招了30个学生。他们先是要招难童，再是要看看你的嗓子、身材，各方面都行了才能入学。当初开办这个学校的目的之一就是要救济难童，学校的创办人都是知识分子。他们本身就爱好平剧，是票友下海正式唱戏，在马路上看到这么多难童难民，产生了慈善之心。战争的时候大家有钱出钱、有力出力，他们就将艺术传授给难童。他们几个人的力量加上当地的士绅联合起来，筹资建立了这所夏声戏剧学校。

采访人：当时在夏声戏校的学习情况是怎么样的？

齐英才：我们进入学校之后就马上开班授课了，一进去我就上初中一年级。至于戏剧方面，就是让我们练功了，这时我第一次尝到了学艺的痛苦。起初的半个月内先练踢腿、下腰、拿顶。练功的时候，老师就看你腿怎么样，腰怎么样，五官怎么样，然后再听听你的嗓子，

齐英才（左二）饰韩世忠，孙经田（左一）饰梁红玉

"咿，呀，哈"喊一喊。估计看我长得端正，所以安排我的行当是小生。那个时候只招收男生，不招收女生。生、旦、净、丑，学旦角的也是男孩子。

刚开头受不了这种训练，但是我没有退缩。拿顶这一基本功要求头朝下、脚朝上，过去都没有这样练过，一拿顶手就发抖。下腰也要吃苦头，虽说小孩子腰腿活络，但是硬要你下腰，第一次尝试也会感到很疼。压腿的时候要将腿硬往下压，也是很疼的。另外还有个练习叫"撕腿"，人要靠墙，让腿一字撕开，一下子撕不开那么大，只能慢慢地撕开，会越来越疼。一般的孩子基本上练这个都会流泪的，我咬紧牙关没有哇哇大叫。为什么呢？因为我想我如果离开，生计就会成问题，想到这里就咬咬牙挺下来了。刚开始的时候，动作不到位，老师会用竹片子拍拍。这跟以前的科班不一样，以前打起来是很狠的，夏声戏校与科班不同的就是坚决废除打骂。因为戏校几个领导人都是票友，他们爱京戏，但都是知识分子，思想先进，主张对旧戏班的一些规矩进行改革。他们认为科班的教学方式有些东西可以吸取,有些东西就不足以采纳。所以要求老师尽量不打学生,如果要打的话就打屁股,或者是手掌,其他部位不准乱打。但是学校请的老师却都是科班出身,他们认为自己就是这么挨打挨骂过来的,所以学校的领导人就进行劝说:"你挨打就不觉得疼吗?不觉得难过吗?这些孩子都是难民,都是逃出来的,原本就是在吃苦受罪,到我们这儿再挨打不是更不好吗?"经过这样的劝说,老师们比以前好得多了。

基本功还要练台步、走八字、圆场。圆场就是要跑,但是跟平常的跑不一样,必须腰板挺直、胸部抬起、眼要平望,步伐快但腰不能乱晃,因为上了戏剧舞台后乱动乱晃就显得不美了,就这样四平八稳地从慢到快不停地练习。然后学习喊嗓子,经过这些练习之后才能正式学戏。学戏的时候老师像是在讲故事一样,先跟你讲一遍戏的内容,然后再把要唱的词、念的词告诉你,再口传心授,他唱一句你跟一句,他念一句你跟一句,就这样开始了。我的脑子跟其他的小孩子比算笨的,人家教一两遍基本上就行了,我要教三四遍才能学会。

采访人: 您还记得第一次登台演出演的什么戏吗?

齐英才: 那个时候学的是"三国戏"《黄鹤楼》,在《黄鹤楼》中我演的行当是小生,扮演周瑜这个角色。当时练了实打实的三个月,勒着头,戴着头盔,脚下穿厚底,一条腿还能金鸡独立。这出戏太长了,当时演出一个晚上要演四个小时。演出前一天彩排,罩在头上的网子勒得紧,血脉不通,我呕吐得很厉害,连彩排时都是摇摇晃晃的。

其实以前我没怎么看过戏,只是在庙会、集市里偶然看到过,对平剧也没什么印象。我是到了夏声之后才知道平剧的,真正爱上平剧有一个过程,学着学着对平剧有了感情。为什么会有感情呢?老师说:"你们要学到一技之长,今后要谋生,要有理想。现在进了戏校,你们的理想就是学习平剧,要为平剧奋斗一生。"老师告诉我们,过去的平剧演员有很多不好的地方,第一就是没有文化,他们学戏都是通过口传心

《盗仙草》剧照

授的方式。文艺本来就是宣传文教的,而演员本身没有什么文化,如何去宣传文教呢?怎么能够正确理解人物并传达给观众呢?所以老师要我们看书,了解戏剧中的历史人物,推荐我们看《水浒传》《三国志》《三国演义》。尽管那个时候我的文化水平不高,但是我不懂就问,通过学习慢慢地了解了戏剧中讲到的历史事件是怎么回事。我们学校的创办人刘仲秋、郭建英、封至模、任桂林都是大学生,所以他们教授的时候更加仔细,会耐心地把剧情告诉你,把戏词告诉你,人物之间的关系都跟你讲清楚。那时候就不是"口传心授"了,他们在黑板上写出来,我们就用笔记下来。所以说,要学好戏剧必须要有文化,文化与艺术并进,绝不能偏废一边。所以我们在戏校里半天学习文化,半天学习戏剧,半点都不能含糊。

采访人:您不只会小生的戏,还会武生、老生的戏?

齐英才:是的,小生、武生、老生我都会。因为那个时候学校是私立的，经费都是靠社会上的士绅捐献的。有些是主动捐的，有些是募捐的。这样一来，学校请不起太贵的老师，多半是义务授课的老师，通过人情关系请来的，拿的是车马费。我学戏刚开始是学小生，我有两个老师，一个是郭建英，他本身是唱旦角的，但是他会小生的戏。还有一个是票友，叫庞鋆心，他是在铁路上工作的，但是十分热爱平剧。这两位老师教我，当时学的是《黄鹤楼》《金玉奴》(扮演莫稽)，其他的还有《罗成叫关》《辕门射戟》《玉堂春》(扮演王金龙)。后来这两位老师很忙，庞鋆心是通过人情请来的，他有本职工作，之后来不了了。我的课堂没有老师了，于是我就跑到其他课堂去看。人家学，我也听。所以有的时候我学小生戏，有的时候学武生戏。教武生戏的老师叫马振奎，这位老先生真的很了不起，他从小就是科班唱戏的，尽管没有文化，但是肚子里装的戏很多，武生戏、花脸戏都会。另外他还学了一招，就是旦角戏、小生戏的配角的搭戏他都知道。一般来讲，票友对于主演的戏都是很清楚的，但对于配角的戏份都说不清楚，而这位老先生都会。他是常住学校的，其他老师来不了就可以去找他上课。我们

齐英才早年剧照

那时候的教室就在院子里，没有凳子、沙发，所以我在他那儿就地就能学武生戏。另外我也去学刘仲秋教的老生戏，他也是住也住在那儿，吃也吃在那儿，一天到晚都跟学生在一起，时间长了老生戏我也会了一部分了。这么学下来，我既会主角的戏，又会配角的戏，"生旦净末丑，狮子老虎狗"，都会的话就是全才。所以我在学校总是扮主演的角色，包括后来在部队也总是扮主演的角色。为什么呢？就是因为别人会的戏没有我会的多。

采访人：当时是抗日战争时期，夏声戏校正是诞生于这样的历史背景下，几位创办者通过办学抗日救国、振兴中国京剧事业，做出了很大的贡献。

齐英才：我们的几位老师恨透了日本鬼子，他们不仅思想上如此，在行动上更是如此。他们招生成立夏声戏剧学校，本身就是对国家的支持。他们还"旧瓶装新酒"，把过去有的戏，像《小放牛》《打城隍》《梁红玉》《木兰从军》这些有着爱国主义思想的戏曲，改编成抗日战争的内容。比如《打城隍》，就是把旧的剧目换上现代元素，让我们穿上学生服、工人服、农民服来演出。本来大家这个时候应该是躲避抓壮丁，结果看了这出戏大家都不怕当兵了。旧社会说"好铁不打钉，好汉不当兵"，现在就是号召"好汉要当兵"，号召青年一致抗日，青年们的思想发生了转变，从怕当兵到要当兵，勇敢上前线打日本鬼子。《小放牛》过去也就是一个男孩和一个女孩对唱的流行歌曲，抗日的时候我们就改成了"我们应该做什么"这样的对话，把明确要参加八路军、参加平型关战斗打鬼子的内容全部装进去。《梁红玉》也是如此，梁红玉是宋朝人，她抵抗金兵。我们改编的内容还是宋朝时期，但把抵御外寇的内容装了进去。这些戏我们当时天天演，就是利用演出来表达抵御外寇的爱国之心。我们还新编了一部戏叫《陆文龙》，把"八大锤""断臂说书"等剧目放在这出戏里面，加入了一些新编的抗击外寇内容，串起来组成了一部大戏。《陆文龙》这出戏是国民党统治时期在抗日大后方演出的作品,是我们"夏声"的代表作,当时很轰动,观众很爱看。

1942年,老师带我们从西安到了四川,因为我们演《陆文龙》的这段时间,日军不断地在轰炸,另外也因为经费紧张,老师们也想让夏声戏剧学校继续扩大宣传出去。我们首先是到重庆演出,轰动一时。我们都是十来岁的孩子,嗓子好、武功好,最主要的是整体精神好。夏声有一个特色跟其他学校不一样,与旧式科班也不一样,它强调集体主义,反对个人主义,宣传夏声这个学校,但不宣传每个演员。登报、张贴海报也是如此,就是"夏声学校今晚演某某某戏",不登演员个人的名字。演的戏剧也是如此,主演要好,配角要好,群众角色更要好。在夏声,龙套演员都是好样的,所以夏声学校的整体精神面貌赢得了观众的鼓掌。由于演出轰动一时,观众一票难求,还惊动了国民党的上层。当时"四大家族"都来看了,蒋介石、宋子文、陈立夫、孔祥熙都看过。很多知识分子也来看过,我们所知的老舍、林语堂、应云卫、胡政之(《大公报》主编)都来看过。于右任也是我们陕西人,他看到西安老乡出了这么受欢迎的"娃娃团队"很是激动,跑到后台来,表扬了我们唱得好、演得好,还为我们写了几个字——"华夏之声"。陈立夫那时候是教育部长,他的办公点在青木关,还把我们接到那里演出。那时候编译馆也在那里,老舍也跑到后台看望我们、鼓励我们,他说从来没有看过这么整齐、这么有意义的爱国主义戏剧。孔祥熙在嘉陵江宾馆请我们吃了一次饭,他那个时候是财政部部长,也表示对我们的欢迎。那个时候我们没有钱,他就给了我们点油票钱,我们当时还觉得财政部部长太小气了,哈哈!

我们在四川跑了好多地方,好不容易演出告一段落,我们可以休息一下。当时正好是在郭沫若的老家四川乐山,我们知道乐山离峨眉山不远,就自发组织去峨眉山游玩。步行在峨眉山,正准备下山的时候,碰到上山的游客兴奋地告诉我们——日本投降了!我们那时候开心极了,在山上就又蹦又跳的,赶快回去庆祝。为了庆祝,我们组织开了个联欢会，一是庆祝全国的胜利，二是庆祝学校第一届学生毕业。在联欢会上，大家反串角色演出，还演了日本俘虏被训话，真是大快人心。根据我们当时的能力，一共凑了十个节目——"十全十美"。

采访人：那您毕业之后去哪里了？

齐英才：毕业之后，当时的环境和演出的情况有顺利的时候，也有不顺利的时候。有时被人吹捧、受欢迎，有时被人瞧不起，把我们当成戏子看待，那时候情绪波动很大。有个叫"舵把子"的帮会，经常让我们为他们唱堂会，很不讲理。我们夏声有规矩：第一，不准唱堂会，因为唱堂会是对我们的不尊重，他们吃喝玩乐，让我们上台唱，被他们取乐，这是对我们的瞧不起；第二，不准拜干爹干娘，那个时候唱戏的要出名，都要大官、资本家来捧，这个情况夏声是不允许的。老师教导我们，我们是京剧工作者，就要有骨气和正气。我们就是堂堂正正演出，不能做下三烂、求人的角色。因为我们夏声要培养的是京剧改革的新人才，不能沿袭老戏班的生活习惯，决不允许抽大烟、吃喝嫖赌、拜干爹干娘等胡作非为的事情。

毕业的时候有点混乱，有的人走了，比如孙经田，他是我们夏声第一块牌子，青衣、花旦、武旦、小生都能演，我和他是"黄金搭档"。他毕业之后想投考大学，结果一考就中，去了武汉大学，之后又转到天津大学。他这么一走，就没人跟我合作唱戏了，与新的搭档需要磨合才行。当时大概走了三四个人，校长就找我谈话，说我们第一班的学生学戏最多，演戏最多，教学是以我们为主。第二、三班的学生由于后来巡回演出，专业教师少。走了一些人之后，校长就挽留我，想让我做老师。人各有志，我不想投考大学，所以留了下来，既演出，又当教员。

采访人：那您是什么时候到上海的呢？

齐英才：这要从我在四川各地巡回演出说起。抗战胜利之后，我们从四川顺着长江往下走，来到了万县，碰到了剧宣九队。我们志同道合，一碰面就感觉相见恨晚。当时我们一起住在西山花园里，一起看田汉、于伶的戏,像《丽人行》,他们也看我们夏声的戏。因为这段渊源,当时他们看了我们的戏之后,又邀请我们去上海,这是我人生中第一次进上海。

到了上海,我们见到了梅兰芳、周信芳,有幸跟他们合了影。当初学戏的时候老师就给我们介绍过梅兰芳、周信芳、马连良这些有名的大师。回去之后我们跟校长刘仲秋、郭建英汇报,他们非常高兴,他们原来是梅兰芳的学生。因为梅兰芳很早的时候在北京和余叔岩、齐如山合办了"国剧传习所",刘仲秋、郭建英那会儿上大学,正好投考到梅兰芳老师那儿学戏。后来我们夏声戏校在万般无奈之下,刘、郭到上海找到梅先生,他建议夏声迁到上海并想方设法帮助我们。就这样,原先在南京的校址迁到了上海,请了梅先生做我们戏曲学校的董事长。这样一来,梅兰芳先生演义务戏就可以请到周信芳、田汉、于伶,还有戏剧学院的熊佛西。熊老刚来的时候没有地方住,于是梅先生介绍他到四川北路居住,在那里我们也住了两个多月,这样一来我们跟熊老也都认识了。他有的时候看我们练功,也会帮帮忙。后来在上海,我们招收了第

齐英才30岁左右时演出留影

五期学员。我们当初在西安是招了第一、二、三期的学员,在四川招了第四期。这第五期学员男女生都招了,不像前面四期只招男生不招女生。我们到了上海之后,很多名流,像田汉、于伶都来给我们上课。我们的领导与一些进步人士也接触得比较多,学校也会得到他们的赞助和补贴。

采访人:您是什么时候参军的?

齐英才:上海快要解放那段时间,解放军接管上海,当时他们早就知道我们这所戏校。第三野战军有个娃娃剧团,叫做"政治部文艺工作第三团",里面的人年纪跟我们一样,也是十五六岁。在上海快要解放的时候,他们马上派人来把我们接收了,两个团合并起来。一经合并,我们的校长成为第三团的副团长,他们的团长是一位叫苏堃的老干部,之后成为我们上海戏剧学院的党委书记。我在戏校时候是组长,到了他们那儿以后成了班长。1949年5月27日上海解放,我们6月上旬就合并了,在四川路的新亚饭店举行合并联欢。三野政治部第三团是在南京,于是我们一起到了南京,也就是说我参军的日子是1949年6月份。我们在部队待了两年,属于华东大军区,陈毅是上海市市长,同时又是第三野战军的司令员。他很喜欢京剧,第三团成立之后,他经常来看我们演出。那时候上海文艺界也逐渐发展起来了,各个剧团需要被接管,有的剧团还刚成立,需要充实一些新的力量,于是将整个三团调到了上海市地方上来。我们当时刚穿上军服当上解放军,很多人都不想调回地方上去。陈毅同志就在南京的军营俱乐部给我们做动员,告诉我们要

参军后的齐英才

下去，要服从命令听指挥。以前在解放战争时期，为解放军演唱、慰问的贡献不小，现在地方上也需要充实新的京剧力量。那个时候叫"改人改制"，需要充实。司令员都亲自动员了，我们一致响应，就全体都调去华东。

就这样我们调到了华东大区"华东军事委员会"下属的华东文化部。当时文化部为了团结文艺界的著名人士，想请周信芳来当戏曲研究院的院长，带下面的两个团，一个叫"华东实验京剧团"，另一个叫"华东实验越剧团"。袁雪芬担任副院长，伊兵（原名周纪纲，别名周丹红）担任秘书长，我们就成为华东实验京剧团的骨干力量。然后再招京剧人，扩大华东实验京剧团的实力，这个时候演员就多起来了。当时还成立了一个华东戏曲学校，刘仲秋就去那里当校长，有些年纪小的学员也转到了华东戏曲学校。包括我在内的十多个业务比较强的骨干就转到了华东实验京剧团。我在华东实验京剧团干了四年，从原先的班长提拔为演员队长。这个时候的演员有周信芳、刘斌昆、王金璐、张美娟、沈金波、孙正阳、金素琴、金素雯、鲍玉春、汪志奎等。人民京剧团有纪玉良、李仲林、王正屏、赵晓岚等。之后华东实验京剧团与上海市京剧团（人民京剧团）合并，在1955年成立了上海京剧院。由于人多，京剧院变成了三个团，称为一团、二团、三团。合并不久就提拔我担任三团的副团长，之后我也分别担任过三团团长、二团团长、一团团长。这里我一待就是二十多年，再加上我之前的经历，整个就有三十多年。在上海京剧院期间我演出比较多，在三个团做了领导后就慢慢地不能演出了，因为当了团长之后事情特别多。我在华东实验京剧团时又能唱、又当队长、又当工会主席、又当新民主主义青年团支部书记，那时候年轻力壮，可以身兼多职，还能带团出国演出。到了上海京剧院之后演出安排得满满的，半年在上海，半年要去全国各地巡回演出，所以慢慢地就不能自己上台演出了，只能把舞台让给别人。当时为了这件事情我还闹了情绪，因为我从小就演戏，从不懂不会到热爱，当时我还能演出却因为当干部不能演,实在是想不通。领导就做工作了:"你是党员(我1953年入党的),首先要将党的利益放在第一位,其次你才是个演员。你要听党的安排,一定要遵守。"为什么呢?这是由于过去的经验教训——外行领导不懂艺术规律,不懂排练,没有干过这一行就很难领导与安排,所以很难与演员齐心协力打成一片。

采访人: 当了团长之后您主要在团里担任哪些工作?

齐英才: 在团里主要的业务活动都是我安排,排什么戏,谁演什么戏,到哪里去演戏……每年要安排几场戏、收入多少,那时候都是有指标的。我们的工资是国家发的,同时我们演出的收入要上交给国家。那时候是50年代,我们的戏到处都很受欢迎。那时候的演员也都是真正有本领的,都有拿手的戏,剧目的质量确实也高,所以才受欢迎。比如那时候的两部戏《七侠五义》和《宏碧缘》,这一唱就是半年八个月,天天客满,其他的新戏也是一样的。观众尽管是外行,但是他们懂得好坏,尤其是上海的观众,既懂得戏剧,又热情。而且上海观众不欺生,对上海演员和外地演员一视同仁,只要唱得好,观众就会捧你,所以我觉得那时候演出真的很好演。不光演员要好,乐队也要好,服装、布景也得要上品、够格。作为团长就要运筹帷幄,想方设法琢磨团里要排演哪些剧目。

在南方,不光有传统戏,还有本戏、连台本戏,本戏是上海当地创造出来的,有头有尾。还有新编历史戏,这是上海的特长,所以说上海在创新方面一直是走在前面的。为什么要排《七侠五义》这出戏呢?因为新中国成立前上海就有本戏的传统,就演过《西游记》《济公传》《火烧红莲寺》等等。观众一直看传统戏,换了一种口味,他们感到新鲜,戏就很受欢迎。新中国成立之后我们对本戏进行了重新整理,要去芜存菁,重新安排,旧的东西到了我们国营剧团也一定要讲究质量。就这样,我们就有了编、导、演,也就要求剧目的内容要好、演员配合要好,灯光布景的设计也要合情合理,从观众的观赏效果来考虑。还有一点,同样是本戏,但换了新的品种,内容不同、角色不同,这就要求演员之间要搭配整齐,生旦净末丑都得要一流的,这样共同的努力才能赢得观众的欢迎。

当初一团是以本戏、新编戏为主,二团以传统戏为主,三团以青年为主。那时候上海京剧院号称有"十大花旦",把上海好的京剧演员都请到上海京剧院来了,有言慧珠、童芷苓、李玉茹、张美娟、王熙春、金素琴、金素雯等,阵容强大。这人一多就得分团,一个是以海派为主的,与本戏、新编历史剧有关,培养青年后备军,发掘后起之秀。这些青年朝气蓬勃,文戏武戏都行。当时三团排过《三打白骨精》《钟馗嫁妹》等,都是通俗易懂、观众爱看的戏。这些演员都是青年尖子,对于剧院来说都是有培养前途的。二团是以童芷苓、李玉茹为主的青年演员,一团有纪玉良、李仲林、赵晓岚等。三个团的剧目各有特色,互不冲突。各个团的演出地点也都不一样,一团经常在大舞台表演,二团总是在天蟾舞

齐英才(左三)在部队时留影

台演，我们三团什么地方都表演，共舞台、大舞台、大众剧场、中国京剧院都演。三个团不能同时都在上海，有一个在上海，其他两个就要去全国各地巡演，远至东北，西至西安，南至广州，中部更不用说了，北京、天津、汉口、南京等这些地方都经常去。

采访人： 您还去朝鲜参加过慰问演出？

齐英才： 抗美援朝战争刚结束的时候，我所在的华东实验京剧团派了一批演员去战地，贺龙元帅作为总团长直接领导我们。我所在的第一团是以华东实验京剧团为主，再加上当时还是私立的几个小组——梅兰芳小组、程砚秋小组、马连良小组。这是全国历史上第一个京剧团，从来没有这么强大的阵容，四位都是大师级别的。招我们去之前的文化部会议我去参加的，当时艺术局副局长马彦祥，说要组织这个团来代表全国最高水平的京剧演出团去慰问我们最可爱的人。这么强大的阵容若要演出的话总要有先有后，过去的演员很在乎演出次序，然而这一次出乎意料，这四位大师都非常客气，他们没有任何要求，一切听从组织安排。当初开会研究的时候，开会一上来，梅先生就开玩笑地说："小齐，我们今天研究剧目，你是我们队长，你说吧，怎么样都行！"当然不是我一个人说了算，还有文化部的马彦祥等人一起研究。程砚秋老先生第一个说："我演开锣，我要演《三击掌》。"《三击掌》是他的拿手戏，他演其中的王宝钏，我们这儿的沈金波（演过《智取威虎山》中的少剑波）与他搭档。他这么一说别人就更好安排了，周信芳就来第二个——"我来《徐策跑城》"。马连良先生说自己第三个，他来《四进士》一折，梅兰芳先生就来《贵妃醉酒》。这个研究会没有想象当中那么难，这四位大师为了慰问志愿军战士，什么都好说。就这样，第一出是《三击掌》，程先生演王宝钏，沈金波演王允；第二出《徐策跑城》，周先生演徐策，我演薛蛟；第三出《四进士》是马先生演；第四出《贵妃醉酒》梅先生演贵妃，马富禄和我，一个演裴力士，一个演高力士。就这样的一台戏，说实在的，这几位老先生对我的帮助太大了。尽管这些戏我都演过，但是与他们同台表演还是第一次。在我眼里他们是大师，我只是个"小学生"。与他们同台，一是感觉荣幸，二是感到紧张，害怕自己演不好。在这个过程中，梅先生、周先生跟我说戏，真是受益匪浅。

后来根据需要我从三团调到二团，又到一团。因为三团被拆掉了，人员被分配到了一、二团。二团是以传统戏为主，我在那里排了很多新戏，像童芷苓的《武则天》《红楼二尤》《尤三姐》等，都是我在那儿的时候排的。我作为团长定的剧目，一方面是观众喜欢，另一方面是组织安排。后来到了一团，表演的现代戏就比较多了，像《智取威虎山》，那时候是由纪玉良和李仲林演出。当时是1958年，我带他们到宝山大场的部队体验生活，摸爬滚打，与战士打成一片，一去就是半年。

采访人：这时候就开始排演《智取威虎山》了？

齐英才：《智取威虎山》这部戏1958年的时候就开始编排了，刚弄的时候还比较粗糙，后来在不断演出中汲取各方面的意见，不断地修改。原来戏也蛮大，场次也蛮多的，后来逐渐收得更紧凑了。但是在1964年北京现代戏会演的时候，江青就插手了，提出了一些演员的问题，提出哪里还不够合理，哪里布景不好，要求团长深入生活。我当时就是团长，于是就带着我们的舞美，真正地深入深山老林。这已经是第二次了，这次是童祥苓演的。当时给找了几个向导，还有两个民兵保护着，就这样我们三四个人深入下去。林子里光是杂草就有一个人的高度，枯木腐烂得一踩下去就空了。我们甚至连野兽都看到过，豹子、狍子、狗熊……幸好有两个民兵保护，我们才没有太大的危险。

"文革"时期，因为夏声学校曾为国民党演过戏，为蒋介石演过戏，我作为团长，被批为"走资派"。这十年从头到尾我就没有休息，不是关牛棚，就是到工厂、农场、"五七干校"劳动改造。

之前样板戏是我先抓的，后来被批斗的阶段样板戏也一直在磨

1964年7月20日摄于上海

炼、在排演,但之后要拍电影了,这工、军宣队都怕得不得了,想方设法要找人来顶,就把我找来了。我还记得当时正在奉贤县"五七干校",有一天我回来就找我谈话,要求我再做一个检讨。往常老通不过,我就又拿出我的检讨向大家读了,一遍便通过了。第二天就找我谈话,说解放了,让我赶快到北京,《海港》剧组请我去领导。"文化大革命"的时候有好多突然的事情发生,这次我也感到很突然。我说我刚刚从牛棚出来就要去那里,合适吗?我说你还没有给我平反呢!他说平什么反?我说过去那么多帽子,没有摘去一个就让我去,我怕他们再斗我。他说帽子是群众给我戴的,但组织上没有定我的性,说你是走资派也是群众说的,组织上没有说过,群众说你是反革命,组织上没有说过。群众给你戴的帽子不作数,组织决定的才是正规的。因此我不用平反,官复原职,第二天就去北京了。到了北京,看到李丽芳、赵文奎、朱文虎等人都亲切得不得了,我感到受宠若惊。接着就委派我做组长,把我派到《海港》剧组。但是到了上海不久之后又让我回到一团了,说我原先是排《智取威虎山》的,现在应该也回到《智取威虎山》来。那个时候还叫上海京剧团,成立了党委,团下面三个剧组——《海港》剧组、《智取威虎山》剧组、《龙江颂》剧组。后来等"四人帮"一倒下,恢复了上海京剧院,俞振飞是院长,我当上了副院长,主持院的业务工作。

采访人:当时如何平复"文革"后上海京剧院的满目疮痍?当时大家的心情也比较复杂,那时候该演什么戏呢?

齐英才:"文革"后我主要是恢复传统戏。说实在的,传统戏都在演员的肚子里,每个演员都有几十出戏。我熟悉他们,他们也熟悉我。因此谈起戏码来一拍即合。那时候改革了一段时间,演员要自己组合,成立小分队。那时候京剧院一共组合成了五个队,什么剧目是经常演的,就安排这个剧目的服装。那个时候是国家剧院负责他们,国家给的工资是有折扣的,其余的部分根据演出多少场戏再补足。不过小分队成立不到一年又不行了,之后再次组合,还是变回京剧院。这段时期上海地区以童芷苓为主,北京地区以梅葆玖为主,我的任务是带团去香港演出。那是1982年的时候,北京京剧院与上海京剧院合并为赴港京剧团。这次演出的阵容也不得了!上海地区有童芷苓、童祥苓、汪正华、张南云、李多芬、黄正勤、孙正阳等;北京地区有梅葆玖、梅葆玥,还有一个花脸、一个小生。大家势均力敌,水平差不多。我1986年退休。我们赴港表演回来之后,京剧院又要培养接班人了,就把我调到戏校去了。俞振飞校长跟今天一样,非常客气,什么都是"你说你说",我就是勤汇报,有什么大事就向他请示汇报。他对我很放心,"你去吧,就按你的办!"在京剧院和在戏校向他汇报都是这样,他对我很放心,没有驳回过我。

我在戏校的时候成立了"周信芳艺术研究会",那个时候有个训练班,我是挂名的副班长,主要由吕君樵、吴石坚等人来抓。第一班的培

梅葆玖（左）与齐英才合影

训学生是从全国各个省市招来的，办得比较成功，演出也比较好。我退休之后就理所当然地到了那里去，职务是演出部部长、常务理事。我既然去了就应该有所作为，我做的第一件事就是抓麒派演出。我们上海先派几个人，然后是南通的麒派演员，然后再把李丽芳的姐姐李慧芳找来，还请来了杭州的赵麟童。我们就带了这么几个人，走到哪里就以当地的班底为主，一起排戏演出。从南通开始，之后走到南京、北京、青岛，然后回到上海。

采访人：周信芳先生也算是您的老领导了，相处了二十几年，谈谈您是怎么看周信芳先生的，他给了您什么启发？

齐英才：周信芳不愧为大师，他开创的麒派独一无二，历史上没有他这样的唱法。他虽然是学谭派，但是与谭派大不一样，这和他先天的嗓音条件有关系。唱谭派需要嗓子好，但是他倒仓之后嗓子不好，他就根据自己的条件独创，这样的创造性我觉得非常了不起。而且他创造出来的唱念和剧目大受欢迎，尤其是在江南，没有不学麒派的。我在京剧院带队的时候，到各地演出都有麒派，每一个团都有麒派演员，都学习他的剧目。他的唱做念表都那么通俗易懂，不用字幕就能听出来，念白就更不用说了。这样一个受观众欢迎、创作独一无二的流派，是很了不起的，是大师所为，所以我对他很崇拜。据现在的专家统计，在他离世之前，前前后后演出了六百多出戏，在京剧演员中屈指可数。梅先生有四百多出，其他演员也就两三百出。唯独麒派周信芳剧目最多。为什么？他能编、能导、能演，而且他还演时事剧，很能跟上潮流形势来编戏，这样的创造性真是了不起！

采访人：您觉得对京剧是怎样一种感情？

齐英才：对于京剧，我从不懂到懂，再到爱，到演，甚至是提拔我当干部了，我还想演。原因何在？就是因为我热爱京剧。过去凡是有戏，我都会去看。一直到现在，京剧院或者上海戏校只要给我票我都会到场。这就是小时候老师教导我的，终身都要爱京戏，一直到现在都没变。你问我有什么习惯，其实没什么，除了爱看戏，就是看书、看报、看杂志、聊聊天，仅此而已。像现在老年活动室里，大家聚在一起，一谈到戏我就会说两句，也会哼唱两句，人家也感到欢喜。对于京剧我有几点自己的建议，现在咱们的演出剧目还是应该要求质量的，演员不管是生旦净末丑，都要有一技之长，要多学、多看、多演、多练、多出新。另外，让我印象最深的是老先生说的——"当个戏包子，要会得多，对于本行要精，其他行当要会"。学传统戏从龙套到主演都能说的，现在这样的人才太少了。再就是要虚心，要尊重观众，要知道观众的喜闻乐见。另外票价不要太高，现在真想看戏的都是老先生，老先生退休了工资不太高，所以票价要大众化一点。票价低一点，观众就会慢慢多的。京剧是我们固有的文化艺术，这个不能断。现在京剧不景气，我希望它之后会振兴起来，这要靠各个单位的共同努力。其中的专业单位要辅助票界，多给那些喜爱京剧的人以帮助，不要搞高价剧场、高价服装，最好多些优惠。这样观众面就更宽、更广了，戏迷们更团结了。我过去常带团出国，感觉外国的观众不是不喜欢京剧，而是不了解，当他了解之后会非常喜欢。我带队出去演出没有赔钱的，都是赚钱的。为什么赚钱呢？就是因为京剧有魅力、有号召力，人家喜欢才能花钱买票，演出商才能赚钱。国内是如此，国外也如此。总之一句话，希望我们的京剧逐渐振兴起来，发扬光大！

（采访：余　娟　整理：陈姿彤）

"丑而不丑,丑中见美",丑角也要给人美的享受

——孙正阳口述

孙正阳,1931年出生,河北玉田人。京剧丑角演员,国家一级演员。六岁登台演《小放牛》等剧。1939年考入上海戏剧学校,专攻文武小丑,属"正字辈"演员。1949年至1951年曾与京剧大师梅兰芳、周信芳同台演出。1953年进入上海京剧院后,多次前往苏联、法国、英国等地演出。

饰演的代表角色有《铁弓缘》中的陈母、《十八扯》中的孙怀、《刘姥姥》中的刘姥姥、《凤还巢》中的大小姐等。60年代初,在现代京剧《智取威虎山》中成功塑造了反面形象栾平。在《磐石湾》中扮演了08,给观众留下了深刻的印象。

孙正阳: 我叫孙正阳,是上海京剧院的丑角演员。我原籍是河北省玉田县,不过我出生在上海,应该算是上海人。我很早就进了京剧圈里,从五六岁就上台了,到现在已经有七十多年的舞台生活。

采访人: 您是如何与京剧结缘的呢?

孙正阳：我怎么会学习京剧的呢？我父母倒不是搞文艺的，他们是从北方到上海，当时住在曾经叫"马立斯"的地方，就是现在大沽路那边。那边基本上住的都是京剧演员，因为那边离剧场近，大世界、共舞台、天蟾剧院都在那一块地方。过去交通没有那么方便，去剧场都走着去。那个时候正是抗战时期，大家生活都很艰难，我们家里孩子多也念不起书，最好的办法就是学戏。学戏尽管是吃苦，但是很早就能赚钱养家。我们家里从我姐姐开始学戏，但我姐姐不是一个很有名的演员。学了戏以后在哪里演出呢？过去大演员都在上海的剧场里面表演，像中国大戏院、黄金大剧院等。我姐姐她们一般是跑杭嘉湖，在杭州、嘉兴、湖州那一带演戏，都是坐船过去。我那个时候也就四五岁，跟着我姐姐跑码头。我记得一到天亮，我们到了一个码头就下来到茶馆，洗脸、漱口、吃点心，之后草台班就搭起来了，唱草台戏。演完戏还是坐船，今天在杭州，明天到嘉兴、湖州，就在那一带转。我那个时候很小，天天跟着我姐姐在后台混，那个时候就混进我们京剧的圈子里了。后来有时候戏里缺了一个小猴的角色，我扮个小猴就上去了，缺个什么角色我就上台去演了。后来正式学戏是在我6岁的时候，姐姐让我演了一出《小放牛》。《小放牛》那个时候是小丑演的，所以一开始就这样把我定成了丑行，学起了小花脸。那个时候我觉得自己总是在后台混，胆子挺大的，不怯场，也不知道什么是害怕，到台上挺神气的。

采访人：那后来您是怎样进入戏校学习的？当时在戏校的学习情况是什么样的？

孙正阳：我跟着姐姐跑码头跑了一段时间，后来我就真正地进入到学校去学戏了。1939年，上海戏剧学校成立了。那个时候每户人家的生活都挺紧张，能够成立一个学校真的很不容易。因为这个学校要养很多人，不像现在的学校都是国家拨款，国家栽培，条件很好。我们有一个校长是中法大药房的董事长，他经济上很有实力，能够资助戏校办学。他们因为喜欢京剧投资了学校，再请几位京剧界有资历的名人，

孙正阳与姐姐孙君萍（右一）及友人

像刘嵩樵老先生等。当时的校址在马当路那个地方，条件很差，现在已经拆掉了。

我们招考进去的学生大多是10岁到13岁，是基本上已经会一些戏，也有点条件的孩子。我去考的时候，老师很喜欢我，因为我年纪小，又已经会很多出戏，进去就能表演了。我说今儿来个《打严嵩》，唱完了老师很是喜欢。第二天又去了，我说今天来段《丁甲山》，唱段花脸，老师一看就觉得我挺神的，挺喜欢我。不过那时候家里不太希望我学小花脸、学丑行，认为最好是学老生、武生。可是那个时候没有办法，我们上海招的学生基本上南方人居多，我家是北方人，一进去就说了一口流利的北京话，唱得也挺神，老师一看，学小丑吧。开始我不乐意学，母亲说学小丑没出息，因为生旦净丑，丑行基本上演的反面人物多，正面人物少，配角多、主角少。但是丑角又是不可缺少的行当，人家说"无丑不成戏"，每出戏总有小丑挑一挑，戏才比较好看，所以老师非让我学小丑。小时候我也不喜欢学丑行，因为什么呢？过去的小丑脸化得比较脏，比较低级、庸俗。有时候老师给我画得很难看，我就要哭，很是不喜欢。我的开蒙老师叫罗文奎，是北方的老师，他很喜欢我。我们那时候在上海戏剧学校，并没有叫科班，是有点学校性质的，每天下午有几个小时读书，学习文化课。打也不像科班打得那么厉害了，但挨揍还是要挨的。一旦练不好，只要有一个人错了，就全部集合。这个人错了，你们要骂就骂他，大伙一起跪着，起码打三板，这叫"打通堂"，这样给犯错的人有压力。那个时候因为老师喜欢我，一集合要打通堂了，刚刚站好队，他就说"阳，你给我进来"。他把我喊进屋里，"小子，没有我你又得挨揍了，屋里待着！"他很是护着我，不让我挨打。我那个时候小名叫孙小羊，因为我属羊。可我们学校一进去是"正字辈"，我们那会儿是正大光明进去的，头一号是正，关正明、王正平、顾正秋、张正芳，这是我们的"正字辈"。黄正勤、施正泉，我们都是同学。所以我的名字被改成孙正阳，"羊"改了一个太阳的"阳"，开始改名叫孙正阳。

从那开始我在学校正式学戏了，学小花脸。我们那会儿在学校学戏有一个好处，就是当时老师请得多，看戏看得特别多。我们学校的老师基本上都是富连成的老师，都是"连字辈"的，像我们学校的梁连柱梁先生、关盛明关先生是"盛字辈"。这些老师也是很艰苦的，但是我们这些老师非常好，教导我们这些学生，连文带武。我们每天早上从五六点钟就开始练功，小花脸有小花脸的基本功，练得也很苦。小花脸的头一个基本功就是矮子功，往那里一坐，一蹲，蹲矮了。你学戏就得一直耗着，叫"耗矮子"，要不然你在台上一蹲一出戏，怎么受得了，这就是功。这些都是基本功，他们大的要跑圆场，像我们演丑行的"矮子"就在后面追，跟着跑圆场，这就是丑行的基本功。

采访人：您觉得学戏那段时期最大的收获是什么？

孙正阳：当时是1939年的上海，好多在北京很红的角，在上海不红就不算真正的成名。因为上海这个地方十里洋场，名角很多。在北京像张君秋、马连良，在北京红也就那一小块，在上海红了那基本上算是全国闻名了，所以我们那个时候最大的好处就是能够天天看戏。现在我们一个星期演个一场戏，观众还不多。过去上海多少剧场啊，每天晚上都有演出，黄金大戏院、皇后大戏院、天蟾舞台、大舞台、中国大戏院，全有京剧，那真是辉煌时期，生意好得不得了。小时候晚上基本上所有好角的戏我们都去看，所以我总是说千学不如一看，我们小时候就是看得多。都有什么好角来演出呢？那个时候梅先生来演出，萧长华萧先生来演，我们天天晚上到剧场去看。因为我们这个学校的老板也是资本家，跟他们这些剧场老板也都熟了，加上我们都是光头，到门口一看是戏剧学校的，不用买票就让我们进去了，不管哪里坐下就看。每天晚上都有好戏，梅先生、程先生、马连良、张翼鹏、李万春、李少春，天天看，看了很多好角的戏，这对我们很有好处。因为你搞艺术，创造一个角色的那些营养从哪里来呢？我觉得就是要从看好戏来。

这是很好的积累，所以我觉得多看戏很有好处。一个是看，一个是学。那时所有的好角到上海来演出，因为我们老师都是富连成的，来了一位角，不管你是梅先生、程先生，都留一出戏到我们学校去演，请过去都是不付钱的，完全是为了培养孩子。所以我们那个时候学校里学的戏很多，在学校这几年确实汲取了老先生们很多的艺术营养。还有一个好处就是很早就能跟名演员接触，跟他们一起演出。像梅先生演《游园惊梦》，都是学校里让学生跟他一起演出，所以我们很早就跟这些名演员演出了。我记得最早是1940年的时候，我和麒麟童周信芳先生，还有一位艺术家小翠花（于连泉），陈永玲的老师一起演出。于老师专门演那个凶煞的、泼辣的角色，很有名气的。她跟周信芳先生合作一个戏叫《杀子报》，这个戏现在都禁演禁播了，里面有一个孩子的角色，要借小孩演员，就到学校来了，我们学校一百多人就把我借出去了。因为这个角色要求演员既要唱又要表演，难度很大，我小时候很早就上台了，有一些舞台经验，

童年孙正阳和顾正秋演《女起解》

所以那个时候我就有机会跟周信芳院长这样的名演员同台演出了。

日本投降的时候,梅兰芳先生剃胡子后第一次在上海演出,当时剧团还都没有人,就是我们整个学校配合演的。我记得好像是在美琪大剧院,演的是《金山寺》,顾正秋演白娘娘,张正芳饰演小青,我演的是小和尚,整个武打都是我们学校的学生。后面的就是梅兰芳先生、俞振飞先生演昆曲《断桥》,《游园惊梦》也是我们一起演出的,所以说从科班的时候就跟他们一块演出了。

采访人:您是什么时候出科的?之后在什么剧团演出?

孙正阳:后来没几年我们就出科了,因为当时是抗战时期,那些资本家也没有钱了,无法继续资助学校。当然我们学校也不错,我们进去不到九个月就对外演出了,营业很好。因为过去外面大剧场里的演出,龙套演员都不是专业的,都是外面摆小摊的晚上来扮演的,不像我们学校的学生都是专业的,都要化妆、勒头。但是后来学校也搞不下去了,大家都离开了学校。以前我们学校很出名的武旦张美娟,她后来就离开了学校,自己有本事,出去搭班子赚钱了。她离开学校后也改了名字,不叫张正娟了,改名为张美娟。我们也难得出去串串,后来学校实在撑不下去了,基本上算解散了。我们学校的师姐顾正秋成立了一个剧团,就叫顾正秋剧团,还请了老生,台湾的胡少安、汪正华、我还有我们的师姐,这一个剧团当时也在南京、徐州演出。

我刚离开学校的时候是十四五岁,也算毕业了,那个时候一离开学校就出去搭班演戏去了。开头跟我们师姐在一块,还是一个团,比较熟悉,跟着到处演出。1947年,他们到台湾演出,我们就分开了。那个时候金圆券不值钱,正是通货膨胀的时候。我们谈论工资都是按金圆券算的,这个钱一天一变。那个时候我一拿了工资就跑到街上买银元,买大米。我演出一个月几担米,都这么算。那个时候他们去台湾了,我二哥当时也在台湾演出。我告诉他我赚了多少钱,要到台湾来。我哥哥一听,讲你赚了这个钱到台湾,一合台币根本就没钱了。

那怎么办呢？顾正秋和我是同学又不好意思说，整个团的都谈好了，你要说是为了工资不去了，很难为情。后来正好北京的李利到香港演出，我母亲带着我到香港去了一趟，正好他们去台湾了，就避开了。那一回分开后，我和顾正秋有五十多年没有见面，她到了台湾再也没有回来。

采访人：通过一些资料了解到，您很早就崭露头角并与很多京剧大师同台演出过，能给我们讲讲吗？

孙正阳：在香港演出之后，回来我就自己搭班了。过去有句老话，"搭班如投胎"，你在学校学的戏跟外面的不一样。像我去外面的团，大丑，就是头号小丑，他的戏你都得会。所以那个时候我在外面碰了不少钉子，这有好处也有坏处，好处是你碰了钉子就会主动去学很多东西。现在的学生从学校毕了业，整个就在一个剧团，到哪也都是那些同学，还不知道外头天多高地多厚，没有主动去多看、多学的意识。但是那个时候我扮了很多角，不断地学习。我记得最早我跟过一个角，叫徐碧云，现在很多人都不知道。他过去是"五大名旦"之一，他有他的代表作，像《绿珠坠楼》《虞小翠》，我天天跟着他演。

后来又跟李慧芳一起演，跟她一起演比较合适，她跟童芷苓的戏路子差不多，演出过《十八扯》《纺棉花》。在台上戏中串戏，你什么都得会唱，就这样我跟李慧芳一起合作了很多日子，到苏州地区去演出。还有赵艳霞、杜近芳，那个时候我跟她们都一起合作过很多的戏。

采访人：您与这么多名角合作过，积累了丰富的舞台经验。

孙正阳：的确如此，当时我什么戏都演。丑行跟别的不一样，如果你是演主演的，比如我演马派，我就是我这一派，我演麒派，我就这一派，但是小丑不成，你配人家就得随着主角走。比如同样是《四进士》，马连良先生一个《四进士》，麒麟童一个《四进士》。马先生的《四进士》，万氏是彩旦的。麒麟童周信芳演的《四进士》，那是花旦，童芷苓演的。他们南北派别都不一样，我们是跟着上海麒派的演法，就演一赶三。头里一个混混,下来改一个师爷,后来改了一个看堂的,所以你都得会。我觉得丑行在这方面是很难的,你得根据不同派别、不同路子自己进行改造,不过在这个过程中我学到了很多东西。

还记得我最早跟梅先生同台演出,那时我刚离开学校在外面剧团,还没有进华东戏曲研究院。当时不算正式跟他一块演,演过一个什么戏呢?他大轴的戏是《贩马记》,我们在头里有出《法门寺》,我演的是贾桂。当时一听说跟这些名演员一起演出有点紧张,而且台下的观众都是专家。我记得那个时候好像日本刚投降,我还挺小的,嗓子有点变声,很紧张,我演得发闷。当时一紧张嗓子不太好就忘词了,没念几句就念不下去了。可是台底下都是内行呀,一听说忘词了大家就乐了。那个时候我很小,很害臊,吓得我特别别扭。下来到后台去,梅先生正在化妆。这时候有几个人说,"刚才那个小孩忘词了,大家都乐了"。梅先生看着我说:"来,过来,小孩过来,你叫什么?""我叫正阳。""哦!学校的是吧,你今年多大了?"我说:"我14岁了。""哎!这算什么,我在他那个岁数在台上老忘词,这个还好。"梅先生那一次的话一讲,鼓励了我,我就感觉没那么难为情了。梅先生不愧是艺术大师,不但在艺术上,在生活上对人的心情也非常地体谅。他一讲,别人都不讲了,还鼓励我慢慢努力,所以我从那个时候就非常佩服、感谢梅先生。

《法门寺》剧照

采访人：之后您就进入华东实验京剧团了？

孙正阳：我是1953年参加的华东实验京剧团，也就是上海京剧院的前身。1953年的时候还是华东实验京剧团，那会儿上海有华东实验京剧团、华东实验越剧团。一直到1955年，他们成立越剧院，我们成立京剧院，就分开了，过去都属于华东戏曲研究院。

从那个时候开始我们就参加正式的剧团了，当时还有李玉茹，我们几个人一起参加的。我们参加的时候是1953年，正好那会儿要赴朝慰问，我们很高兴，预备慰问志愿军。我们一进去参加，跟李玉茹搞了两个小戏，一出《拾玉镯》，一出《小放牛》，我们对戏进行了一些改革。之前的《小放牛》画小花脸，后来我扮得很漂亮，穿了蓑衣，扮得很俊。整出戏舞蹈性很强，又要唱又要跳，又要表演又是舞蹈，两个人不停地有小半个小时的戏，后来我们排得很累。《拾玉镯》我演的是刘媒婆刘妈妈，这出戏在外国经常演，都挺受欢迎。这两个小戏到朝鲜很容易演，我们经常到志愿军部队里去，在哪都能说演就演，说来就来。我们去朝鲜的时候已经和平谈判了，我记得是贺龙带的队，副团长有梅兰芳、程砚秋、周信芳周院长、马连良，把所有的好角都凑齐了到朝鲜慰问，我们也看了不少好戏。那个时候我跟李玉茹基本上是在前面演，后面都是他们演的。一出《群英会》那就是马连良演的诸葛亮，麒麟童演的鲁肃，全是好角唱。程先生也演了，梅先生演的是《贵妃醉酒》。朝鲜慰问团的演出现在都没有影像资

《十五贯》剧照

料了,很可惜,真是棒得很。

  我们回来之后就成立上海京剧院了,周信芳成为我们的院长。所以从那个时候开始,我就开始跟周院长排戏。1956年开始排《十五贯》,还到苏联去演出。排这出戏的时候周院长很虚心,完全向昆曲学习,周院长带队一起到杭州登门学习。我是跟王传淞先生专门学的娄阿鼠,后来跟周院长一起演了《十五贯》。之后还跟他排过《义责王魁》《海瑞上疏》,都是跟周院长一块演出的。

  采访人:您活跃在京剧舞台这么多年,对于丑角的表演有什么感悟?

  孙正阳:其实一开始我不喜欢演丑角,因为丑角本身就是反面人物多,正面人物少,配角多主角少。可是丑角在学习和锻炼上也不比其他的行当差,后来演着演着,我不但喜欢上丑角了,而且根据我这七十年的舞台生活经验还觉得丑角其实是很难的。难在哪呢?想要成为一个好演员,必备条件就是唱、念、做、打、舞。唱你得会唱,念也很重要,"千斤念白四两唱",这是念白的重要性。表演,小丑的表演是很广泛的。打,是武丑。我们丑角又分为文丑和武丑,像我武丑也演,比如《挡马》《三岔口》小时候我都演,所以我是属于文武的,打也得会。所以我觉得丑角这个行当确实非常难,要学的方面太多。就拿唱来说,人们过去对小花脸的唱不重视,觉得上去唱个荒腔走板,台下一笑就成了,其实不然。

  采访人:那您觉得丑角难演,能具体说说难在哪些方面吗?

  孙正阳:比如说小丑的唱,想要达到一定艺术境界,是非常难的。难在哪呢?像我演一出《十八扯》,里面东扯西扯什么都有,它所有的你都得学。老生的唱、小生的唱、花脸的唱、旦角的唱你都得会,而且要学一些流派的。《十八扯》当中有言派老生,接下来再唱麒派老生,再下来唱花脸。不但要学各种京剧的唱,还要学各种流派,小生是用小嗓,花脸是花脸嗓,麒派、言派你都得学,所以我觉得丑角的唱是非常重要的。而且不但得学京剧,还得学其他地方戏。比如《十八扯》里头有扬州空城计,要学扬州话。还有一些像梆子戏,你都得会唱两句。比如说陕西梆子的《杀狗劝妻》,也得学。还有像我们演全本《玉堂春》,沈燕林这个角色要说山西话,要唱山西调。所以我觉得丑角难就难在唱这里,各种流派、各种地方戏,都得会两句。

念白更是丑角的基本功,丑角基本功靠念,文丑、武丑又不一样。像文丑的念,念到数板儿,比如演娄阿鼠,"我娄阿鼠是常在江湖走,吃喝嫖赌我有一手,不论你是士农工商、三教九流,只要见他兜里有,我能骗则骗,得偷就偷,虽然名气有点臭,可是我衙门里头有朋友,赌场的弟兄搭的够,街坊邻居们见了我都得伸出手指头,谁敢跟我斗"。这就是数板儿,一段段都是念的。这是文丑的念,比较慢一点、随和一点。武丑的念法又不一样了,像《连环套》,像《打渔杀家》里面的大教师:"我练过大十八般兵器,小十八样武艺,一切拳脚式,软硬的真功夫。这大十八般兵器我练的是刀、枪、剑、戟、斧、钺、钩、叉、镋、棍、槊、棒、鞭、锏、锤、抓、拐子、流星,这都算不了什么。"这节奏跳跃,而且节奏要快、准确、干脆,这是武丑的。还有一种叫方巾丑,就是念书生的角色,像《昭君出塞》中的王龙,他是上韵的,是书生念法,这又不一样,是文绉绉的味,像《活捉张三郎》也是属于这种性质的,所以丑角唱、念、做、打都得齐全。

做,那就是指表演了,表演上我觉得丑角也是很麻烦的。为什么?丑角演的范围太广,你说上至帝王将相,扮皇帝、扮宰相,小丑都得演,下至船夫、渔夫、酒保,这些都是小花脸演的。而且演男的还得演女的,彩旦就包括在丑行里头。像我们演的《拾玉镯》里的刘媒婆、《铁弓缘》中是演老太太。彩旦也有好坏的,像《孔雀东南飞》里面是恶婆婆,像《凤还巢》,是演一位很美的大小姐,都属于彩旦。《锁麟囊》里的小丫头也是彩旦,所以丑角范围很广。还要演老头,像《秋江》里的艄翁,还有张别古,这都属于老年的角色,还有演小孩的。总之老的、少的,男的、女的,文的、武的,好的、坏的,你都得演。

正面人物和反面人物的塑造有很大区别,我们是根据戏的人物反应,戏的情节来塑造,根据人物、剧情的需要,当然更重要的是内在活动的表演,来分出他的好坏。丑角也分文丑和武丑,有的演文丑不演武丑,像我从小文的武的都演,像《挡马》里的焦光普就是武丑,其实这部

《秋江》剧照

戏最早我是跟李玉茹老师一块演的。最初是昆曲演《挡马》,是方传芸他们演的。过去没有那么多的武打,就是有一段挡马,一段盗牌,都是昆曲的。最早是我跟李玉茹把那出戏学下来了,到1958年我们要出国了,因为这个戏的情节蛮好,要带着这个戏,就又加强了一些武打。后来李玉茹不演,因为她不是武旦,就换张美娟演,我们加了有很多技巧的东西。像椅子功,上椅子翻、开打、盗牌,都是我们后来跟张美娟演的时候加进去的,是属于武打的戏。我在《七侠五义》中演蒋平,这是正面人物了,他也是一个武丑行的。这些都是武打戏,这中间我们都要翻高。我记得有一次,我们演《七侠五义》,有一场叫屋顶大战,在房顶上打,打完了从房顶上很高的台上翻下来。因为从前我们的电视录像不像现在条件那么好,那场屋顶大战是夜里,晚上拍摄的时候灯光不能那么亮,所以他们要求我们单独把这场戏提前先录下来。当时我就翻打,三张台子我翻下来,最后一次正式拍,下来我就骨折了。哎哟,我下来当时还没有感觉,一走腿怎么了,马上走不了路了,肿了起来。怎么办呢?那时候我爱人跟当代骨科名中医石筱山很熟,赶紧叫三轮车到他那儿,马上给我扎针。可是晚上还要正式录像,又不能请假,又没有人

《挡马》剧照

替我,怎么办?我只能瘸着一条腿,还是把戏坚持演下来了。很多武行演员到年纪大了都是腰、脊椎、骨头有很多的毛病,这都是职业病。小时候练功,没有现在这么好的医疗条件,有的武戏演员常常骨折了、大筋断了,这都是家常便饭了。

唱念做打舞,最后是舞,也很重要。像《活捉张三郎》,其实它的舞蹈性很强的,是一个文丑活儿,水袖、动作、甩发、踢褶子这些都是舞蹈的东西。一出《小放牛》,整出戏舞蹈性也非常强,可看度很高,所以我们那个时候出国演出《小放牛》,观众都非常爱看。我觉得一个丑角唱、念、做、打、舞你都得会,这是一个演员的条件。当然我们不要求每个演员都能达到,但是希望一个演员应该要具备这些条件。所以我说唱丑角不比其他的行当省劲,你得能吃那个苦,各方面你都得学习,而且要不断地学习,像我到现在还经常在学。社会很多的东西在进步,像我们说的笑话、段子有时候现在观众不懂,所以我们也得与时俱进,了解观众。丑角演员还得有编剧和导演的才能,才能逗观众笑。

采访人: 您塑造了很多经典的丑角形象,像《智取威虎山》里的栾平,您能谈谈是如何进行角色创造的吗?

孙正阳: 演员自己一定要会创造角色,因为一个剧本上来,写剧本的人把戏剧效果都为你量身定做是不太容易的,要看你丑角自己的舞台经验,梗怎么逗,观众怎么能乐,那就靠你自己的经验了。剧本都是一个大概,有的东西你得自己去创造、去想、去改革,这是很重要的一条。这么多年我演了好多戏,都是根据对人物的认识、内心的活动,自己再去揣摩、再去改进提高,这是非常要紧的。所以每当演一出戏,每拿过来一个角色,我基本上都要给他再加工、再提高、再改进,进一步研究他,很有好处。

说到我们如何演好配角,《智取威虎山》也是个例子。1964年的时候,不让演老戏了。那会儿正好原来的《智取威虎山》剧组在北京演出,演完回来说这些要重新改编、排演。我当时刚跟童祥苓一块出国演出回来,我们团就先演《智取威虎山》,那个时候我演的杨子荣,童祥苓演的少剑波,还没有完全像现在这样,因为过去《智取威虎山》中杨子荣是武生,少剑波就是老生。从1964年开始整个改编这个戏了,加强童祥苓的唱,所有人物突出主要英雄人物,那会儿我演的是B角。当时演员都要下乡,我本来1964年开始要下乡去了,正在锦江饭店集合的时候,说里面领导来了要把孙正阳留下,我还不知道什么事,就进去了。

1964年,孙正阳在《智取威虎山》中饰杨子荣

江青召集说，建议孙正阳同志演栾平。我一听我有这个任务，一会儿领导也都来了，召集我们开会。她点了童祥苓演杨子荣，然后说，正阳同志你演栾平怎么样？我说："好，好，这是我的行当。"然后还派给我个任务就是B角杨子荣，就这样开始演《智取威虎山》了。

我演的《智取威虎山》里的栾平，观众反响不错。实际上就两场戏，一场审讯的，接下来最后一场，也没几句台词，虽然词不多，但想演好这个配角，也是要靠自己去琢磨。我自己坚信那句话，"只有小演员没有小角色"，虽然戏份少，我也要仔细琢磨。你要抠这个人物的性格、内心活动，各个方面，尽管你的台词不多，可是你跟杨子荣的对话，他的台词你都得熟，互相都得有反应，那这个戏才能出来。所以我在这个戏里第一次演栾平，好多观众挺爱看，观众有时候对反面人物也非常喜欢的。但是在那个特殊时期，观众一叫好，下来我就要挨批，因为我是反面人物，不能太嚣张。那个时候样板戏要"三突出"，第一是突出正面人物，正面人物要突出英雄人物，英雄人物当中要突出主要英雄人物，像反面人物是压了再压。所以你现在看我们电影录的《智取威虎山》，给我的灯光很暗，那个电影里根本看不清我的脸，栾平有几段唱都删掉了，因为戏太多了就删反面人物，座山雕和我的戏删得最多，所以说那个时候是我们京剧艰难的时期。

但是那是当时的历史情况不同，我作为演员来说不管戏多少，只要观众觉得满意，人物演对了，观众承认我了，我这个演员就很高兴、很满意了。我就觉得我演一个戏，基本上要给它动一动。

孙正阳在《智取威虎山》中饰栾平

像《十五贯》，我们过去演的是按昆曲的路子，跟周信芳院长一起演的。后来我跟陈少云合作，他也是学麒派的，我们把《十五贯》进行了改动，完全改成京剧的路子，用皮黄的，不完全是昆曲的路子。

所以我就不念苏白，改成京白。在服装造型上也有修改，因为这个角色是个地痞流氓、吃喝嫖赌的人物，所以以往妆化得很脏。我觉得咱们演员在台上演戏，艺术本身就是美的享受，尽管你是一个小丑，但也是一个艺术品，京剧艺术的本身在这方面就是美的享受，所以即便是小花脸我也要把他勾得干干净净、漂漂亮亮的。

采访人：您对丑角艺术在哪些方面进行了创新和发展，形成了自己的丑角风格？

孙正阳：前面我说我从小不爱学丑角人物，是觉得丑角在台上比较庸俗、比较肮脏，所以我自己在化妆上加以改进，形成了自己的风格。你看我演的彩旦，无论什么戏都扮得干干净净，尽管演的是丑角，在台上也是给人美的享受。你不能扮得很脏，很邋遢，尽管逗笑了观众，这种取笑也是很庸俗、很低级的，那就不叫艺术。所以我演的彩旦戏，像《拾玉镯》的彩旦，甚至《凤还巢》的彩旦，过去把她们化得很丑很难看，这种用丑态逗笑观众的方式其实很低级，但我把她化得比较有趣一点，很干净、很漂亮。那么以什么取笑呢？以你的动作、肢体语言、表演。像我演的《凤还巢》当中很多唱法学的是荀派的唱腔，还有程派的唱腔，我都把它

孙正阳《凤还巢》剧照

融在里面,观众听了也会笑,但是这个笑我觉得是有艺术性的。我演《凤还巢》中的大小姐观众都挺爱看,到香港演出,观众乐得不得了。

像《活捉张三郎》,张三郎尽管是丑,可是为什么阎惜娇会爱上他呢?因为他是内心丑,其实他很漂亮,是个书生,你把他画得很丑很难看,阎惜娇会喜欢他吗?所以我就觉得这是一方面,尽管是丑角也要把他画得、表现得很美。动作、水袖、褶子,身上都得要有美的地方,那观众才会爱看。所以演戏演到现在,我的一个目标,我自己对丑角的要求就是"丑而不丑,丑中见美"。此丑非彼丑,不是丑恶的丑,小丑的丑,是艺术享受。演什么呢?在舞台上演他的风趣,演他的幽默,演他的技巧,要演这些东西,不是演低级、庸俗的东西。

采访人:能给我们讲讲您跟筱月英老师的爱情故事吗?

孙正阳:我们结婚的时候人家就说艺术夫妻,生活是患难夫妻,确实是这个样子。因为我爱人从前越剧基本功差,就喜欢学京剧的东西。我有一张照片是在60年代初她跟梅先生拍的合影照片,她没有认识我就认识梅先生了。那个时候马连良的太太、梅先生的太太,她们都爱看越剧,老到她们那里看戏,胸前挂着花,看筱月英演出。那个时候梅先生亲自教她《贵妃醉酒》,好多语言的调子、动作,说了很多。后来介绍

孙正阳和筱月英

我们认识,她跟我学《小放牛》,我们就是从学《小放牛》开始的。我们感情一直很好,因为互相在艺术上有探讨,她演戏、排戏我总是参加,我也帮她做艺术指导。

"文化大革命"的时候我们是患难夫妻。我们去年办了50年金婚纪念,我们的三个孩子都挺乖的,我觉得现在家庭很幸福,改革开放以后我们家的孩子都挺好的。1990年后我到美国去了几年,我儿子在那边,我去探亲,到了美国我也演得不错。那会儿童芷苓、齐淑芳在美国,在那儿演出很多,是当地的票房邀请我们演出。我跟齐淑芳演了全本的《铁弓缘》《青石山》。还有一次是跟台湾魏海敏的剧团合作,所以说我即使在美国也没有脱离过演出。

采访人: 您对于现在丑角艺术的发展和传承有什么看法?

孙正阳: 我自幼学戏,对京剧非常热爱。到现在有时候在房间里还在锻炼,每天还踢踢腿、跑跑圆场。但是现在由于年纪大的关系,嗓子不好了,唱的气不太足。头些日子京昆成立了剧团,请我去看戏,我也是在艺术上的顾问吧,现在常去看看戏。我觉得现在青年演员中还出了一批不错的演员:像傅希如,文的、武的条件都不错;像严庆谷,在我们丑行里头,文的、武的都不错。我觉得现在青年肯学京剧不容易,因为学习京剧要吃很多苦。像我们从小五六岁就开始练功,现在的学生也是,从小你就得学。可是你考进去学得挺好,一到变声期就全完了,嗓子一变了整个人会变的,所以说培养一个京剧演员很不容易。

我一共收过四个徒弟。金锡华,他是昆剧的,从小跟我学习;韩奎喜,到美国去了;还有一个奚培明,后来就是徐孟轲,现在到北京去了。

现在的问题一个是老师少,好老师年纪大了教不动,师资力量比较欠缺,年轻的老师学得少,看得也少。像我们演戏的时候上海多少剧场呀,多少演出呀!每天晚上都有演出,现在的演出机会少了很多。戏,

孙正阳与学生王盾（左一）、金锡华（左二）、郝杰（右一）、朱何吉（右二）、严庆谷（右三）合影

就得多学、多演才行，要有舞台实践。所以我跟我的学生提了要求，现在最主要的是多学、多看、多演，这三点对他们青年演员来说恰恰是缺乏的。发展年轻人很重要，要从小培养、熏陶。本来学戏曲的学生就少了，学丑角的更少。因为丑角本身演配角戏、演反面人物戏比较多，大家不乐意学，所以丑角的培养是很重要的。丑角真难，也很不容易。我现在的学生有很多都退休了，像金锡华、萧润年他们，可是现在有时候学校的学生演出还得请他们出来，因为学生太少了，所以也要重视这一点，我们的京剧才能传承下去。

（采访：舒　凤　整理：陈姿彤）

绝代芳华，为程派艺术倾尽一生

——李蔷华口述

李蔷华，1929年出生，武汉人。9岁习艺，11岁登台。初学老生，后改学刀马旦、花旦、青衣。14岁起在成都、重庆、昆明、贵阳等地演出，15岁即挑班主演程派名剧《碧玉簪》《鸳鸯冢》《青霜剑》等。与胞妹李薇华（荀慧生弟子）领衔组建"蔷薇京剧团"巡演大江南北，备受欢迎。她嗓音醇厚圆润，韵味浓郁，声腔艺术高超，表演细腻感人，参透程派艺术真谛。继父李宗林为程派著名琴师，悉心传授其一系列程派名剧。17岁始有幸获程派京胡圣手周长华亲授《春闺梦》《荒山泪》《锁麟囊》《女儿心》等佳作，并经常为其操琴，历时三年，得窥程派堂奥。曾与程砚秋同台演出的二旦吴富琴和旦角名家徐碧云教其身段表演。19岁拜王瑶卿为师。自1945年抗战胜利程砚秋复出后，她每演必看，潜心观摩，仅《荒山泪》就连看17场，获益匪浅。1953年加盟武汉市京剧团，与高盛麟、关正明、高百岁等名家合作。1980年调入上海市戏曲学校任教，有时应邀参加演出。迄今灌制唱片10张：1947年大中华唱片公司《女儿心》3张、《梅妃》1张，均由周长华操琴；中国唱片公司1958年《春闺梦》1张、1960年《窦娥冤》3张、1962年

《亡蜀鉴》2张。1976年8月长春电影制片厂将李蔷华、关正明主演的《二堂舍子》摄成彩色影片。

李蔷华：我叫李蔷华，1929年11月15日出生在武汉。我的家庭情况是这样的，我的祖母娘家是武汉市开药铺的，刘天宝药铺，当时还是很有名气的。我的祖母跟我祖父结合以后，祖父不善经营，到我祖父的晚年，家庭败落了。我们家一共姊妹四个，家道败落了之后家里生活困难，所以我哥哥八岁就出去学徒，学杂技。我的外公是有名的中医，母亲也有文化，喜欢听戏，听曲艺。我母亲娘家是山东人，学唱过山东大鼓。1936年，我还不到九岁就跟母亲一起到了重庆，从那时开始学戏。当时从老生开始学，老师是上海过去的一位有名的老生，叫戴有成。后来又学花旦，学刀马旦，练功练得很厉害。在我12岁的时候，我母亲为了培养我，与我的继父李宗林结合，所以从那时候起，我就改了姓，改了名字，叫李蔷华。我小时候比较内向，不喜欢唱花旦，喜欢青衣。我的继父很有文化，为人也非常好，他过去在南京的时候跟一位有名的程派名票高华是很好的朋友，所以我继父受程派的戏影响很深。他也很注意培养我，因为我性格内向又喜欢青衣，在重庆的时候看过程砚秋大师的学生赵荣琛的戏，我特别喜欢，所以从那个时候起我就开始学习程派。

到了14岁，我就在成都挂二牌了，与李玉茹一起，她是花旦、刀马旦，她唱大轴我唱压轴。从那个时候起，我就正式地唱程派挣钱养家，家里条件当时就很不错了。因为我继父给我拉活，我又是挂二牌，我妹妹比我小三岁，我缺什么她就给我配什么。父亲拉胡也挣钱，我母亲在后台给我包头，所以我们一家人都有收入，家庭生活就非常不错了。大概在成都唱了半年，后来回到重庆我就自己组班，挂头牌。之后我到重庆、贵阳、昆明，后来再回到重庆唱，又到涪陵，一直到抗日战争胜利。所以我从1942年挂二牌,1943年挂头牌,一直到1945年,不间断地演出。不像现在一个月唱两场戏,我们那时候一个月就要演三十几场戏了。

采访人: 每天都唱吗?

李蔷华: 每天都唱,因为那个时候我们是自己组班,老板经营,他自己有个剧场,有一个剧团,这个剧团我们叫"底围子",就是所有的配角他们都有,就请你到他那儿去。他卖三毛钱一张票,我去要加两毛或三毛,卖六毛钱一张票。而且他一期就是30天,还要额外给他帮六天忙,这六天不拿他钱的,所以一共是36天。有时还要加日程,基本上一个月演40场戏,而且是常年的演出,除了歇夏以外都一直坚持演出。所以这样的经历对自己艺术的成长,对舞台经验的收获是很大的。抗战胜利以后,1945年我就到上海的人民剧场演出,唱完了就到苏州开明大学,那时候叫蔷薇京剧团。

采访人: 组建蔷薇京剧团是在什么时候?

李蔷华: 基本上就是这个时期,是我自己成立蔷薇京剧团的,小生我自己带,如果需要老生的话再另外带个老生。我妹妹后来就唱花旦,我唱青衣。从上海到苏州、南京,再回到上海,一直坚持着巡回演出。1946年以后,我继父碰到为程砚秋大师操琴的周长华周先生,就把周先生请到我家里,住在我家。我的继父是非常豁达的,他知道周长华的琴艺对我的帮助更大,更有利,所以他一点也不自私,请周先生教我程派,从1946年底一直到1949年。那时程先生要在哪里演出,一个电报打给周长华先生,他就乘飞机过去了。

采访人: 当时大中华唱片厂邀请您灌制了唱片是吗?

李蔷华: 是周先生教我的戏,教我的唱,教我的表演,前后有三年的时间。1947年,上海大中华唱片厂找我灌唱片,我就问周长华老师,我说您看我灌什么剧目好?他说你要灌程先生没有灌过的,《女儿心》程先生没有灌过,《梅妃》的一段二黄慢板没有灌过,你要灌就灌《女儿心》和《梅妃》的二黄慢板。所以1947年我在大中华唱片厂灌了四张唱片,《女儿心》三张,《梅妃》二黄慢板一张。

1947年,当时梅兰芳最疼爱的弟子李世芳飞机失事意外离世,为了接济李世芳家人的生活,梅兰芳组织了一场义演,就在上海马斯南路121号(今思南路87号)的家里。那时找来最有名的八位坤旦,联手演出《八五花洞》与《八美跑车》,我就是八个女孩子中的一个。那阵子我们八个女孩子每天都在梅宅练功。跟我一起的是梅先生的女儿梅葆玥、顾正秋、于素秋她们。说起于素秋,她的父亲于占元就是后来香港'七小福'的班主,成龙、洪金宝他们的师父。当时梅先生自己出钱做的这八套服装,演出结束服装就归我们个人穿,可是我没想到要把梅大师送给我的这套服装保存到今天,很是遗憾。这件事情是我艺术道路上非常值得回忆和纪念的,因为这样的一个活动只有梅先生举办过。

我到上海以后还得到了京剧评论家徐慕云徐老先生的帮助。徐老先生在我们京剧界非常有名,出了很多书,也认识过去各个行当、流派的京剧大师。当时程砚秋大师正好在上海演出,他知道我唱程派,就带我去拜访程先生。他向程先生介绍我什么时候学的戏,什么时候开始唱程派,会哪些戏。程先生很高兴,说很好啊,但是要拜师就有困难了。"从前很多人,特别是女孩子要拜我,我都不收,如果我要收了你了,那我不是要把过去想拜我的人都得罪了吗?"为什么他不收女学生,我现在也是懂这个道理的,程先生其实是用心良苦。因为程先生在艺术上非常严谨,他心想如果教一个女孩子,把她教出来一出名就让人家给金屋藏娇去了,他岂不是白费了心血,所以他坚决不收女学生。他不在乎什么形式,他说只要他会的,我需要的,想学的就跟他说,不要非拘泥于拜师这样的一种形式。1947年年底的时候,因为我没有拜成程先生,周长华先生建议我去拜王瑶卿,就是四位大师的老师,过去号称"通天教主"的王瑶卿。所以那年年底,我在北京拜了王瑶卿大师为师。

与此同时继父还为我请了一位吴富琴吴先生，他是程砚秋大师的唱二旦，唱戏唱了几十年了，所以程先生的戏他也都熟，有的时候我们就请他到家里来给我说戏。在这个阶段还有一位徐碧云先生，过去是"五大名旦"之一，但是他当时因为一些个人问题，名字从"五大名旦"中被取消了。他受到这样的打击，艺术的道路就受到了很大的影响。我的继父在专门报道戏剧界戏曲人物生活状况的《罗宾汉》小报上，看到徐碧云老先生生活很潦倒，在上海郊区的一个小旅馆，甚至旅馆费都付不起。我继父一看，哎呀，这个人身上有本事，就找徐老先生去了，把他接到我们家里。他们家四口人，老夫妻两个，小夫妻两个，就住在离我很近的地方。这样徐老先生就开始教我戏，虽然他唱的流派不是程派，但把他的东西学下来对我整个艺术成长都有益处，给我打下了过硬的表演功底。徐老先生教过我一套舞剑，我就按照他舞剑的路子，用在了程派的《红拂传》里面。

那个时候我学习程派，除了吴富琴老师和周长华老师以外，就是看程先生的演出。程先生不管哪年来上海，每次演出我都要去看，他演多少场我看多少场。比如说程先生在南京演出，海报一登出来在哪个剧场演，我和妹妹在另一个剧场演出，就立刻跟老板商量，把我的戏放在前面。我唱完以后，马上卸好妆骑自行车过去看程先生的戏，到了那里程先生已经唱了一大半了，那我也会感觉到自己有很大的收获，我就是这样来补充学习程派艺术的。

采访人：由此可见您是非常喜欢程派的。

李蔷华：应该说我唱程派，过去是为了生活，为了养家没办法。后来年纪大一点了，就感觉程派艺术非常高雅，特别吸引我的感情，我的性格也决定了我适合唱程派戏。后来我逐渐体会到，程先生艺术的内涵很深，他从剧本的唱词、唱腔到动作等都是高要求的。他演出时所散发出来的舞台魅力，无人能及。像程先生在上海演出《武家坡》，那时候程先生胖了，他一出场，台底下观众哄开了笑，笑这个唱旦角的怎么这么胖。但是当他一张嘴,唱一句、两句下来,观众鸦雀无声,他就是有这么深的感染力,这样的艺术魅力。当时我们看了《文姬归汉》,真是完全被他的艺术给吸引住了,整个台下静得连一根针掉地上都能听见,他能把全场征服到这种程度。

采访人:这就是他的艺术感染力。

李蔷华:这种魅力,真的征服一切,会让你忘掉一切。这个给我的印象,从1947年到现在六十多年了,这一场戏真是印象太深刻了,至今难以忘怀。

采访人:在这期间您与第一任丈夫结缘了?

李蔷华:我是1949年与丁存坤开始恋爱,他是京剧票友,我们相谈很是投缘。当时我已经很能挣钱了,周围也有很多富家子弟追求我,而他只是江苏省银行的一名职员。当时的环境很不好,我们唱戏的总给人一种感觉,好像有钱就什么都能得到。但我打心底总是有一种骄傲,一定要名正言顺,坚决不做人家的小老婆。丁存坤没有结过婚,我便不顾母亲的反对,也不管他的家庭条件如何,认定了要与他结婚。当时母亲瞒着我签了去台湾演出的约,本想就不回来了。可是演出结束后,我只收拾了两个手提箱的贴身衣服,带着一点路费,就不顾一切地跑回来了。就这样,我们在1950年元月的时候结婚了。

我结婚后两年没有唱戏,没有演出,1950年生了我的大女儿。1951年的时候,程先生到四马路原来的人民大舞台演出《荒山泪》,连演19场不换戏,我连看了17场。当时周长华先生不在,是钟世章先生拉胡琴,任志林先生拉二胡。程先生演出期间,任志林先生到我家做客,问我怎么不唱戏了。我说因为我结婚了,周先生也没回来,我唱也没有胡琴。任先生说:"我跟你签合同怎么样?"我一听高兴得不得了,回家跟丁存坤说,说我要唱戏。可他一听,非但不同意,还说如果我执意要唱戏就离婚。我的性格很刚烈,固执劲儿上来了,就去法院离婚了,那时候是1953年9月。

后来1953年年底的时候,我到武汉演出,当地的文化局局长看中了我们,邀请我跟关正明在南京、南昌、武汉演出。武汉当时的文化局局长非常喜欢京剧,看到我们在武汉人民剧场的演出,观众反响很热烈,当即邀请我们参加武汉市京剧团。当时武汉市京剧团是非常棒的京剧团,上海的观众都对武汉市京剧团非常有印象。所以我们1954年2月正式参加武汉市京剧团,一直到1979年。

采访人: 您在武汉京剧团这段时间都演出了哪些剧目呢?

李蔷华: 我在武汉京剧团期间有几件重要的事情。一个是

1983年程派五老纪念程砚秋逝世25周年演出

1959年3月9日到12日在北京举办了"纪念程先生逝世一周年"的演出,那时候是我去演出的《春闺梦》。头一天正日子大轴戏是我的《春闺梦》,下一个是李世济的《锁麟囊》,再下来是王吟秋的《碧玉簪》,第四天是赵荣琛赵先生的《荒山泪》。还有就是1983年再去北京参加"程先生逝世25周年"纪念演出,还是我们这四位,另外加了一位新艳秋新先生,她是最早学程派的坤旦。所以那时候我们五位合演了《锁麟囊》,就是第二代五位程派合作的这一出戏。新艳秋先生2008年逝世了,她的艺术也是好得很,一辈子喜欢程派。

采访人: 您和关正明是一起演出后来结婚的?

李蔷华: 对,我们一起演出,我跟他一起参加的武汉京剧团。因为结婚之后,要生孩子这段时间就不能演出,没有收入。过去戏班

《春闺梦》剧照

都是个体经营,这方面没有保障,所以我们考虑参加国营剧团,这时候都会给予福利的。关正明的家庭负担也很重,他有父母要赡养,还要养着哥哥嫂子,哥哥嫂子有六个孩子。那么如果我们自己再有孩子,我不能工作的话,他一个人工作那是没办法负担的。再加上武汉京剧团的领导都非常热情,给我们的待遇、条件都是非常优待的,所以我们就参加了武汉京剧团。我和关正明就一直在一起演出,我们京剧叫"对儿戏",一共23年,后来我们在家庭中产生了矛盾也就于1978年7月离婚了。

采访人: 在这二十多年中您演过哪些戏呢?

李蔷华: 太多了,程先生的戏也演,排的新戏也演。1955、1958、1962年武汉京剧团三次到上海演出,都是非常轰动的。我们武汉京戏团那些演员,上海观众都是非常熟悉的,像高百岁、高盛麟、郭玉琨、杨菊萍等,阵容是非常强的。1958年的时候我灌了一张《春闺梦》的唱片,这期间除了1959年纪念程先生的演出以外,1960年还去北京参加了梅兰芳大师举办的一个学习班。当时是每个省各派去了老、中、青的代表到中国戏剧研究院,参加梅兰芳院长举办的为期三个月的学习班。我们湖北省有汉剧的陈伯华、我,还有两个汉剧的青年,还有一个乐队的。河南豫剧派了常香玉,上海越剧派了袁雪芬,广东粤剧派了红线女等人。从1960年的3月到6月,每天三班学习戏剧理论和文化,梅先生亲自在台上教戏,授课的还有俞振飞大师。梅先生主讲,下面是各剧种的顶尖人物表演他们各剧种的戏进行交流,那三个月收获是非常大的。

记得当时梅先生现场教我们《游园惊梦》,在梅先生的电影专题片第10集上可以看到,梅先生跟俞老两人做戏,我在台底下看得出神了。梅先生在那儿比画,我也在下面情不自禁地跟着做动作。结果当时在拍新闻片,记录下了那一幕。所以说梅先生实际上教了我三个戏,一个是《五花洞》,一个是《游园惊梦》,一个是《贩马记》。

在这期间,周总理让我灌了三张《窦娥冤》唱片。后来1962年我们在上海演出期间又灌了两张《亡蜀鉴》。这样子前后加起来,我的艺术生涯中一共灌了十张唱片。还有一部电影,是"文革"后期1976年的时候,我们突然接到通知到武汉军区去唱一出全本的《宝莲灯》。头里是王婉华的《三圣母》,下来是我跟关正明的《二堂舍子》,再下来是郭玉琨的《劈山救母》。当时还没有粉碎"四人帮",传统戏还没有对外,是在军区里面表演的,中央有个领导小组专门来看。看了以后马上

《亡蜀鉴》海报

决定要我和关正明演的这一段《二堂舍子》，到武汉电台录音。录完音他们就把这份录音带回去，又通知到天津小白楼录像。录好像他们看过了，肯定了，最后就去长春拍成了电影。

采访人： 您的艺术生涯中最喜欢的是哪出戏呢？

李蔷华： 最喜欢的是《春闺梦》，就是周长华周先生跟我说的。当时在戏曲舞台上，除了程先生以外我是第一个演出的。周先生从唱腔、动作到感情他都给你说得上来。后来"纪念程先生诞辰一百周年"的时候我才知道，当时北京除了程先生的纪念画册以外还出了一本书，写的就是上面提到的周长华周先生。原来他以前是老生演员，后来改的胡琴。那么多年，他从来不提自己当过演员的事。所以为什么他能够把程先生的表演细节记得清清楚楚，就是因为他本身是演员。这出戏在"纪念程先生逝世一周年"的时候就是我演的，周总理和陈毅、贺龙副总理一起请我们到中南海去吃饭，观看了这场演出。这出戏对我来说，也是我在程派艺术道路上的又一次提高。

《春闺梦》是当初程先生和俞老俞振飞大师合作创造的，程先生要求俞老把昆曲的身段运用到这出《春闺梦》当中。"历尽风霜万苦辛，饥寒饱暖无人问。独自眠餐独自行，是否烽烟屡受惊。"像我唱的这段二六，每一句都是根据唱词，由程先生和俞老设计了相应的动作来配合。而且我唱《春闺梦》不光得到周长华周先生一字一句一招一式的指点，更有幸的是，我跟俞老一起演出过《春闺梦》，这对我来说收获是很大的。

采访人： 您跟俞老是什么时候结婚的？结婚之后有没有一起演出？

李蔷华： 我们是1980年元月2日结婚的。结婚后跟他演出过，我自己演出少了，就是在"俞老舞台生活60周年"的纪念演出上，跟张文涓老师演了一个《武家坡》。后来我演了一个《江油关》，是跟我学生的示范演出。还有就是和俞老录制《春闺梦》作为影像资料，当时俞老已经88岁高龄了。另外我和俞老的学生蔡正仁在"纪念俞老舞台生活

《贩马记》剧照

70周年"的时候,演了一出《春闺梦》,当时是文化局录下了实况。还有一次是专门为俞老留的实况,是全本的《贩马记》。

采访人：您觉得跟俞老合作演出是什么感觉？

李蔷华：第一,我受益匪浅,得到很大的学习机会。第二,我还跟俞老录了昆曲《长生殿·小宴》。我12岁的时候也学过昆曲,那么当俞老需要留资料的时候,俞老同期的同学年纪差距太大,所以就培育了两个我这个年纪的。《长生殿·小宴》我没有学过,俞老就教给我。结果我的差距太大了,我说要你这样一句一句地教太辛苦了,还是先录下来让我去听吧。最后我们给他录了《长生殿·小宴》,留作资料。我1980年跟俞老结合以后,我的演出少了。我调回上海就是为了照顾俞老,剧院里经常有演出,也不能到剧院了,就到了上海戏校。

采访人：您觉得您的戏曲艺术最大的特点是什么？

李蔷华：我觉得我刚刚才对程派艺术知道一点点,对程先生的戏我是不敢随便演的,也不能想怎么唱就怎么唱。我总是觉得自己还没有学到位,不敢随便动他的东西。因为像程先生同时代的几位大师,都是自幼刻苦努力学习,还有很多好老师为他们打下扎实的基础。无论

《长生殿》剧照

是文的、武的,青衣的、花旦的,程先生都唱。后来他根据每个流派都创造了个人的小剧本,有二十七八个。与他一起创作剧本的人,有不少是清朝末年喜爱京剧的文人墨客,很有文化素养。为他创作的很多剧本、唱词,都是逐字逐句地仔细推敲过的,引用典故,或是根据人物的需要进行创新。而我自觉没有这个修养,不可能去动程先生的东西,所以我的想法就是这样,每当有人说我不肯创新的时候我就反驳:"我连走路还没走好,你让我跑我不是要摔跟头吗?"但是我参加国营剧团的时候排新戏,像1964年后演现代戏,是交给我们的任务,不能不演。我是1959年6月入党的,是党员就得服从党组织的安排。现代戏我也演了很多,《沙家浜》里的阿庆嫂、《六号门》中的旦角、《奇袭白虎团》中的崔大嫂、《党的女儿》等。这些是新的剧本,我就根据这样的剧本和我本身的条件尽力把它演好,这是我的任务。

唱腔优美是程派艺术的主要特点,但不仅仅如此,程派对基本功的要求是非常高的,比如说程派艺术的水袖、圆场等,都要为剧中的人物服务。所以如果要创造新的东西,你一定要为此时此景的人物服务,把内心的感受通过形式根据人物的需要表达给观众。不能说仅仅是耍得很漂亮,只要观众叫好就可以的。唱这句戏的内容,你要怎么去体会,怎么去体现。这就是我学习程先生的艺术,并结合我自己这些年的舞台生活实践,总结下来的一点点的积累和认识。

我喜欢程派的同时也喜欢杨派,杨宝森杨先生的戏我也是他演多少场我看多少场。我认为杨先生的老生跟程派的旦角在一块是最合适的,所以他们两位在的时候就有这样一个计划,要同台对戏,预备要录八出对戏。这两位大师的唱法跟传统的不一样,他们分别在自身流派创始人的基础上,结合个人的智慧形成了自己的风格。但是他们刚灌了一张《武家坡》唱片,杨先生就去世了,享年49岁还不到。

采访人: 您儿子关怀是从小就学京剧的?

李蔷华: 他从小就是一个戏迷,三岁就看我们的戏了。过去我们剧场有二楼的,唱戏的时候把他带来,他就在楼上看,一会儿看到爸爸出来了,一会儿又看到妈妈出来了。"文革"开始的时候他才10岁,因为"文革"期间我们的遭遇,搞运动搞得厉害的时候我都灰心了,所以我下决心不让孩子再演戏。当时我正是思想不通的时候,可他就是要唱戏,一进门就"啊,啊"地唱起来,我非常反感,坚决不让他唱,气得他直喊:"就是妈妈不让我唱戏,就是妈妈不让我唱戏!"不过他父亲还是喜欢他唱戏的。我的女婿是武汉戏校的第一把胡琴,他爸爸背着我,让我的女婿给他吊嗓子。后来粉碎"四人帮"了,他中学毕业下放了,抽调上来就当石油工人,有时候做白班,有时候做夜班。他夜班下来以后,就夹着球鞋到京剧院练功去了。我在团里这么多年,同事们对我都非常好,我的孩子去了都给他练功。直到粉碎"四人帮"后,他就在团里唱戏了。团里到武汉唱《打金砖》,他就跟团里去练《打金砖》,他虽然不是从小就练功,但也练了不少,《打金砖》一演上百场,演下来就进团了。他愿意演新戏,刚开始排了一出连台本戏《乾隆下江南》,上海京剧院要他回来去台湾演出,他们院长就跟我说:"让关怀回来跟我们到台湾去演《乾隆下江南》吧,你给他打电话,你就说你妈妈同意的。"我儿子是个孝子,跟他说完之后他就从香港回来去台湾演出了，观众的反响很好。后来那边还要求演《曹操与杨修》，让他13天排出一个《曹操与杨修》，这两出戏一块儿跟京剧院到台湾去演出。后来我们的市领导、袁雪芬院长都劝我，让关怀回来继续演戏。我心想我是演员，知道有这么一条好嗓子也不容易，他不唱戏了确实是很可惜的。我就把这些话转达给他，我说人家都想你回来，让你回来演戏。他虽然去做生意了，唱戏的人一辈子还是喜欢戏。他说我回来可以，但我不唱传统戏，要搞新的戏。他对新戏很有研究，继承了他父亲的创新。当时正好国庆50周年，出了一个剧本叫《贞观盛世》，是国家舞台艺术精品工程十大精品剧目之一。剧本出来了给他一看，他说好，就回来了。回到上海之后，排了一出《贞观盛世》，还排了一出《廉吏于成龙》，都得了大奖。他是很有创意的，原来拿到剧本了都不给我看，他说"妈你看了一定觉得很不合适"，我笑了笑。

采访人：那您后来到了上海戏校从事的是教学工作？

李蔷华：我是1980年4月到戏校当老师的，当了三年老师培养了个任慧英，后来因为俞老年纪大了，为了照顾俞老，我就要求退休，1986年元月退休了，当时还没到退休年龄。俞老过世以后戏校又要求

李蔷华与关栋天（原名关怀）母子

我再回去教学,又教了三年,学生到家里来学习,不用我到学校里去,到现在我还有四位业余的学生。经常跟业余的票友一起唱唱玩玩,大概一个礼拜唱个一两次,有时候唱唱我的戏瘾犯了,就也比画比画,大家都很高兴。我81岁的时候还跟票友一起唱戏,我说这是票房里给我的第二次艺术生命。我要是在家十年不唱戏肯定唱不了了,正是平时跟票友唱唱、比画比画,我也得到了锻炼。我也始终是个戏迷,爱了一辈子。其实从心里来说,真的是想再唱,但毕竟是上年纪了,不能演一整出戏了。

(采访:舒　凤　整理:陈姿彤)

老前辈们的确是我们永远学不完的榜样
——张南云口述

张南云,1935年出生于大连市,祖籍北京市房山区。八岁起学京剧,工青衣花旦,师承杜富兴、冯一恕、刘世莲、赵荣深,并参加大连市实验京剧团工作。1952年入鞍山京剧团,1953年代表鞍山京剧团参加辽宁三省戏剧会演,演出《楼台会》,扮演祝英台,获优秀表演一等奖。同年在鞍山拜梅兰芳先生为师。1956年与童祥苓在鞍山结婚后,1957年入上海京剧院工作。1959年代表上海京剧院参加华东青年戏剧会演,演出《百花赠剑》,扮演百花公主,获优秀表演一等奖。曾主演传统剧《凤还巢》《霸王别姬》《玉堂春》《武家坡·大登殿》《四郎探母》《红娘》《诓妻嫁妹》《金玉奴》等,创排主演新编历史剧《玉梅闹婚》《武则天》《大闹宁国府》《刘姥姥与王熙凤》以及现代京剧《社长的女儿》《踏破东海千层浪》《赵一曼》《红色风暴》等。

张南云:我叫张南云,是上海京剧院的青衣花旦演员。我1935年出生,是北京人。但我生在辽宁,在辽宁学戏。

采访人：您最早是什么时候开始学京剧的，为什么要学京剧？

张南云：这个说起来话长了。我生在大连，所以我是大连人，我姐姐是唱评剧的。我们生在旧社会，我姐姐是个流浪艺人。我小时候，刚一会说话就会唱了，也很机灵。当时我正好赶上东北在搞京、评剧团合作，京剧是压大轴，是最后一出戏，前面评剧就是我姐姐她们唱。我跟着姐姐五岁就上台了，专门演小孩，唱个歌、跳个舞，观众很喜欢。后来我姐姐说这孩子能学戏，那就跟姐姐学评剧吧，我说我不要，我要学京剧，所以从那时开始我就喜欢上京剧了。可是咱们家没人会唱京剧啊，我说我非要学京剧。后来到我八岁的时候，就找了一位给我开蒙的老师，富连成的花旦叫杜富兴。开始学什么戏呢，就学《金玉奴》，那个时候叫《鸿鸾禧》。我那时候才八岁嘛，还不完全理解，我的老师说："过来，先教你出场。"光这个出场就教了我一个多月。我说这个出场教了我一个多月，我什么时候才能唱戏啊，老师说："你不明白，我教你这个出场，你将来就吃这个出场。"

我对此印象很深，我就记住他这句话了，拼命地练习这个出场。那时候年纪小，老师怎么教我就怎么学，觉得老师的话是很重要的。

另外我也懂得要抓紧时间，因为我们请老师是要养老师的，起码一天三顿饭。我们家条件并不优越。我这老师还喝酒，当时还吸毒、抽大烟，我们也得供。这出戏学了三个多月，学完了就供不下去了，因为当时就靠我姐姐一个人养家。但是我现在再唱还是小时候的那个印象，现在有的时候跟青年演员聊天，我说出场是非常重要的，确实老师这句话是真的。一个演员一出场，往那儿一站，观众就知道你吃几碗干饭，这是我们的行话。

采访人：您什么时候正式登台？是在哪里登台？

张南云：我从小就学得快，一出戏一看就会，一听就会了，一张嘴我就能唱，我也不知道是怎么回事，就好像是这么一块料，别的不会干。我小时候没有奶吃，没事老含着个奶嘴。我姐姐有一出戏叫《溪皇庄》，大家都趟马，像比赛一样，我也非要上，我姐姐说你会吗，我说我会啊，我就上了。但是我没马鞭啊，没关系我就这么空着手演，结果效果挺好，还扭起来了。之后我想起这个奶嘴来，就把奶嘴搁到嘴里去了，观众看了就哈哈大笑。好像天生我就有这根筋一样，实际上我12岁就做了正式演员了。

张南云

那时候在大连，现在的西岗大众剧场，就是我的母团，大连实验京剧团。我第一出戏就是我师傅教我的那出《金玉奴》，第二出戏是《苏三起解》。我记得头一天唱的时候挺紧张，我跟小大人一样，个儿不高，脑袋挺大，一出场观众都挺喜欢。有一句词"低头离了洪洞县"，应该是出城但我却来了个进城，观众"哇"就笑了，但是没给我喝倒彩，因为我是小孩嘛。后来我姐姐骂

我："你怎么弄的，你怎么就进来了，你给我出去"，我说我一上台紧张，晕了，下回我记住了。就这样，家庭担子我很早就挑起来了。

实际上老生我也学过，嗓子挺好，后来我有一位老师叫"老包脸"，他就是唱老生的，那个时候女老生很兴旺。但是有一样，我嘴瘪，带不上那个胡子，一张嘴就掉，后来"老包脸"老师说这孩子长这么好看，干吗要唱老生，去学旦角去，就这样我又请老师开始学旦角了。我特别用功，我的这几位老师到最后不收我一分钱，就这样情愿教我，所以我学了很多戏，逐渐地就挑起了家庭的担子。后来慢慢地，我什么都演，小生我也演，很简单的想法，就是觉得一个演员应该多方面尝试。当时特别用功，平时大家都去玩，我只要有空就去看戏，虽然不是我的角色，我也都记在心里，也是因为这点，有一次大家就都认识我了。当时我们剧团里有一个演员，七月七演出《天仙配》的时候，这个演员因为对工资

不满把这个戏扔下不唱了。当时团里着急,临时召集我们这些小姊妹开会,可是谁也不敢接。马上要演出了,我一看这怎么行啊,不能让观众退票,我说我接!大伙儿都愣了,说"你行吗",我说试试看吧。结果我还真接下来了,大家都对我刮目相看。通过这件事我也知道了平常学习的重要性,平常多留心,不管我演得怎么样,有困难来了我能救场,这是最起码的,救场如救火。

采访人:您是在东北唱戏,是怎么认识梅兰芳先生的呢?

张南云:这个一直就是我的梦想了,我实际上16岁就在团里挑大梁了,那时候团里有一百多号人。1953年我刚18岁的时候,参加东北三省会演,演的是《梁祝》的《楼台会》,结果得了优秀表演一等奖。

之后我在艺术上逐步深入了,对自己也有要求了,有向往。梅兰芳大师我从小就听说,但是没见过,能够做他的学生是我的梦想,没想到好机会真的来了。我在鞍山京剧团的时候,会演完之后回来,正好是梅兰芳先生、程砚秋先生、马连良先生、周信芳先生四老赴朝慰问回来到鞍山进行慰问演出。我想机会来了,我得好好学。

那时候还不敢说要拜,只是下决心得好好学,好好看,看梅先生的《贵妃醉酒》《宇宙锋》《断桥》。后来我就跟团长说,我想拜梅先生,结果团里托给梅先生拉胡琴的姜凤山帮我跟梅先生说了。说了之后不是说拜就拜了,梅先生想看我一出戏。就这样团里安排在宾馆大厅里,我还是演《楼台会》。当时我拜师的心情太旺了,也没觉得自己害怕,我一定要争取这个机会。他们四位老师往台底下一坐审查我,我说我也不怕,我把我最佳水平拿出来,您能收我就是圆了我的梦了。

结果看完了之后这四老同时点头说,你收吧。但是时间问题,我拜是拜了,时间却来不及了,他们要回北京了,等着我什么时候到北京来补这个仪式。

还有一个故事,是后来我们团长告诉我的,马先生在台底下就和周

张南云与梅兰芳合影

院长说了:"这个小孩是花旦材料,将来有机会我带她。"结果周院长说:"表演好,我也要带她",两个人这就逗起来了,结果大伙儿笑笑,看谁能带,真没想到周院长带了我,转眼过年了我和祥苓就到上海来了。

采访人:您1953年拜的梅先生,跟梅先生学过哪些戏呢?

张南云:因为时间太短,梅先生很忙,他就告诉我们玖哥(梅葆玖),把《霸王别姬》剑套子先给我说说,所以我是先跟我们玖哥学的。学完之后有一个晚上他叫我过去,让我走给先生看。我觉得我们这些大师、老前辈的确是我们永远学不完的榜样,他跟我说的几句话,至今我还印象深刻,到现在我做人、学艺都是根据梅先生的教诲。他说:"南云啊,你不要死学我,我举个例子给你听,现在学我这梅派的,《霸王别姬》就有一句高腔是张嘴的,我唱为什么把脸挡上,因为我嘴大不好看,所以我把脸挡上。而且我们男人的嗓子比你们女人宽厚,我就是藏拙。可恰恰大家都学我,像你们小女孩都挺漂亮,小嘴挺好,干吗非得把嘴挡上啊,把声音也挡上了。你就不能正式转过来嘛,声音也好听,也好看。"我现在还老是琢磨他这个教诲,觉得这些老前辈们真是了不起,虽然是大白话,但却是我一生学艺的宗旨、表演的宗旨——既会藏拙,又会发挥自己,这个真是太好了。他还教诲我说:"南云,将来你要是红了,你可千万别忘了好花要绿叶扶。你要记住,大家拾柴火焰高。"太让我钦佩了,我真是五体投地,我就想我将来能做得到吗?所以到现在我也一直这样要求自己,也都跟年轻演员们说。我说这就是做演员的宗旨,这就是戏德。

还有一件事也使我感动。就在那一个晚上,我跟团长提出来,《贵妃醉酒》里有宫女,我想给梅先生跑宫女。我其实是有私心的,我想学学先生的脚步,醉步怎么走的,我要跟着一块走走感觉感觉。可是我们团长跟梅先生说了,梅先生说不行,别让南云跑,她想怎么走我教她,因为你们鞍山团她是领队的。梅先生是怕我跑了宫女降低我的身份。我那还是求之不得的呢,但是梅先生考虑的就是我们年轻人的前途。现在想起来,他的话音儿仿佛都在我的脑子里。

后来在北京正赶上梅先生演《霸王别姬》,他把我叫了去,让我跟言慧珠言姐姐去看戏。看完之后到梅先生家吃饭,梅先生又跟我说:"南云,你要记住,舞剑我们叫剑套子,你千万不要满台飞,你们年轻当然比我溜,但是你要知道当时这个虞姬的心情是什么样的。"梅先生演戏非常讲人物,他说你抱着剑一出场有三步,我们叫"慢长锤",这三步你走不好,这个剑舞就没有成功。为什么?因为没表达你的心情。那

张南云在《勘玉钏》中饰韩玉姐

个时候虞姬快乐不出来了,但是她是装着快乐,快乐是假的,沉重是真的,她有两面性。这个教导太深了,就是告诉我们自己得独立思考,对人物进行深入揣摩、研究。

采访人: 梅先生的这些教诲,您在以后的戏中有哪些实践呢?

张南云: 我是抱着这个宗旨,我不管演什么,现代剧也好,老戏也好,新编历史剧也好,我都本着这个宗旨去创造人物。首先你演这个戏,自己此时此刻是什么心情,你怎么表现。京剧程式的东西是要为人物服务的,不是说你跳得多么溜,演什么角色都得本着这个宗旨去琢磨人物,那样给人留下的印象才深。否则的话人家观众看完了,觉得张南云嗓子不错,唱得挺好,扮相挺好,完了,没有思考。如果看了人物,观众觉得你演得好,有深度,这多好啊。

梅先生的《贵妃醉酒》,我永远忘不了,我那天可真是心都要跳出来了。戏里面有一个地方,把帽子往凤冠上一顶,那天不知怎么回事帽子掉下来了,当时台底下鸦雀无声,都觉得怎么办呢?我这个提心吊胆啊,想这帽子怎么捡起来啊,又不能随便捡。你看人家梅先生怎么处理的?还是醉,醉完了一个转身,一个水袖一个卧鱼儿把它捡起来又一个转身又戴上,台下"哗"的掌声,真的是艺术家呀!要是我当时肯定就慌了,演不下去了,不知道怎么处理。这都是教育我们,他能转危为安是因为他的艺术根底深,出了问题马上就处理

张南云在《百花赠剑》中饰百花公主

掉，而且处理得很好，这些都是值得我们学习的。

采访人：后来在上海京剧院跟着周院长，他又给您带来了哪些艺术上的指导？

张南云：我跟周院长演了八个月，演《打渔杀家》《四进士》《赵五娘》这几个戏。因为我是临时调去的，让我第二天晚上就演《赵五娘》，也没跟院长对过戏啊，很紧张。就跟刘少春对了戏我就上去了，不过演得还挺好。虽然我没跟周院长对戏，但是我一上台心里就好像有保护神一样的，他头一句就是："你放心，大胆地唱"，我这心一下就定了，那时候我才24岁。还记得我演《打渔杀家》，我跟那么多老生唱《打渔杀家》，只有跟周院长唱时我掉眼泪了。"杀家"那场要出来嘛，把门关上，这个小姑娘不舍得这个家，不想走。结果院长把我叫回来就冲着我，眼睛盯着我，"不明白的，冤家"，就这一句我这眼泪唰的就下来了。他就把我整个带到戏里了，他真像是我父亲，是要造反去了。所以说跟好角儿演戏真是受教育，打那儿开始我一演到这里，不管跟谁演，我总哭，从心里哭，我就想起跟院长演戏的情景，他能把情绪带进去，跟这样的演员演戏我们自己能不提高吗？真的能提高。

采访人：您说您自个儿还得再演一些荀派的戏，这个是为什么呢？

张南云：说到荀派戏也跟北京分不开。我生孩子的时候，梅先生教导我广开思路，说年轻人什么都要唱，别让我这一派把你们压死。我到了北京就看荀先生的戏，到荀先生家里去拜访，先生一眼就相中我了："南云，我今天晚上演《红娘》，你来看戏。"马上就给我票了。到了之后先生拉我到后台看，"你来，看看我这个新做的服装！"我一看真创新啊，他的红娘服装上面是跟国外的大裙子一样的，一层层的，但是它是各式各样绣花的。衣服上还有蝴蝶结，是从早期的电影里找的灵感，他给发展了。因为咱们京剧要夸张嘛，这位大师真是不得了。荀先生最大的特点是他讲人物，现在我们《杜十娘》是改成了唱，他嗓子不好，他不唱，他念。他念的时候就把你的眼泪给念下来了，他那种感情，现在我们做不到了。我很喜欢荀派，确实是好，荀先生不但讲人物，而且他理论性很强，这些都是值得我学的地方。

采访人： 您自己比较喜欢演出的是什么戏呢？

张南云： 我比较喜欢的还是青衣、花旦，我喜欢演内心很复杂的人物。我演过一个荀派戏，过去叫《勘玉钏》，我们现在改成了叫《诳妻嫁妹》，这个戏中的人物很复杂。前面是闺门旦，青衣式的，后面是花旦，打抱不平的。这种人物很复杂，是我喜欢的。另外我比较喜欢内涵很深的青衣。我现在演戏的方法，一是把老师教的东西尽量发挥好，二是我要演我自己对人物的理解、感悟。我跟祥苓合作的《武家坡》《王宝钏》那些，我们既要唱好，把程式的东西演好，也要把人物演好，此时此刻我是什么心情，怎么跟你交流，我喜欢这样演戏，不喜欢空荡荡的。观众的眼睛很明亮的，你演得好不好观众知道，你的一举一动、你的眼神、你的动作观众看得清清楚楚。所以我总觉得我们在舞台上是一门科学，来不得半点虚假。这点我和童祥苓我们俩从结婚到现在这么多

张南云与童祥苓同台演出

年，我们的风格还是比较统一的。但是我没他那么爆，因为他是男的，是老生，我是唱青衣的，我就比较有内涵，但是风格是一样的。像《坐宫》那段，"我本是杨延辉"，我内心就要有独白，"他是杨家的人，那还得了，这让我母后知道不得砍头啊"，唱完之后浑身不自觉地就抖起来了。我每个动作不能白做，每个唱腔不能白唱，所以说我们两个表演风格还是比较统一的。

采访人：您还记得最初见到童老师您对他的印象是怎么样的吗？

张南云：我这个人在生活上不是很开放，我母亲44岁生我，岁数大了，看我一天到晚就是唱戏学戏就不放心，想快点看见我能有个归宿。我姐夫也是唱老生的，跟祥苓他父亲认识，后来又听说祥苓学老生也在发展，就这样两家有了通信，他父亲来了，一眼就相中我了。那个时候我们就是出于孝心，父母怎么说我就怎么做，我俩就见面了。

当时对他印象挺好，我看他穿的也不怎么样，一件列宁装，一双大皮鞋就跟卓别林一样的。我一看他，虽然很皮，但是我觉得这个人还挺憨厚、挺直率的。我演出他去看我的戏，演出结束后我们俩走出来，我也不敢看他，戴着眼镜斜着看，看他长什么样。这个也是缘分吧。之后他到鞍山演出，我们俩就合作了，第一场就是《四郎探母》。我还记得《四郎探母》那天演完了周总理从苏联回来到鞍山，不是三大工程成功了嘛，他来庆贺也是我接待的，我卸了妆赶紧就去。后来我在上海又见到总理，他说你不是鞍山那个谁谁谁嘛，他记得清清楚楚。就这么样后来我与童祥苓就成了，很快就结婚了。

采访人：说到总理，您原来不是叫张南云，怎么改名字了？

张南云：我原来叫张兰云。1959年我到上海参加华东青年会演，又得一等奖了，那个时候总理来都是我接待的。后来主席来了，我没想到见到了毛主席。那天晚上开完会，就好像在做梦一样，看到毛主席进来了，不敢相信自己的眼睛。那天是我演出《霸王别姬》，下来见毛

张南云与童祥苓合影

主席,主席问我叫什么名字,我说叫"张兰云","你应该叫张南云,东西南北的南"。我听了就愣了,不知道怎么回答好。其实当时主席说"南云"是吉祥的意思,他说的是湖南话,我当时听不太懂。他说有个故事,天干旱了老百姓在那边拜神求雨,这时候从南方过来看到云彩了,就是吉祥的意思。当时说这个故事的时候我们团里很多人都在的,所以就这么着我改名叫张南云了。

采访人: 您现在对京剧事业有些什么希望和想法?

张南云: 我跟童祥苓有一样的想法,我虽然不唱了,心里还是惦记着京剧这份事业,但是自己确实年纪也大了,嗓子各方面都不行了,另外我眼睛又不好。但是一些演员的唱段我也在听,看到了京剧的发展,很高兴京剧出了很多人才。希望他们再回头来多听听我们老前辈的、我们大师的艺术发展经验,再进一步地要求自己。这方面我深有感触,年轻的时候只学到皮毛,现在需要我们深入地提高我们自己,将来有助于自己的创作,有助于自己独立思考。现在就是这样的希望,我是使不上劲了,但是会有这一天的。

采访人: 您跟童老师生活在一块也半个多世纪了,当中也遇到很多风风雨雨,当您遇到困难的时候,是什么样的力量支持着您呢?

张南云: 酸甜苦辣都有,我们俩很幸福,没有什么大矛盾,一辈子五十多年来没有争吵过,我觉得他是我的朋友。他这个人很刚,什么事情只要他真正做了，就一定要把它做好。这点我比他软弱一点，精神上也脆弱一点，禁不住大风大浪。这些年来遇见了大风大浪，也锻炼了我，因为这些事儿，我不必重说了，都直接牵涉到我。我应该怎么做呢，我觉得我应该尽责。我要是一切都尽责了他艺术上就有发展，我不能再给他压力，因为我们都是挑重担的人，知道这个担子的分量。

他担子重的时候我就应该服从他、支持他。我只能是在精神上支持他、鼓励他，家庭你别管，再困难我们也能过得去。比如说他拍电影的时候，我大儿子腿给压断了，那个情景很惨，家里就我一个人。那个时候我在排《龙江颂》，晚上还要演出，孩子照顾不到，全靠朋友在帮忙，我没敢告诉他一个字。我不敢打扰他，希望他把任务完成好，当时的情况我就不用多说了，但是我的压力也蛮大的。他在拍电影的时候，我家里老有人来给我压力，我的印象太深了，这个事儿我忘不了。我那么艰苦的情况，突然来了个人跟我说，张南云，你告诉童祥苓，好好改造，好好拍电影，好好拍戏，万一有个闪失，你们家全是反革命。咱们现在回想起来说说好像挺轻松，但我当时听到这话是什么样的感受？我带俩孩子，自己还要搞创作，我没敢告诉他一个字，就给他一句，你放心吧。

那个特殊的时期，我觉得也很锻炼人的。我在农村里搞创作，创作条件非常艰苦，三人小组就我一个女的，边劳动边改造。我从早晨5点跟农民一样下地，到吃中饭还上不来，啃俩馒头继续在田里待着，晚上拿凉水冲冲就搞创作。《龙江颂》创作的稿纸就有这么高，他拍电影两年，我也创作了两年。当时搞创作条件真是很苦很苦的，我们没有基础，自己没有创作能力，多苦啊。现在条件可真好，录音机、录像机、老师，真是好啊，我希望他们多做一点，做得更好一些。

（采访：余　娟　整理：陈姿彤）

昆曲，就是我的血液
——张洵澎口述

张洵澎，1941年出生于上海，国家一级演员，昆曲表演艺术家、戏曲教育家，国家级非物质文化遗产项目昆曲代表性传承人、上海市非物质文化遗产项目昆曲代表性传承人。现为上海昆剧团专家咨询委员会委员，昆曲澎派艺术创始人。

1954年考入上海市戏曲学校第一届昆剧演员班，工闺门旦。师承朱传茗、言慧珠、沈传芷、姚传芗等名家，同时耳濡目染了梅兰芳、程砚秋两位京昆大师的高超技艺。1958年3月冬程砚秋亲授《百花赠剑》中江花佑一角。1958年冬在北京怀仁堂演出《牡丹亭·游园惊梦》杜丽娘一角，得梅兰芳大师在后台亲自指点。1959年赴北京参加建国十周年国庆庆典。1960年冬赴北京参加北京电影制片厂为梅兰芳大师电影《游园惊梦》配演花神。她将大师们的神、爆、静、美的表演精髓巧妙融合，形成了具有清纯可人、美丽动人、风骨迷人气质的独特闺门旦表演艺术派别——澎派。她曾主演的代表作有最早传统俞言版全本《牡丹亭》《连环记》《墙头马上》《玉簪记·琴挑、偷诗、秋江》《长生殿·定情赐盒、絮阁、小宴、惊变、埋玉》《贩马记·哭监、写状、三拉团圆》《南柯记·瑶台》《凤凰山·百花赠剑》《雷峰塔·断桥》《疗妒羹·题曲》《西厢记·佳期》《孽海记·思凡》《红梨记·亭会》《金雀记·觅花、庵会、乔醋》《评雪辨踪》《玩会跳船》《蝴蝶梦·说亲回话》等剧。

曾获上海青年会演表演奖、第六届上海白玉兰戏剧表演艺术主角奖榜首、上海宝钢高雅艺术奖。由她领衔主演的四集昆剧电视剧《牡丹亭》获全国电视优秀戏曲片一等奖、全国电视"飞天奖"和"金鹰奖"。荣获文化部颁发的"潜心昆曲事业"终身成就奖,中国戏曲表演学会"终身成就奖"。曾作为美国密歇根大学访问学者两个月,并获密歇根州"马丁·路德奖"。曾任中国戏曲学院中国京剧优秀青年演员研究生班导师。

采访人:您是怎么走向昆曲这一行的?当时为什么选择昆曲?

张洵澎:我的祖籍是浙江诸暨,出生在上海。我的父母对戏曲非常感兴趣,我父亲喜欢京剧,母亲喜欢越剧。我父亲是从事银行工作的,是一个知识分子,经常去看京剧,去的是现在的逸夫舞台,以前叫天蟾舞台,还有共舞台。我母亲常常看越剧,那时候我们"传字辈"昆曲已经没落了,我父亲也并不知道昆曲到底是怎么回事。但是父亲经常听京剧,他自己也会唱唱哼哼。我从小就喜欢听戏、唱戏,也喜欢跳舞。在小学里经常参加舞蹈表演,人家说我天生有跳舞的身材,手长脚长、脖子长,而且协调性好,所以很适合跳舞。我也喜欢唱歌,我嗓子也很好的,尤其是大嗓子。我记得在12岁的时候,报纸上登了华东戏曲研究院昆曲演员训练班招生的消息,院长是周信芳,副院长是袁雪芬,当时母亲就带我去报考了华东戏曲研究院。其实我爸爸不太想我去搞艺术之类的工作,还是希望我念书。但是我就是念不进去,经常看夜场,回来第二天就想睡懒觉,不想去上学了,在家里又开始唱起来了。我把镂空的台布披起来,外面买的珠子穿起来戴起来,叫邻居小孩来当观众,痴迷得不得了。爸爸看到没办法只能让步,让我去考了。

当时有几千人报名,学校是在华山路1448号,我家住在华山路399号,离得非常近。到了那边报名,我们的老校长周玑璋亲自在报名台子旁边。因为他腿脚不好,学校专门给他配了三轮车师傅。排在我前面的男孩子报名之后就是我了,这时候他的三轮师傅走到一旁,马上就跟我妈妈说:"你放心,你女儿已经考取了。"我妈妈很纳闷,怎么才报名就考取了?他说我们周校长把她名字记下来了。我现在回忆起来,当时考的时候也没怎么复杂,就是吊吊我眼睛,看看我眼神吧,之后让我唱了一首歌。我当时唱了一支陕北民歌,郭兰英的《太阳出来照四方》,顿时老师们都非常惊喜地说:"好了,好了……"因为我小时候在家里,看着"十八版大戏考"①,听着留声机,各个剧种都有。等后来念书以后,我除了跳舞就是唱越剧、唱歌,尤其解放后经常听郭兰英的陕北民歌,那时候郭兰英的歌马路上大喇叭都放的,家喻户晓,所以我印象很深。后来我的启蒙老师朱传茗老师教我做一个双手指法的动作,非常简单地就过了,后来榜出来了,录取了。其实我们当时那一班成分都不是太好,现在想想我们的老校长眼光真独特。因为昆曲三小——小生、小旦、小丑是非常重要的行当。小丑也不是丑,是非常美的那行;闺门旦是大家闺秀的,既贵又富;小生是既高雅又儒雅的才子。当时我们的校长确实是根据我们行当的特点招收了我们,今天全国戏曲界都认可"昆大班"的人才济济。

我1954年考入上海戏曲学校。考上之后,我被分配在我的恩师也是我的启蒙老师朱传茗老师的闺门旦组里。我觉得我真的是很幸运能在朱老师的组里,朱老师除了是大牌演员,同时是一位非常好的谱曲音乐家,还是一位教育家,特别会教。他经常教梅兰芳大师身边的弟子言

---

① 《大戏考》始于1929年,到1948年共出版19版,以第十八版影响最大。

慧珠老师、童芷苓老师、李玉茹老师、陈正薇老师、胡芝风老师这些老师们的昆曲，朱老师也常常把梅大师"梅派"的高深艺术灌输给我们学生。同时，新中国成立以后"传字辈"老师都得到了党的关怀，生活稳定，昆曲有望。所以我们的老师一上课真的是对党感恩，总不离口的。老师们的感恩一直影响着我们，确实感谢共产党让他们翻了身，而且有了非常稳定的生活，给了他们这么好的工作环境，培养了我们一代、两代人——昆大班、昆二班。

在戏校学习时的张洵澎

采访人：因为你们是昆曲的第一届学生吗？

张洵澎：对，老师说了，因为昆曲已经没落了，快没了，现在招了我们这一批，昆曲大班，也就是第一届，而且是招的这么好的一批。党的领导、学校、文化局，那时候对我们照顾得非常周到，吃喝拉撒全管。当时我们类似于供给制，衣服都是一样的。冬天全是蓝的棉大衣、咖啡毛领子，就是校服，还有小的碎花布的棉袄，还给我们每个人一条咖啡的呢裤和跑鞋。秋天有列宁装，夏天的衣服是麻纱做的那种料子，带泡泡气球图案的漂亮衬衫和裙子。连我们女同学练功的上装都是带花朵图案、领子抽带子的美丽短袖衣，在那个时候挺时尚的。从吃到穿都给我们准备得像小公主，还给我们13辆三轮车，三个人一辆车。

我们一进校以后正好是幸运地遇到了华东戏曲大会演，天天坐着三轮车去看戏，大家都知道我们戏曲学校天天三轮车来三轮车去。午场看完以后要看晚上的夜场。学校食堂准备包子送到剧场来给我们吃,有肉包、豆沙包。那时经常听老一代给我们讲新中国成立前的事,忆苦思甜,说学戏是要挨打、挨骂的,很苦的,可是我们想怎么一点都不苦,很幸福。所以我们这一代大班是宠养出来的,真的是这样的。春天到了还组织我们去佘山春游,我们穿着新衣服,带着红肠面包、咖喱面包、猪油菜包、肉包、核桃这些吃的去玩划船。每个礼拜六,把几张八仙桌拼起来吃西餐,有炒虾仁,还有沙拉。那时候我们学校请来的师傅都是苏州无锡邦有名的厨师,伙食每天每顿变换,好得不得了。所以我想在党的90岁生日之际,作为受党培养的一名昆曲人,特别感谢我们的党。因为没有我们党的领导,昆曲是根本不可能有这么兴旺的今天,我也不可能今天坐在这儿谈昆曲。

采访人: 您进入戏校以后是如何确定行当的呢?

张洵澎: 进戏校以后我们没有马上分行归路,昆曲女孩子全部在朱传茗老师闺门旦组里,上基本动作身段课、把子功和毯子功。还请来京剧很多好老师,我们的周玑璋校长老说的一句话是"我就是要请好演员当好老师"。第二学期身段基本动作课后,我们分行归路了。比如说我、华文漪、杨春霞一看就是闺门旦的料,有个头、有形象、有嗓子。但其他的行当,比如花旦、武旦、正旦、老旦都分到相应行当"传字辈"老师的组里。我们老师说,因为闺门旦这个行当在昆曲里面是很特殊的,她是富家小姐的身份,多表现的是十六岁花季少女的爱情戏。闺门旦的戏也是最为丰富的,像《牡丹亭》《玉簪记》《长生殿》等全是闺门旦行当里的。但是闺门旦可以滋养其他旦行,像梁谷音虽然是花旦,但她也是在朱老师那儿学的《游园惊梦》中的春香。武旦同学王芝泉也学过春香的,所以她后来尽管从事了武旦,但是她那个武旦不野,很有儒雅的味道。就像以前我们老先生说的,武戏要文唱,文戏要武唱。

采访人: 您先师从朱传茗老师,后来是不是又得到了言慧珠和姚传芗老师的指点,这是之后的事情吗?

张洵澎: 是的。

采访人: 几位老师的教学方式您觉得有什么不同吗?

张洵澎: 不一样,但是都得益匪浅。当然朱老师启蒙是非常棒的,为什么?他特别要求你在舞台上很大气,要有台风。杜丽娘是大家闺秀,出场身披大斗篷,架起双肘,不可夹膀子,有非常传神的亮相。我总结了四位老师,一是我的朱传茗老师,他的眼神特别讲究,舞台上都是用眼睛来表达人物的内心,用眼睛说话。朱老师还很注重整个人物在台上的精气神面貌。他们都是男旦,研究女性很精致,他要求我们用腰,形体线条上要非常漂亮地展示给观众。因为昆曲歌舞并重的剧种特点,你要演的是大家闺秀,是青春亮丽的十六岁花季少女的形象,阳光、美丽。朱老师说我们是旦角,这个用腰跟生活里不一样,是微微的女性娇柔的旁腰。那时候老师说是女态,现在叫作女性美。他让我们去以前的"霞飞路",就是现在的淮海中路去观察那些小姐、太太是怎么走路的,学习她们的仪表、仪态。

第二位是言慧珠老师。1957年后言老师来当校长了,那时候言老师一来把我们都镇住了,她哪怕穿件老布的衣服都美得不得了。她的天生丽质不光是美丽而丰盈的身形,小姐、太太的感觉都在她身上。1958年我的全本俞言版《牡丹亭》是跟言老师学的,和蔡正仁传承了1958年俞振飞老师、言慧珠老师的全本十场戏的《牡丹亭》。1963年,朱老师说全本《牡丹亭》已经有了,但是缺个《寻梦》,其实《寻梦》是非常重要

张洵澎和言慧珠(右)演《百花赠剑》

的折子。朱老师也非常开明,他说你去向姚老师学吧,于是1963年我就去杭州找姚传芗老师学了《寻梦》。学的时候姚传芗老师就跟我说,他已经有40年没演了,当时因为抗日战争没有机会再演戏了,那时候我是第一个跟他学《寻梦》的,学完之后就开始演出这出戏。折子《寻梦》很长,要唱40分钟。姚老师对旦角的琢磨也很独到,他经常说,小女孩,娇滴滴。姚老师非常美,因为他的眼睛大大的,嘴唇薄薄的,表演很传神,非常漂亮、撩人。

在我学生时期,1959年为纪念关汉卿,排了一个大本的戏《拜月亭》,是沈传芷老师给排的,包括曲子都是他的,后来沈老师又给我排《金雀记·乔醋》。沈传芷老师对人物的分析判断特别妙,所以我现在演的《玉簪记·琴挑》,很多是沈老师的东西。他对人物理解得非常微妙,细腻极致。

所以这几位老师对我的影响都很大。像言老师,她是完美主义者,我们可能也是受了言老师的影响,对自己都非常严格。教学生也是的,经常就是琢磨自己、抠自己的戏,对自己很苛刻。虽然我七十多岁了,

1955年张洵澎第一出戏:《长生殿·定情赐盒》,刘异龙饰演高力士

但是我觉得自己现在还是心不老,就是说演这个人物,有青葱岁月都还在的感觉,心里存着一块青春的天地在那儿。这样的话我在教学上,对传授第五代学生有好处。因为我从事的职业是昆曲的闺门旦,闺门旦是16岁的花季年龄,我71岁要把年龄压到16岁,我不能拿自己的"老态"去教学生,所以对自己要很严,这也是从言老师身上学到的。

采访人: 张老师您能不能跟我们谈一下第一次上台的经历?

张洵澎: 我第一次上台是在1956年的南北昆曲会演,在现在的长江剧场,解放初还叫卡尔登大戏院。我们有几出戏《出猎回猎》《问探》《游园惊梦》,闺门旦就是这几个戏了。因为我那时候学东西比较快,自身条件比较好,嗓子、扮相、个头都在那儿了,学校和朱老师重点培养我。第一次演出,我演《游园惊梦》中的杜丽娘。因为昆曲我们是第一代,所以称昆大班,又是南北昆曲会演,这第一次演出,我们以前叫科里红,科里红了以后出科也红了,也让全上海知道我们有昆曲班了,昆曲有接班人了。当时确实影响很大,各家报纸纷纷报道。我第一次上台演出,说实话真有点紧张,因为北昆有众位大师、韩世昌、侯永奎、白云生、马祥麟等大师。南方还有浙昆的周传瑛、王传淞、张娴等大师。上海有俞振飞校长和我等才进校学昆剧二年级的学生。再加上笛子伴奏是两位老师吹的,一边是许伯遒老师,就是梅先生的秘书许姬传的堂弟,人称"笛王",另一边的笛子是朱传茗老师。朱老师笛子吹得非常好,是"笛圣"。老师他自己是大牌演员,对戏的节奏太熟悉了,倒背如流,所以梅先生、俞振飞校长、言老师演出都要请朱老师吹笛子。那天化妆老师王明禄先生给我妆扮好了以后,我有点紧张,不大敢动,老是怕到时候许伯遒老师那边吹笛子我不晓得什么地方上场,朱老师急忙跑到上场门,就一把将我推了出去,虽然有些稀里糊涂,但还认认真真、规规矩矩地唱完了《游园惊梦》,得到了好评。第一次演完以后,《游园惊梦》红起来了,又进大学演出,在复旦、同济演了很多场。

后来是1958年随俞振飞、言慧珠老师到北京怀仁堂演出,北京知

1956年南北昆曲会演，张洵澎与顾兆琳首演《游园惊梦》

道我们上海有第一班的昆曲学生了，特别是梅先生，很是兴奋。演出结束以后，我在后台见到了梅大师。他来到后台非常兴奋，因为他对昆曲是很有感情的。梅葆玖老师也跟我说，他父亲就演过昆曲的《断桥》。我那时候印象很深的是，梅先生在后台给我提了个建议。他非常亲和地说："小朋友演得很好，不过你的眼神不要像春香。"因为我们朱老师给打基础时教我们亮相，那时候年纪小还不能理解《牡丹亭》是怎么回事，只是先要亮出来。当时梅大师特别跟我说，"雨丝风片（游园中）"，他就这么一个眼神一示范我茅塞顿开，一辈子记住，忘不了。1960年《解放日报》采访我时，我也谈到梅大师教我用眼神。所以后来我跟蔡正仁在人民大舞台演了半个月全本的《牡丹亭》，票都是卖到八成的，俞言版《牡丹亭》是全国昆剧第一个演出的全本。后来为了不让祖辈传承的经典精品失传，我就拍了四集的电视片《牡丹亭》，就是俞言最传统版本的《牡丹亭》。

采访人：那您毕业以后被分配到哪个单位？

张洵澎：我们是定向的，我们毕业的时候与京剧大班李炳淑是同一届的，他们虽比我们稍微晚两年，但也在1961年毕业。毕业之后成立京昆实验剧团了，学习生活还是在学校里。京剧跟昆剧在一起以后，我们老师也觉得，同时要考虑到京剧的演出，也要考虑到昆剧的演出，但是有时候我觉得京剧的多一点，像《寻梦》这样的昆曲独角戏，演员一个人载歌载舞要唱四五十分钟的戏就演得少了。一直到"文革"以后才演得多了,因为上海昆剧团成立了,我们老校长回到了上海戏校。他两次找我谈话,把我请到学校教学去了。因为以前老戏校俞振飞、言慧珠老师,包括童芷苓、李蔷华都是好演员当好老师,我也愿意从当好演员到当好老师。

采访人:"文革"之后您被分到越剧院去了?

张洵澎:"文革"时,是袁雪芬老师把我请去了。因为袁雪芬老师曾说,越剧是喝两个"奶妈"的奶成长的,一个是话剧,一个是昆曲。因为越剧学馆没有昆曲老师,所以袁老师把我请去了,而昆曲那时没有了。我就在越剧学馆执教六年,教了赵志刚、陈颖这一批好演员。后来打倒"四人帮","文革"结束了,我听说我们老校长跟袁老师商量,让我到学校来。他说以后给我配个小生,一边演出一边教学。可是袁雪芬老师不舍得放我,因为我的工作得到了大家的肯定,我们关系很好的。后来老校长说,"老袁,我跟你办两个越剧班,你把张洵澎给我"。这是后来学校里办公室的人告诉我的,就这样我顺理成章到学校去了。不过我到了学校以后一点也没有后悔,虽然没有继续在舞台上有较多演出,但也时不时研究琢磨些戏来演出,一边教学一边演。那时候是没有昆曲班的,到1986年,谷好好、张军那个昆曲班招生了。校领导让我负责招生和带班这一块工作,由于这些年教京剧、教越剧,积累了一些教学经验,方亚芬她们都是我这一班的。

采访人:"文革"期间带给您什么遗憾呢?

张洵澎:既遗憾又不遗憾。"文革"来了以后,我的家庭挺有意思的。我先生蔡国强是上海很有名的老运动员,1999年过世了。当时在"文革"中我们昆曲没有了,可是篮球运动是非常盛行的。篮球要搞"大球外交",第一个外交活动是到菲律宾,所以他走了很多国家,为国争光。当时人有坚定的思想就是要为国争光,没有觉得在经济上要报酬,都是在精神上、思想上的,力争上游的。我跟我先生结合以后,

1983年俞振飞为张洵澎说《佳期》

在这段时间我非常感谢我的先生,他既是我的爱人,更是我的恩人。他对我的昆曲事业特别支持,那时候没有昆曲事业了,他后来在工厂给我找了一份工作。因为他是打球的嘛,大家都知道蔡国强的,连厂长都喜欢看他的球。那时候我的先生在江湾体校的运动系,我带着儿子就住在旁边。我有得天独厚的机会经常去看体操队、武术队他们训练。体操很漂亮,我边看边思考,老在琢磨他们的动作。特别是武术打匕首的动作,我就想这个也可以用在文戏里面,增强戏的活力。我们不也说文戏要武唱吗,这些动作,劲头和节奏很适合。后来我就跟全国武术冠军吴伟琪,学习了长穗双剑来表演。在那个年代里,我学到了昆曲领域之外的很多艺术和运动,所以我现在的戏是比较独特的,因为里面有很多元素。昆曲的闺门旦,传统的我以我的恩师朱传茗、言慧珠作为美的偶像。好莱坞的奥黛丽·赫本,我说她就是好莱坞的闺门旦,青春可人、美丽动人、风骨迷人。所以我希望我的学生也是这样的,有了一些成绩也不要沾沾自喜。现在昆曲已经面向全国,面向世界,我们要学习其他各个剧种,汲取人家剧种好的玩意儿,丰富自己的剧种。

采访人:对您来说您最喜欢的角色是什么?或者哪部戏是您的满意之作呢?

张洵澎:我对自己的戏每个角色都没有偏见的,就像对自己的孩子、学生一样的,没有偏见,没有偏爱。但是我每个角色都要注入全部的心血，即使我以前学过了，也总是要去重新思考。我们那时候主要是学习昆曲艺术，你们现在学文化念到大学，所以我一直在不断地学习充实自己。学习自己所熟知领域以外的知识，跟我的本行可以结合起来的，我都把它记下来了。我会记很多零零碎碎的纸片，到时候把它归纳在一个本子上，有时候翻翻看看这样来补充自己。对于角色也是的，我从成长经历、生活经历当中提炼出自己的感悟，放到每个戏的人物里面。《牡丹亭》是我的代表作，杜丽娘当然是我的最爱，因为从小就学，对她有深厚感情，但是其他的也都爱，非常热爱自己的每个角色，我的每个角色都有自己的心血和感情在里面。

采访人：您觉得在自己的几位老师的基础上又发展了哪些自己的风格？

张洵澎：我觉得总体的是一个美。老师们的特点我都接受了，最后我觉得现在年轻人说我的表演非常接近现代，有时代感，但是凡是老一代人听到我的唱腔，看到我表演，他们会说张洵澎就是传统的，因为你要吸收别人的东西就不能远离我们自己本土的东西，不能弄得四不像。要有现代的，但根深蒂固的是传统的昆曲，他们的评价是传统与现代的结合，所以说我是非常独特的一个风格。这个跟我家庭也有关系，我从小生活在外国人的圈子里。

采访人：您从小生活在上海，是外国人的圈子？

张洵澎：现在的华山路拐角地方。在新中国成立之前那里是外国人的俱乐部，我们家就住在他们对面的法式公寓。那时候这条路中国人一般不来走动的，我们住的那个房子是英国人的房子，所以楼上楼下，下面的铺子，以前都是外国人，包括犹太人的旧货店，德国人的地毯店，美国人的牛奶冰激凌店、冰箱店。所以我从小也是耳濡目染，受的教育是半殖民地的教育，走路要轻，开门要轻，不跟生人打招呼，认识的人也很少，每户都紧闭大门。难得见面，微笑点头，以表礼貌。我父母从小就教我们首先要尊重人、懂礼貌，对任何人都要说声谢谢，从小就养成这个习惯了。尤其是在外国人居住的地方,要求很高的,可能西方的一些东西潜移默化影响到我,所以我表演的东西不知不觉放开了,但我以为这是浑然天成,也不是自己刻意要这样。

采访人: 您被评为非物质文化遗产项目的继承人,您觉得您在传承方面做了哪些工作?

张洵澎: 我办过好几个精品艺术培训班,1995年办了一个培训班,2001年8月份也办了一个,我跟岳美缇两个行当,我是闺门旦的。2001年的培训班是面向全国的,一共五十多个人,十几个剧种,那个是最庞大的。当时还有演出,岳美缇那边大概四十多个人,我那边旦角多一点,五十多个人。一个月里面每天下午教四个片段,把她们全部教会。在逸夫舞台演出那天我们是演两天戏,前面各个剧种,淮剧、越剧、京剧、梆子、潮剧等,他们每人先唱一段自己的剧种,再表演一段我教的片段。那次很受欢迎,下面满场了,很多都是外省市的小角来参加的。我最后跟岳美缇演了两天的大轴戏,一个是《百花赠剑》,一个是《秋江》。这个规模蛮大的,当时是文广局马博敏总监办的。后来2005年也办过,是文化部办的,那个是张洵澎的闺门旦表演艺术研修班,一个精品研修班,一个文化部办的旦角研修班。

采访人: 在海外和港澳地区也办过培训班?

张洵澎: 是的,2009年,他们要成立孔子学院,所以音乐系先走一步请我去。我准备了两个月,写了教材,录了录像送去再教两个月,教完以后我再演出。我把蔡正仁请过去,我教的外国人陪我们演配角戏,他们说英语,我们说中文。我教唱昆曲的《牡丹亭·寻梦》,他们全都学会了,学得很地道,然后进行汇报演出。我自己最后也化妆演出,芝加哥领事馆的领导、我们中国的领导都来看的,真的是很奇妙。

采访人: 您觉得昆曲的创新与传承应该怎么平衡?

张洵澎: 其实我们这一代人都在不断地传承和创新,当然在这个过程中有些人也会说谁创新的不太像昆曲了,都会有这样的情况,这个

张洵澎与外国学生

是很正常的。这条路是一定要走的,我们的先辈们像荀慧生大师,他演出小红娘时很大一个蝴蝶结系在后发辫上,十分醒目,已成为荀派特色,一代代传下来了。那是摩登女郎的元素在大师艺术个性创新上的体现,因为他们在那个年代看到了很多生活中的青春少女摩登时尚的打扮。他们也吸收了很多西洋的东西,像梅兰芳先生到美国,到苏联,到日本去以后,你看他服装的头饰,洛神的云帚是绿色的,胸前一大朵玫红的绸花,多好看啊,现在传下来了。你要有创新的意识,就必须要有正确的美学观念作为指导,你创新出来的东西一定是不会跟自己的艺术远离的。我觉得这个自己还需要不断地学习,开阔眼界,我们现在要活到老,学到老,真的是这样的。

还有一点,我教的唱腔都是很传统的,是20世纪50年代初朱传茗老师、俞振飞大师们传授的古法唱念。为什么人家感觉我的艺术是有创意的呢?是因为很多传统的东西现在大家都不知道了,没见过、没听说过就以为是我创新出来的。其实我有的东西是在合理中创新的,但绝不离经叛道。比如说我的台步是这么走,为什么有的那么走呢,只是因为你们没见过那么走的台步。手指要怎样指,你们没见过,没见过就说是创新的了。有人告诉国外很多昆曲票友爱好者,说张洵澎的唱是最传统的了,当年我们听到朱传茗先生就是"这个味道的"。尤其现在我发现到了这个年纪,人家说年龄大了是不是有那种怀旧的情怀,我就会想到老师那时教的时候是什么样的。因为学习的过程你学好了老师教授的东西,当中有一段时期你要走出去,要到舞台上闯荡。这个过程有时候会远离老师的东西,因为你在舞台上、在一个剧团里不是一个人,你是在群体中,会受到影响。但是现在静下来以后,回归到教学以后又回到老师的位置,最初学习的传统的东西马上又出来了,这个就需要分辨。

我也在不断地分辨,今天第五代的学生我是不是应该这样教他,哪些传统的东西一定要教给他们。时代不一样了,大家喜爱的艺术也不一样了,哪些东西我需要改变?所以我自己传承下来的老师的东西我也在不断梳理,但是万变不离其宗,传承一定不能离开本土的东西。因为说实在的,也就我们这一代是传承,再下去是再传了,再传有时候会"五祖传六祖,越传越糊涂"。所以现在我是蛮急迫的,因为年龄毕竟71岁了,我比较急切地想要将昆曲传给我们第五代的学生和团外热爱昆曲从事昆曲的演员们。

张洵澎专场剧照

采访人：最后一个问题，您觉得昆曲在您的生命中占据了什么样的位置？

张洵澎：我发现我的生命里每时每刻都是昆曲，我儿子也常常说我，我先生以前也是的。我有时候在家里面发呆，脑子里就是这个戏那个戏。我现在经常想，有什么以前演过的戏现在已经没有了的，已经没有的戏我就把它回忆起来，回忆不出我就去找本子，我就想这个戏要把它弄出来，列出来，不能让它失传了。因为以前的老先生很多戏都是捏出来的，姚传芗老师也跟我说的，他说有很多忘了的戏，我就跟他一起捏，我们现在有这个能力捏也能捏好。所以，我整个血液里面流淌的就是昆曲。还有我的学生，我的学生也是代表了昆曲。现在我的年纪在这儿了，但精神状况还可以，其实学生也带给我很多欢乐。他们有时候跟老师撒娇，他们跟我交流的时候，都给了我很多青春活力，所以昆曲就是我的血液。

（采访：裘一婧　整理：陈姿彤）

我的根，早已深深扎在昆剧艺术的土壤里了
——张铭荣口述

张铭荣，1942年出生，籍贯江苏镇江，昆剧表演艺术家，国家一级演员。1961年毕业于上海市戏曲学校第一届昆剧演员班，师承"传字辈"老师周传沧、华传浩、王传淞及京剧名家盖春来等，毕业后继得京剧名丑艾世菊、张春华指点。工武丑，武功出色，能从五张叠起的桌子凌空翻下。能文能武，戏路较宽。武丑代表剧目有《问探》《盗甲》《挡马》《借扇》《时迁偷鸡》等，文丑代表剧目有《茶访》《问路》《教歌》《说穷羊肚》《吃糠》《痴诉点香》《势僧》等。兼任导演，参与执导《血手记》《一捧雪》《司马相如》《牡丹亭》《琵琶行》《班昭》《桃花扇》《长生殿》等优秀剧目。曾获1959年首届上海市青年会演优秀表演奖、1979年第二届上海青年会演优秀表演奖、2000年首届中国昆剧艺术节荣誉表演奖、2001年第七届中国戏剧节导演奖（昆剧《琵琶行》）、2006年文化部"昆曲艺术优秀（导演）主创人员"、2009年第四届中国昆剧艺术节特别荣誉奖（昆剧《寻亲记》）等荣誉称号。

张铭荣：我叫张铭荣，祖籍是镇江丹徒县。我大概三岁就离开家乡到上海，因为父亲在上海做小买卖，之后逐步从事运输行业。我们刚到上海的时候借住在舅公家里，靠近苏州河那边。后来我父亲自己开了店，我们就借房子住了。

采访人：那您当时怎么想到去学昆曲的呢？考戏曲学校的时候您多大？

张铭荣：我是1954年考入上海戏曲学校，考戏校的时候我大概十二三岁，年纪很小。我为什么会考戏曲学校呢？这跟我的家庭有关系。我的父亲很喜欢京剧，他开了一个小的运输行，经济上有点小结余，平时喜欢看看戏。但是新中国成立以后，1953年开始进行工商业改造，私人开的运输行并入铁路局，我父亲去当了铁路工人，生活经济条件不如从前当老板的时候了。我家的孩子又特别多，我是老大，弟兄有八个。所以到1953、1954年的时候，家里生活实在困难，为了减轻父亲的负担，考虑让我去考戏校。

我当时也不知道昆曲是什么，父亲说昆曲跟京剧一样。我记得从小父亲带着我去看戏，印象里唱戏好像蛮开心的，就同意了。我去考的时候是小学五年级，我平时很好动，经常跟同学们一起玩竖蜻蜓，爬到墙上、树上，还会打虎跳。当时考试是在华山路那边，好像是春节前，老师们看到我很活跃，就认定这个小孩可以学小花脸。

采访人：一开始就选定了去学武丑吗？

张铭荣：学丑角，小花脸。我们当时戏校的历史情况是这样，我们的主教老师是"传字辈"老师，是教文戏的。教武戏的老师都是京剧老师，教我们毯子功、把子功。因为昆曲传到"传字辈"老师这辈，基本没有武戏，所以他们从小不练功，不翻跟头，只是练唱法、身段，主要是教文戏。操功老师、教把子的老师，以及教武戏的老师都是京剧老师，他们一看我挺活跃，挺喜欢我，所以从小武功老师给我开了一点小灶，他们喜欢给我多练练功，这对我今后武丑的发展奠定了基础。

采访人：您的主教老师是谁？他是怎么给您开小灶的？

张铭荣："传字辈"老师周传沧是我的昆曲启蒙老师，是丑行的主教老师。周传沧老师在"传字辈"老师里面，就丑行这一行当来说，艺术上、造诣上等各方面不是最突出的，但是他当时属于失业状态，所以戏校就把他请过来，在昆教组作为丑行的主要老师，第一年都是他教的。他自己也一直跟我们说："我只能给你们启蒙，有一些戏，像大丑的主角戏还得要华传浩老师、王传淞老师来教。但是一般的戏我可以教，我都会，都学过。"

周传沧老师给我开的蒙，一开始就选定了两个学生，陈肃中和我，首先学《定情赐盒》的高力士。我那个时候很皮，有点小聪明，老师怎么教我就怎么学。第一年就学了《定情赐盒》，还有《浣纱记·打围》。后来王传淞老师来了，他边演出下午边来兼课，兼了一学期的课，教了我和陈肃中两个人，学了一出《刺梁》。

王传淞老师从小主工副行，在这一行很有造诣。他的身段漂亮，动作也有趣，我那时候学得很起劲。我特别有一个感觉，王老师的眼神很传神，很出彩。王老师常说，"做戏，做戏，戏在眼睛里"，就是要求我们善于运用眼神来表达戏情。

此后华传浩老师也过来兼课，教了我《问探》，之后教的是《下山》，这时候刘异龙就转过来了，还有一些从其他行当转过来的同学，学丑行的学生人数逐渐多了起来。所以华老师教的时候一共有七个人，屠永亨、严乔琪、成志雄、林福骏、刘异龙、陈肃中和我。华老师在"传字辈"老师里，丑行行当中，身段是最漂亮的。很多戏的身段、动作，经过他的再加工，可以说又上了一个台阶。他的戏像《醉皂》，之前只有剧本，是华老师自己经过研究、琢磨，把它编排出来的。还有《芦林》，原本没有那么多的身段动作，副角姜诗是"二十四孝"之一，是个文人。华老师就设计了一些符合角色特质的小动作，擦扇子、拿放大镜看，动作很雅致，又很好笑。华老师的艺术创造力很旺盛，对我

80年代,王传淞(左二)教授学生《十五贯》,右一为刘异龙,右二为张铭荣

也是一种启发。以后的几年里,我也是一直跟着华老师的脚印,尝试改编一些戏。

采访人：除了跟"传字辈"的老师学习,您也跟京剧老师学习武生?

张铭荣：对,因为我从小很顽皮,会打虎跳,练毯子功的老师都喜欢我,让我多翻几个。我的毯子功主教老师是宋庆云、周振和两位老师,周振和是我的开蒙老师,当时上大课,他个儿很高,有一米八,把我举过头一扔就翻跟头过去了。所以我从小就不害怕翻跟头,而且是在老师手上至少一米八以上翻。有一次我抱腿往后走个"出场",他搭着我要往上走,我手肘下来了正好撞了他的鼻子,流了很多血,赶忙拿来一个痰盂接着,半个痰盂全红了。我当时才14岁,一看顿时害怕得哭起来,赶忙说"老师对不起"。周老师说没事,用黄色的草纸塞着,塞完了坚决让我再走一遍。第二天他告诉我,为什么一定要再走一个,是担心我出过事,留下阴影,以后都不敢翻这个跟头了,那件事给我的印象很深刻。老师工作的责任心,对我们下一代的爱护,都值得我敬佩和感动。

到后面武丑的"小跟头"是宋庆云老师给我练的。因为真正工武丑,要用的跟头有些特殊,要求敏捷、快、轻,要成套。《盗甲》要走边,要满台走技巧,这个我们叫"排头",小跟头的"排头"都是宋庆云老师教的。每次练完功下课了,学生都走了,宋老师就拉着我走扎头旋子、小虎跳,练这些小跟头。丑角的后提、下高等,怎么下才稳,都是他教的。

还有一位武教组的老师是王明照老师,他是老革命,文工团出来的。他原来是唱梆子戏的,后来解放战争时参加了部队文工团。他一直非常喜欢我。那个时候我家里八个孩子,我是老大,家里穷,衣服很少,冬天只有一件薄棉袄穿,手套、围脖都没有,他就把自己的围脖给我。我手上冻疮冻得一塌糊涂,练功翻小翻的时候,一翻就是十个、二十个,手上裂了口子,他看了很心疼,亲自带我到医院去看病,还把自己部队带回来的军用手套给我套上。之后还特意给我打了一个报告,向校部申请了军大衣、军棉袄、棉裤。老师关心我们,爱护我们,我终身都不会忘记。

学了两年左右,学《借扇》的猴戏,请来了盖春来老师,他当时是新华京剧团很有名的二路武生。学完这出又给我开了一出猴戏《闹天宫》,尽管我后来的猴戏转成学郑派了,是郑法祥老师的路子,但是盖老师是我猴戏的启蒙老师,为我打下了很好的基础。教过我戏的还有张春华老师、艾世菊老师,这些老师都是对我有过帮助的,我不会忘记。

采访人:您还记得正式演出的第一出戏是什么吗?

张铭荣:丑行来讲,是《出猎回猎》的一个小花脸,叫旺旺,是个很小的角色,那个时候我大概14岁。当时是学了一年多一点,到苏州去会演,又到南京演了几场。那次演出之后,华老师教的所有戏,都是由我第一个演出的。我们昆大班有点得天独厚的优势，第一是老师好，都是年富力强的年纪。第二是"传字辈"老师们的翻身感特别强，很有责任感。像周传沧老师新中国成立前是失业状态的，解放后能回到戏校教书，觉得一定要把孩子教好。第三是我们实习的机会多。另外，我们当时考戏校在政策上有一个优惠，毕业出来是中专学历。

采访人：那您是什么时候毕业的？

张铭荣：1961年。在毕业之前，1959年参加了首届上海青年会演，我演出《钟馗嫁妹》中的驴夫鬼得了优秀表演奖，毕业的时候武丑戏基本上都是我来演了。我们原定是学习九年毕业，1961年7月提前毕业了，同时毕业的还有京大班，我们合并成立了上海青年京昆剧团。

采访人：进入上海青年京昆剧团以后您演了哪些戏呢？

张铭荣：进京昆剧团的时候，我是算二路的，像刘异龙是头路的。我们经常演戏，大戏我们不演主戏，但是折子戏都是演主戏。到南京、北京等地演出，《问探》《盗甲》《借扇》《挡马》《三岔口》这些开锣戏都是我来演。因为丑角戏、武丑戏往往很好看，容易让观众热起来，再下来的文戏观众才坐得住。我演出每天一般至少要两个"活儿"，第一个是自己演的主戏，还要在后面的大武戏里面来一个配角。因为我翻得好，有时候《钟馗嫁妹》我演驴夫鬼，到《白蛇传》我还得演个水族里头打斗比较多的角色，所以我的演出场次、舞台实践还是比较多的。

采访人："文革"开始的时候，京昆剧团就解散了？

张铭荣：当时也不是说解散，是演出停止，之后陆续抽调人到样板剧组，京昆剧团自然消亡了。

采访人："文革"期间您去哪儿了？

张铭荣：我是1965年入党，是个新党员，"文革"期间我群众关系还可以，又是青年委员，后来公开选举筹委会，筹备正式剧团重新编制，群众投票我是票数最多的一个，结果我当了筹委会主任。

采访人:"文革"期间还演戏吗？

张铭荣:不演出了，但是我跟别人有个不一样的地方，我好动，觉得不练功很难受，所以平时我们就在大字报夹缝当中，溜溜虎跳，翻翻空心跟头，踢踢腿，每天坚持练功。到后来样板剧组成立，虽然是以京剧院为主的，但也在我们京昆剧团抽调了一些好的演员。排《龙江颂》的时候，就把我们全部抽调到兰馨剧院，把演员分为三个大组，每组有十几、二十个人。一开始我担任组长，一年以后整个演员排的排长就是我了。"文革"当中，我这个人工作比较认真，任务也完成得比较好。那个时候的动力就是我们要成为第九个样板戏，因此工作比较认真，勤勤恳恳。

采访人:基本上"文革"中没怎么演出？

张铭荣:没怎么演。演出就是《龙江颂》，里面我翻跟头翻得比较多，像一些特技，都是我带头练的。当中我摔死过去好几次，摔晕过去了。

采访人:练武丑经常会这样？

张铭荣:对。我从小就是，我真正摔死过去有不止五六次。小时候刚进戏校还不懂，有一次三张桌子，直接翻下来摔晕过去了。还有一次是在文化广场的小剧场，它的顶是圆的，我们叫它"蒙古包"。当时为了演出新铺的台，腈纶地毯又薄又滑，我走个"小翻提"时脚下一滑，当场摔晕在台上，老师赶忙掐我人中把我掐醒了。

第三次是1959年还没有毕业，当时是国庆十周年，跟随俞振飞、言慧珠校长到内蒙古演出。回来在北京演出半个月的时间，那个时候全国的剧团也都进京献礼。我看到川剧的《白蛇传》与京剧、昆剧的《白蛇传》不一样，"水斗"这一段他们有哼哈二将，其中一个跟头翻得挺绝——哼将军一骑，骑在哈将军的脖子上，哈将军又站起来，哼翻了一个跟头，两个人一亮相。这个跟头挺巧，挺俏皮，也挺好玩的。我自己想学，胆子很大，就在当时住的北纬旅馆的花园水泥地上，铺一块毯子就练,结果翻下来没翻好,直接摔在水泥地上晕过去了,也是我们宋庆云老师掐我人中才醒了。

还有一次就是在样板剧组了,有一次一个比我小一班的同学,演出前脚坏了,领导临时要审查,我说我来顶吧。上午响排都还好,晚上正式演出要造出下大雨天色漆黑的气氛,光线很暗,我一上去,四周又高又黑,方向感没了。照理应该往前撒腿,我是往下撒腿,"噔"脚落地头也落地了。还好我的手垫了一下,前额撞在手上,手压在地上,尺骨跟桡骨撞得分离了,顿时昏过去了。结果摔成了轻微脑震荡,幸亏京剧院的董燕亭老师拉我起来亮相我才醒过来。医生说幸亏你的手挡了一下,否则就有生命危险了。像这样摔死过去一共有五六次。

采访人:"文革"后,1978年上海昆剧团成立,您是什么时候接到通知的?

张铭荣:"文革"后期,已经在酝酿了。具体的我不是很清楚,有一天我接到院里电话通知,上海昆剧团要成立,让我归队。当时昆剧团成立,尽管我没有参加筹备工作,但组团以后我是领导之一。当时是演员队队长,一年以后文化局发文任命我为副团长。

昆剧团在第一年里搞了四出大戏,第一出就是周总理提到的"一出戏救活一个剧种"的《十五贯》,三月份的时候在大众剧场连演一个月。第二出是毛主席看过的《三打白骨精》。排这出戏时还有点故事,因为青年京昆剧团是京大班和昆大班两个大班之间演戏,昆剧团是昆大班和昆二班组成的。昆二班当时成立的时候有个基本的要求,由于昆曲剧目很多,所以昆大班学过的戏尽量不教昆二班,这样能多留几出戏,因此昆二班学了很多冷门戏。但也会相应产生一些问题,冷门戏不适合演出,不太讨巧,观众也不太喜欢看。当时分配角色还要注意团队的人员搭配,《三打白骨精》里面的孙悟空,由我和我的一个小师弟陈同申分别来演A、B组。为了培养青年,我是B组。搭配了蔡正仁演唐僧，刘异龙演猪八戒，当时内部这样调剂。我担任技导组的组长，还请了一位《三打白骨精》的电影副导演，按照电影版的路子来排，另外请了李仲林老师作为艺术顾问。当时京剧院的小王桂卿老师也在排《三打白骨精》，他的基本功非常好，舞台经验也很丰富。尽管他是我的老师，但也想把我们的《三打白骨精》排得出彩，与众不同，所以暗地里大家都在使劲。排了一个半月，马上5月1日要演出了，陈同申毕竟年纪轻，他说"大哥，你先上吧，我有点害怕，有点不稳，我怕出洋相"。结果我和王芝泉先演了十天，十天以后才把他推上去，也是连演了一个月。观众还蛮喜欢看的，人气很高。从5月份演到6月份，后面那几天热得不得了。怎么办呢？搬来三个大的脚盆摆在台口，进场的时候里面装满冰，退场的时候都化成水了。因为台上灯光太热了，没有办法。

采访人：80年代初的时候昆大班您的同学这一批，真的成为昆曲的中坚力量。

张铭荣：对。第三出戏是什么呢？如果要展现我们昆曲的最大长处，那就要排《白蛇传》了。《水斗》《盗草》《断桥》原来昆曲都有，很全，搞起来也比较容易。当时是陆兼之老师编剧，文字是按照田汉的《白蛇传》。演出在徐汇剧场，当时上座率最差的也有八成以上，反响很好。最后一出戏是《蔡文姬》，是根据郭沫若的话剧本改编的。

像一些婆子戏、彩旦，我不太喜欢的，是老师硬逼着我学的。有时候想起来还是蛮怀念华老师，也很感谢华老师，教我扎实的文丑基础。我那个时候好动，武丑戏像《问探》《挡马》都不错了，还演《三岔口》《借扇》。但是华老师说所有文戏也都要学，包括丑角的文戏、副角的文戏。所以有些台湾观众觉得我很奇怪，"张老师不是武丑吗？怎么文戏那么好？《盗甲》《挡马》《势僧》《痴诉点香》，一个人能够一演三四十分钟"。这是老师对我的恩德，我们小时候不懂，长大了才能切身体会。

张铭荣《势僧》，缪斌饰徐小楼

采访人：提到《盗甲》，可以说是您的代表作了，能详细讲讲这出戏吗？

张铭荣：刚才讲到1978年上海昆剧团成立之后，本来想恢复《盗甲》这出戏，权衡了一下，先搞了热闹一些的《偷鸡》，反响很好，后来因为我受伤了，《盗甲》就搁置了。1985年5月，要举行"上海昆剧精英展览"演出，又勾起了我重排《盗甲》的愿望。因为说起昆曲的武戏，一般就两出——《盗甲》和《问探》，《盗甲》更有名一些。全本戏叫《雁翎甲》，又名《偷甲记》，共36出，作者是秋堂和尚，昆曲只传下一出《盗甲》。这出戏蛮有特点的，传统的武戏通常都唱北曲，字多腔少，这出却是典型的南曲，字少腔多，相当于武戏中的大文戏。

这出戏是我在戏校第三年的时候，华传浩老师传授给我的。华老师传自于"昆剧传习所"的沈斌泉老师，但"传字辈"老师在武功方面比较缺乏，只是看着学会了。华老师教给我的时候说："你们现在进戏校，党给你们创造了那么好的条件，把京剧的毯子功老师、把子功老师

《盗甲》剧照

都请过来教你们。你们有武功底子、有这些技巧,以后可以把你的武功化进戏里去,把《盗甲》弄得更好。"我一直牢记华老师对我说的这番话,不能让《盗甲》失传,要让它在自己手里重获新生,所以我就开始着手整理这出戏了。

观众看折子戏,一是看演员的技艺,二是看故事情节。第一,这出戏太长,前面的头场在梁山营寨,晁盖、吴用、汤隆等坐在大帐中,把故事的前因交代一遍,然后才进入时迁盗甲的正题。盗甲之后,又有清晨卖豆腐的老汉发现时迁,时迁顺手牵羊偷了他的帽子,还有汤隆和白胜前来接应时迁的情节。我觉得这个戏的重点是盗甲的过程,全部加上的话情节会比较拖沓,所以我首先要精简剧本,使情节更加紧凑。我大胆地去掉了盗甲前后的情节,只保留盗甲的过程。经过精简后的演出时长大概只有25分钟到28分钟,缩掉了三分之一。

第二,我觉得要突出时迁这个主要人物。时迁是神偷,外号"鼓上蚤",要表现出他的轻功,武艺高超。之前华老师传授给我的时候,基本都是很简单的走边,没有技巧。戏中他翻墙、上房梁等飞檐走壁的动作,都是在台上通过翻桌子、凳子的动作进行虚拟处理的,如果动作太过于简单,观众看得就不过瘾,所以我觉得要通过加强技巧来展现时迁的艺高胆大。开场的八句定场诗:"我做偷儿本领高,鸡鸣狗盗其实妙……",有点自夸的语气,非常得意,这是刻画人物性格的重要环节。每句也都有锣鼓,我设计了360°旋子、猴提、小毛双飞燕等技巧结合在一起，轻巧灵活、新颖别致，也很大气。之后"一更天"的时候，我加了贴地小虎跳，落地无声，展现出时迁的身轻如燕。再下来是攀树翻墙，我打听过京剧是如何演绎这一段的，叶盛章老先生是将一把椅子背向北，表演者通过"窜毛"过椅子背来展现，我觉得这样处理也有些简单，一直在琢磨。后来我从京剧《金钱豹》中汲取灵感，在一张桌子上加了一把椅子（俗称"一张半"），近两米高，我从台上跳上桌子，再一口气跳上椅子，接着转身180°跳上仅五厘米宽的椅背牢牢站稳，紧接着"台提"轻身落入园中。这个动作是我自己创造的，后来到北京去演出，张春华先生赞扬说："这个动作，既有生活依据，又有技巧难度，很有新意。"我也很自豪，现在所有的京昆剧演员凡是唱《盗甲》的，基本上都用我这一手，北京的、天津的都用。

第三个在技巧上比较大的修改，是上房梁盗甲，这里是全剧的高潮。我觉得现在的观众已经不满足"一张半"这个高度了，所以首先桌子要加高，我利用剧团的平台，当作房梁上的一根房柱，上面再放一把椅子，这样下来一共四米多一点。高度变了，技巧必然得动。原来是一个倒挂金钩，现在四米多的高度，要从底下的第一把顶就挂上，再上去到三米处又是一个倒挂金钩，蝎尾高矗在椅子顶，最后又单手脱空变成"单肩顶"。下高的时候，我用单脚尖勾住桌椅横档，巧做了一个貌似失足的动作，又惊又险。每次演到这里，包括我的学生，只要他一放手观众肯定是满堂彩。最后，倒挂金钩一层一层依次而下，落地无声，在夜间安静的气氛里神不知鬼不觉地将雁翎宝甲盗取到手。

最后一处就是盗甲之后，时迁的心情是怎么样的？肯定兴高采烈、手舞足蹈，开心得不得了，要赶紧溜走。一出好戏不能虎头蛇尾，这里的难度在于时迁是双手捧着匣子的，动作该如何设置呢？后来我想起《少林寺》里的小和尚，有的用头顶着在地上翻跟头，只用头不用手，我觉得这个蛮好，正好符合这里的剧情。最后的收尾就用头顶地，连翻三个"脑尖子"，再头顶匣子走"雀行步"，最后以"扎头旋子"亮相,又一个高潮,最后戏才圆满结束。我觉得咱们搞武戏一定要注意层次、节奏,这个节奏一定是要叠加的,要一步一步往上走。还有就是特别要注意技巧的含金量,像时迁这种人物,外号"鼓上蚤",擅长飞檐走壁,如果你的技巧不行,翻一个跟头都响得不得了,怎么能算"鼓上蚤"呢?所以一定要轻、敏捷、快,这也要求平时的基本功练得要扎实。

采访人: 除了武丑戏,您能讲讲比较有代表性的文丑戏吗?

张铭荣: 文戏我想谈谈《教歌》,这出戏是华传浩老师和周传沧老师一起教的,我们是在1956年"南北昆会演"的时候看过华传浩老师和王传淞老师演的《教歌》,那时候我大概十四五岁,看了觉得好玩,一个讲苏州话,一个讲扬州话。学这出戏的时候,当时是作为文戏传授的,演也演了几次。我们都是新中国成立以后出生的孩子,没有叫花子

张铭荣在《教歌》中饰苏州阿大

了,没有体验过这种生活,老师怎么教就怎么学,演出来不像。后来我也不大演这个戏,昆曲的这种文戏很长,要四五十分钟。当时正好是梁谷音要搞一个专场,让我在她的三出戏中间垫一出戏,我就考虑《教歌》。当时刚粉碎"四人帮",感觉总有力气使不完,我提议《教歌》能不能再发展发展,把一些武功的东西加进去。

我听说叶盛章先生也演过《教歌》,是在北京。他学了很多昆曲的戏并演出,有一篇报道就是写叶盛章先生演昆曲《教歌》,其中耍猴一段煞是好看。我想

这个我也可以创排,这一段中演员的技艺可以充分展示。我就在这个基础上,重新编排扬州话敲锣念的干板,当中加进去跳圈——两个"穿毛儿"。因为我演过猴戏,像《借扇》《闹天宫》,我就把猴棍也编排加入动作当中,这

张铭荣观察小猴,学习"猴之形"

么一来把观众的情绪都调动起来了。最后要打跟头叫"串圈",穿完了一个不满足,上面再加一个,每次到这儿观众们反应非常热烈,演出非常受欢迎。经过改编之后,整出戏可看性非常强,也成为我的保留剧目之一,现在年纪大了也还在演,观众还是蛮喜欢看的。

再有一出就是《势僧》。我们周传沧老师还在的时候,有一次他病了,我们去看他,他晓得我有时候参加一些导演工作,就跟我说,"铭荣,我有两个本子,你是搞导演的,你可以想办法把它弄弄"。确实我们自己搞了一些创新的戏,但毕竟不是昆曲,是改编过来的或者从其他兄弟剧种移植过来的,我一直想从传奇本里面再挖掘一点昆曲自己的东西。《势僧》很适合,里面参与的人员少,合作方案也比较好办。首先从剧本整理开始,经过对剧本的梳理,减掉了叙述前因后果的老和尚这一人物。我学过导演,导演无非是调动一切艺术手段来突出人物,把人物特色更鲜明地展现出来。从艺术手段的展现来说,丑角的一个常用手段就是数板,所以在夸徐小楼家的后花园的这一段,我运用了快板,比诗歌稍微通俗一点,但是要比念白提炼一点。用有节奏、幽默、风趣的一段数板,让观众感受到趣味性,同时也充分展现出在昆曲发展史上由"曲"向"演"的变革。

《势僧》剧照

为什么我要排《势僧》这出戏？我觉得它的立意很好。人处在有等级的社会里，难免会不知不觉地变得势利。我觉得势利和尚也不是一个坏人，所以我没有刻意丑化他，而是通过戏中对人物的刻画达到一种讽刺的效果。戏曲原来就是讲高台教化，过去是封建阶层为了统治百姓，在政治、道德等方面进行教育和感化，对于现在来说，看你如何认识，如何利用。如果能通过戏曲，让每位来看戏的观众有所启发——做人不要像势僧那样太势利，做一个正直的人，也是很好的一点。这出戏我去台湾演了三次，蛮受欢迎的。至少我觉得很欣慰的一点，这是我们这一代昆曲演员在传统基础上自己的创新。

采访人： 您是什么时候开始投入到教学工作的？

张铭荣： 我在剧团的时候，有时戏校叫我去教教戏、上上课，我很乐意，因为我是学校培养出来的。陈同申、李三根他们，昆二班的武丑戏基本上都是我教的。昆三班的学生有侯哲、胡钢、赵磊、江志雄，都跟我学过。我从昆三班开始，武丑有三个学生，欣慰的是我这三个学生都还不错，在剧团演出都不错，现在有两个在团里已是二级演员了，也很受观众喜爱。

采访人： 在教自己弟子的时候，学丑角的您希望他们最核心的是学会昆曲的哪些方面？

张铭荣： 不同的年代有不同的要求。"传字辈"老师有六个小花脸，他们是"丑"和"副"都学。华传浩老师和王传淞老师有一个优点，

"丑"和"副"的戏都会，所以到我这一代，也是这么一个优点，总算是继承下来了。但是正因为我在武丑这方面添了不少戏，把武丑归出来一行，从昆三班开始，三个人学武丑，四个人学文丑，随之而来也产生了一些隔阂。所以我总跟我武丑的学生讲，你们也要学文戏，动员学生自己多努力一点，靠学校在课堂上想达到文武并重是不可能的。要自己多努力钻研，在表演等各方面都更上一层台阶。

采访人：您在教学的同时也会兼任一些导演的工作吗？可以说是您随着年龄增大而进行的角色转换吗？

张铭荣：对，主要是我在上海昆剧团受伤了两次之后。第一次受伤是巡回演出到了浙江的东阳，演出《偷鸡》。演出最后一天是礼拜天，要演日场，要求九点开戏。原来《偷鸡》总是打炮戏，我一直是第一个演。华文漪那时候是团长，她说不行，她的《偷诗》要第一出，觉得我要摆在后面，为什么？她说你有下高这种技巧表演，老百姓要看，农民要看。结果等到我上场的时候已经12点了，等唱到我要翻的时候12点20分，肚子饿了。照样上去以后，在翻的时候，我自己心想：今天不使劲砸了，别摔着。但我的劲儿使大了，落地的瞬间，我人还在转，脚扭过去了，一条腿整个木掉，跟钉在那儿一样，不能动了。我知道不行了，当时只知道大概腿断了，赶紧叫拉幕。当时我是受盖叫天的影响，听过盖老的报告，说他演《狮子楼》的武松，从高台翻下的时候，脚断了还坚持演完。我想我演的角色时迁，也是水泊梁山的英雄好汉，我也不能倒下。我忍着巨大的疼痛，等到幕拉下来我才倒在地上。后来连夜坐车回上海，医生说没有骨折，但脚部所有的韧带都扭伤了。我休息了半年到一年，这个时候感觉到要找点事做了。

在养伤期间正好中国戏曲学院办的导演班来招生，有一个名额，问我愿不愿意去。我说还是让沈斌去，沈斌毕竟是学武生的，学导演对于他以后的发展更有帮助。我是丑角，总还有很多戏，我还是更喜欢演戏，舍不得不当演员。但是后来有一次受伤了，视网膜脱落，医生说

张铭荣在《吃糠·遗嘱》中饰蔡婆

一定要改行,不能干武戏了。我自己也开始明白了,总要一点点退下来的。我从小喜欢动脑子,因为我们武戏有时候要说档子、群戏,我就在边上看,有时候出出点子,所以当导演就是从武戏方面开始进入。正式当导演,自己的第一出小戏是《吃糠》,"传字辈"老师没有这出戏,是台湾高中课本里有《吃糠》文本的教学,提供给我们的。我根据人物和剧情设计了一些技巧,用戏曲语言来展现。特别是最后的"一跌",我演的老太太最后死了,坐在一个小方凳上,赵五娘不知道,一推我,我"嘣"的一个360°僵尸摔在那儿。每次演到这里,不管是台湾、北京还是香港,观众都是全场掌声。

采访人: 导演这个角色带给您一些新收获。

张铭荣: 对,我们演员排戏的出发点,跟导演不太一样,我们会直接从演员的角度来要求演员如何表演。如规定情境是怎么样的,设置什么动作来展现昆曲的特点。昆曲唱、做并重,所以整体基本上围绕昆曲的特点来排,而不是单纯从剧本的角度来考虑。虽然也要表现人物,但也是按照昆曲的人物表现手段。比如说《吃糠》这个本子,是沈传芷老师提供的,他就是讲要采用"白描"的表现手法,就是要生活化。这里面的老生出来,他是常年食不果腹的,要表现得很虚弱、病态。像这里就不是靠身段的漂亮取胜,而是靠内在的演绎,把情绪演出来,演出生活的困苦。所以在担任导演的时候,我提出注重对人物的梳理、对戏曲技巧的运用,也不要反对戏曲程式,因为很多程式是老艺人在特定环境下生发出来的,是接近生活的。

我们团新编历史剧的规模很大,大部分是请外来的导演,有话剧导演、影视导演,但他们大部分都需要懂昆曲的导演做他的副手,毕竟他们对昆曲不是很了解,对昆曲的格律、节奏,昆曲的表演风格不太明确。所以一般这种情况都是由我来担任副导演,像《司马相如》《一捧雪》,郭小男排的《夕鹤》,包括后面排的三本《牡丹亭》等。我自己做执行导演的是《琵琶行》,这出戏是我的师姐梁谷音,想搞一出新一点的大戏,决定在白居易的长诗《琵琶行》的基础上改编成以倩娘为主角的一出戏,她在艺术上很有追求。导演是黄蜀芹,他当时提出不要镜框式的舞台,要在上海三山会馆的古戏台上演,在一个古老的舞台上,演绎古老的昆剧,一定会别有韵味。我作为执行导演,首先到三山会馆去看舞台,那边跟苏州的古戏台差不多,当中是方形舞台,周围有栏杆。这就产生了一个问题,送行白居易的段落,台上的演员一共要二十几个,舞台上站不下。我想这怎么办?我就琢磨,近看、远看,发现它很像一艘

张铭荣与《琵琶行》导演黄蜀芹、演员梁谷音(饰倩娘)、缪斌(饰白居易)合影

船。戏台高2.4米，如果下面搭一个50厘米或者80厘米高的舞台，主戏在戏台上演，其他如左右衙役这些人，包括船娘等，都可以在下面的台上演，整个意境氛围就营造出来了，两层的舞台调度也解决了。最后排出来效果很好，这出戏得了剧目奖，我和黄导得了导演奖，梁谷音得了优秀演员奖，比较圆满。特别是之后德国柏林艺术节到上海来选剧目，觉得这出戏很不错，我们装了8个集装箱，50名演员去德国演出了两场。当时很多华侨来看戏，演出结束后到后台来激动得热泪盈眶，说终于看到祖国的戏了，特别是古老的昆剧。

采访人：做导演其实也是给了您另外一个角色去演，那么现在您觉得做演员那么长一段岁月，最大的收获什么？或者说昆曲在您的生命当中是处于什么样的位置？

张铭荣：昆曲有六百年的历史，它的文化底蕴的积累确实比其他兄弟剧种丰富。我们这一代人也只是做一部分工作，不可能把昆曲研究得很彻底。包括我演丑角的，也不能说已经把昆曲的丑角研究得很透彻了。因为昆曲的丑角中蕴藏了很丰富的东西，内涵也有很多。昆曲的剧目有几千个，到"传字辈"老师只留下了一千多个，到教我们的时候只有四百多个，现在好像只有一两百个了。怎么把昆曲继承保留下来，这个工作是大量的。而且这不是一代人所能完成的，从考入戏校的第一天起，我一直很热爱这个工作。我现在有时候给他们排排戏，像《时迁偷鸡》《邯郸梦》，感觉又是一层的乐趣。我的根，早已深深扎在昆剧艺术的土壤里，对它的继承也不是我这辈子做得完的。我的小儿子也是昆剧团的，他也是武戏出身，唱唱武生，现在搞技导工作。我希望他不断地努力，不光是武戏，文戏也要学，也要知道昆曲文戏的特点和长处，这样才会不断进步。

（采访：余　娟　整理：陈姿彤）

在京剧传承的道路上

——陈朝红口述

陈朝红,1946年出生于苏州。1961年初中毕业后进上海京剧院学馆学习京剧。1978年获上海市文化局举办的第一次"青年演员会演"一等奖。1979年至1993年任上海京剧院三团主要演员。1980年2月加入上海戏剧家协会。1981年5月加入中国戏剧家协会。1986年1月参加中央电视台《古今戏曲大汇唱》。1986年2月发表大型现代京剧剧本《回春曲》,并由山东潍坊京剧团搬上舞台。1988年创排《曹操与杨修》。1988年7月评定为二级演员。1989年出版《春夏在西欧》一书。1988年12月《曹操与杨修》赴天津参加"京剧新剧目汇报演出"。1989年10月《曹操与杨修》赴北京参加"第二届中国艺术节"。1989年12月拍电视艺术片《曹操与杨修》。1990年10月出访苏联,演出《曹操与杨修》。1993年7月提前退休。1993年8月到上海电台当主播,经考核获一级播音员上岗证书。1995年1月"纪念梅兰芳周信芳诞辰一百周年"演《大登殿》。1995年在戏曲频道任电视编辑。1994年至2004年参加"中国京剧音配像精粹"工程。2008年至2012年任证大喜马拉雅集团酒店文化建设经理。2012年至2018年在上海戏剧学院附属戏曲学校任教。2015年5月上海京剧院建院50周年唱程派《镜狮子》和黄派《春秋配》。2017年成为上海市作家协会会员。

采访人: 请您先做一下自我介绍,给我们说说您在京剧学习方面的成长之路。

陈朝红: 我叫陈朝红,原名陈瑾汝,1946年出生。15岁上海九江中学初中毕业,进入上海京剧院学馆,是党一手培养的新时代的京剧演员。

我的开蒙老师叫吴富琴,他是程砚秋先生最亲近的助手,第二代程派名家都受到他的指点。我向吴富琴老师学习程派青衣戏《三击掌》《六月雪》《二进宫》《贺后骂殿》《武家坡》等,打下了扎实的程派唱功青衣的基础。

1961年的陈朝红

两年之后,我又被送到上海戏曲学校,跟随著名的梅派教师杨畹农学习梅派剧目。杨畹农是梅兰芳亲自推荐到上海戏校的梅派教师。我向他学了《宇宙锋》《春秋配》《生死恨》《苏三起解》《霸王别姬》等。因为我的扮相端庄,嗓音甜美,演戏也开始入门,因此我在学馆同学中渐渐地崭露头角了,被列入重点培养的行列。

我们上海京剧院学馆的师资力量是特别强的,学馆属上海京剧院领导,只要教学需要,京剧院的演员随时都会被请到学馆来兼课。当年教我《玉堂春》的著名演员金素雯就是长期和周信芳合作的演员。后来学馆又调来一位曹和雯先生,北京戏曲职业学校当初以

"德、和、金、玉"排列,他是比李玉茹高两班的师兄,他教了我刀马戏《金山寺》。没想到的是1985年,我和曹老师分开二十多年后,他还教了我一出全本的《打金枝》。

我学戏那会儿学习的风气很好,一年三百六十五天,学生们都自觉到学校练功,暑假寒假也都各自找老师学戏。我不是张美娟老师和华华老师的学生,但她们看到我很用功,就叫我过去,和她们的学生一起学

1985年,陈朝红在《打金枝》中饰升平公主,张少楼饰唐代宗

戏,张美娟教了武旦戏《打焦赞》、华华教了刀马戏《昭君出塞》。

1965年8月我排了《杨门女将》中的穆桂英,这出戏由黄桂秋老师主持排练。黄桂秋先生在上海颇有影响力,他是王瑶卿的徒弟,有"南方梅兰芳"之称。他是后调来的老师,刚调到我们学馆时,我正在彩排梅派的《春秋配》,他就夸我的"台风好",说我下场的时候非常"稳重",所以他对我一直很关注。我没在他的课堂上学过黄派的代表作品,但耳濡目染,私下也学过他的唱,所以在当前黄派后继无人的情况下,我常常被认为是黄派传人,而被指名为他配像,并演唱他的代表剧目。

1965年下半年,上海开始排演现代戏,我排了不少现代折子戏,如《柜台》《捡煤渣》《烘房飘香》《审椅子》等。1966年1月,领导从北京请来了导演指导我们排演《红灯记》。

1967年，陈朝红与孙宏江、杨鸿康、路正平一起演出《审椅子》

采访人： 您在《红灯记》里演的是什么角色？

陈朝红：《红灯记》里我演的是李铁梅。1967年我们接到了带《红灯记》到新疆慰问建设兵团的任务，由市领导宋日昌带队，在南疆北疆巡回演出三个月。同时我还演了《沙家浜》《审椅子》两个折子戏。新疆的观众因为买不到票，都站在剧场外面听戏。

在新疆慰问演出期间，我还意外地收获了一出特别好的现代戏——《天山红花》，这是乌鲁木齐京剧团根据电影《天山红花》改编的。虽然不是样板戏，但它是1965年西北五省现代戏会演中的优秀剧目，唱腔新颖，舞蹈优美，布景、服装漂亮，唱腔设计以程派为基础，又吸收了新疆音乐的元素。我饰演女主角阿依古丽。戏里要跳新疆舞，我们在当地剧团的指导下，很快就学会了整出戏，响排也完成了，只等彩排。可惜回到上海，"文革"开始了，这出戏就被叫停了。

我曾和著名钢琴家殷承宗合作过钢琴伴唱《红灯记》。殷承宗的

在京剧传承的道路上 | 171

1967年，陈朝红在《红灯记》中饰李铁梅，孙美华饰李奶奶

钢琴伴唱《红灯记》在北京得到认可后，第二站到上海来演出，当时剧场里虽然挤满了群众，但到处是"打倒殷承宗"的大字报，剧场气氛异常紧张。

采访人：您觉得"文革"对您的艺术生涯有什么影响？

陈朝红：有失也有得。政治运动对我个人的艺术成长无疑是一种冲击，我排的剧目好几次被叫停，比如1965年的《杨门女将》，我们学馆全体在南汇农村关门训练了三个月，回上海后，精心排练的这出戏，内部已经彩排，却没能和上海观众见面。天蟾舞台门口出了一纸公告，说是因天气太热，因故停演。还有1967年从新疆带回的《天山红花》，因为要闹革命了，又一次被叫停。"文革"对整个京剧界，尤其对我们这些初出茅庐还需要老师扶持的京剧接班人来说，都是很大的损失。

但排练样板戏的过程本身是一次很好的学习过程。因为样板戏剧组调集了全市，以及全国最好的艺术力量，舞美和服装设计、指挥和作曲、演员和演奏员等，都是精心挑选的。我们在当时是刚刚毕业的学

1971年，陈朝红在《龙江颂》中饰阿莲

生，能参加样板戏的排练，个个都引以为傲，穿着绿军装走在马路上，周围都投来羡慕的眼光。

我从1968年调进《龙江颂》剧组，花了整整四年的时间创作了阿莲这个角色。当时的口号是"十年磨一戏"，剧本、人物、唱腔都是一改再改，各方面齐心协力进行排练，排练的时候，掉一根针在地上都是听得到的。我饰演的阿莲一角受到各方面的肯定。

《龙江颂》之后，我又参加了《小保管上任》《战海浪》《红色娘子军》等现代戏的排练。

1976年，我又排了一出大型现代戏《春苗》，担任第一主角春苗，这是根据电影《春苗》改编的，讲一个农村赤脚医生的故事。剧组上下全力以赴，向着样板戏的方向努力，戏终于立起来了，服装已经开始制作，我们在上海展览馆接受了当时文化部的领导马少波和于会泳的审查，审查通过了，却传来了毛主席逝世的消息，《春苗》就此搁浅。

"四人帮"被粉碎后，1977年5月，我被借调到京剧院二团去排了两出欢呼"四人帮"倒台的小戏，我和朱文虎合演的是小喜剧《春暖人间》，和张秋伟合演的是《十月金风》。当时大家排练热情高涨，戏排得很快，上海电视台都来实况转播。

采访人：您是什么时候开始搞传统京剧的？

陈朝红：1977年10月，北京开始恢复传统戏，上海紧跟。上海天蟾

1977年,陈朝红与朱文虎、钱敏一起演出《春暖人间》

舞台上演的第一出传统戏是《逼上梁山》,我出演第一女主角——林冲的夫人,林冲由《海港》中扮演马洪亮的朱文虎扮演,鲁智深由《智取威虎山》中扮演李勇奇的施正泉扮演。上海观众很久没看传统京剧了,大家争相买票到剧场来看戏。

1978年5月,上海市文化局组织了"文革"后的第一次青年演员会演,包括京剧、昆曲、越剧、沪剧、淮剧等剧种,给青年演员创造了一次充分展现自我的机会,我以《宇宙锋》一剧大获成功。这出戏的成功要归功于我的两位恩师,我初学《宇宙锋》是杨畹农老师给我打的基础,杨畹农的唱功酷似梅兰

1977年,《逼上梁山》剧照

芳，不但观众认可，连梅兰芳也认为杨畹农的唱跟自己"太像了"！在参加会演之前，领导又请李玉茹为我进行再加工，这出戏正是她的拿手戏，经过她的精雕细琢，我的《宇宙锋》更上了一层楼，青年会演中，《宇宙锋》一剧受到文艺界的一致好评。当时有些搞话剧的同行，看了我演的戏以后说："我们以前看不懂京剧，而你的表演却生动易懂。戏里赵艳容的内心活动那么复杂，通过你的表演，都被淋漓尽致地刻画出来了！"在授奖大会上，我作为获得最高奖项的演员站到了第一排的主要位置。

1978年10月我演的《秦香莲》，在上海也是很轰动的，指导老师是魏莲芳。魏先生是梅兰芳先生的大徒弟，对梅派戏相当熟悉，他也是梅兰芳介绍到上海戏校教戏的梅派老师。他的特长是非常会教戏，刀马戏和青衣戏都行，许多拜梅兰芳的学生，实际上都是由他来教戏的。魏莲芳也是对我有恩的先生，我后来演的《四郎探母》中的萧太后和铁镜公主，还有《望江亭》《别姬》《大登殿》《长坂坡》等都受到他的悉心指点。

1978年的李玉茹和陈朝红（左）

陈朝红在《秦香莲》中饰秦香莲,朱文虎饰王丞相,李永德饰陈世美

当时,剧团领导有意培养青年,《秦香莲》这出戏是一批京剧的后起之秀第一次站到了舞台的第一线,共同挑大梁。我演秦香莲;上海戏校毕业的张达发演包拯;上海青年京昆剧团的李永德演陈世美、朱文虎演王丞相、金锡华演张三阳;葛文良也是上海戏校毕业的文武老生,他演韩琪;张秋伟是中国戏校的毕业生,演国太;演公主的孙爱珍是黄浦京剧团培养的青衣演员……这一台主角,个个年轻、漂亮、嗓音嘹亮,观众看得太过瘾了,我们在上海各个区演出,连演连满,欲罢不能,后来又拿这出戏到外地

1979年,陈朝红在《黑水英魂》中饰乌兰和娜英

巡回演出，也受到了极大的欢迎。

1978年11月，我以梅派和荀派两个风格，在新编现代戏《黑水英魂》中一人饰演两个角色：以梅派青衣来表演性格稳重的姐姐乌兰，以荀派花旦来表演性格活泼的妹妹娜英。这两个角色，性格迥异、唱腔风格也不同，我的演出备受好评。1979年3月，麒派剧目展演，周信芳长子周少麟先生复出舞台，他看过了我演的林冲夫人和秦香莲，对我印象很好，点名要跟我合作。我们排的第一出戏是麒派代表作《四进士》，公演得到一片赞扬声，上海观众十几年没看过麒派戏了，周少麟得到他父亲的真传，大家对他的艺术评价极高。我演的杨素贞，是由跟周信芳合作多年的赵晓岚老师指导的，演出后我也得到一致肯定。

1979年5月，我在"中国大戏院"主演了张派的《望江亭》和《龙凤呈祥》两出大戏。1979年6月，我和周少麟带着《四进士》，到大连、烟台、青岛等地巡回演出，我的剧目还有《黑水英魂》《望江亭》。在青岛演出时，恰好遇到张君秋在青岛粉墨登场，演《苏三起解》。我到后台去看望他，他高兴极了，答应要跟他的琴师何顺信、张似云一起来看我演的《望江亭》。这次见面前，张君秋看过我演的《红色娘子军》，我

1979年陈朝红演《四进士》，周少麟饰宋士杰

演第二女主角,娘子军连连长,但他看了之后,跟我们领导说,应该让陈朝红和演吴清华的演员对调一下,陈朝红饰演第一主角吴清华更合适。

1979年10月,庆祝建国30周年,上海京剧院以麒派戏《海瑞上疏》作为献礼剧目,我第二次和周少麟合作,周少麟饰演海瑞,我饰演海瑞夫人。我们在天蟾舞台连演五场,场场客满。

周少麟和他夫人对我的每次

1979年,陈朝红演《望江亭》,王世民饰白士中

合作都十分满意,所以我们再一次合作了《斩经堂》,当时我们剧团的同事看了戏之后都对我说:"你演得太感人,太入戏了,害我掉了好多眼泪。"

1979年,陈朝红和周少麟、周云敏、葛文良演《海瑞上疏》

周少麟和我的第二次巡回演出，是在泰州、扬州一带。周少麟还演了《四进士》《坐楼杀惜》。

1980年7月，"世字辈"老艺术家，大名鼎鼎的迟世恭先生，以63岁高龄重登舞台，演出唱功繁重的《大保国·探皇陵·二进宫》和《断密涧》两出大戏。迟世恭也是点名要我跟他合作，他夸我演戏规矩、做人厚道，总是对我另眼相看。《大探二》中我演的李彦妃是和生行、净行并重的主角，在《断密涧》中我演的河阳公主只是个配角。迟老先生觉得不能委屈我了，自己跟领导谈妥，要我在《断密涧》前面再加演一出《柜中缘》。这在当时的上海京剧院引起了一阵骚动，因为在一个晚上演双出戏的安排，就是把我搁在大主演的位置上了，"文革"前的李玉茹、童芷苓都有一晚上演双出的戏码，但"文革"后，上海京剧院还从来都没人敢这么安排过，我是第一人。

我跟迟世恭先生的这次合作，他老人家对我满意之极，之后济南京剧团的著名京剧花脸方荣翔，邀请迟世恭合演《捉放曹》，他就提出要带上我同去济南，让我在他们两位老艺术家的《捉放曹》前，加演《柜中缘》。这可见迟世恭先生对我演的花旦戏《柜中缘》也是很看得上眼的。

1978年到1982年之间，我们除了在上海的剧场演出外一直在外地奔波，无锡、温州、杭州、宁波等江浙皖各地，都有我们的脚印。每次巡演都在三个月左右，当时的条件是很艰苦的，基本上都是农村和小城镇，住的都是后台，吃的都得自己开伙。我作为领衔主演，在台上锻炼的机会很多，这个时期的戏码有全本的《玉堂春》《望江亭》《龙凤呈祥》《四郎探母》《梅玉配》《黑水英魂》《铡判官》《别姬》《写状》《秋江》《狮子楼》《真假美猴王》《三击掌》《红灯记》《柜中缘》《拾玉镯》等。

1983年承包责任制的风刮到了上海京剧院，以童祥苓、李丽芳、李炳淑、齐淑芳等样板戏主角领衔的承包队相继成立。在组队的过程中，

1980年,陈朝红和黄正勤合演《玉堂春》

花旦演员倒成了稀缺的行当。我当时虽然跟李玉茹学了几出花旦的折子戏,但光靠这样几出花旦折子戏是不能挑大梁的。所以从1983年起我又学习了更多的花旦戏,排了全本的花旦大戏。

那时,李老师因爱人曹禺身体不好,常住北京。而童芷苓的演出很频繁,芷苓老师是和李玉茹齐名的京剧名家,也是一位梅、尚、程、荀,样样都拿得起的表演艺术家,尤其在对荀派戏的继承和再创造方面更是独树一帜。她在恢复传统戏之后,整理了一批荀派戏,她的《铁弓缘》《游龙戏凤》《坐楼杀惜》《打渔杀家》,全

1985年,《真假美猴王》剧照

1984年，陈朝红演《红娘》剧照，童大强饰张君瑞

本的《金玉奴》《勘玉钏》《王熙凤大闹宁国府》《红娘》等都是高品位的好戏，既有深厚的传统戏底蕴，又凭着她对生活的理解和对京剧表演程式的驾驭，厚积薄发。花甲之年的童芷苓台上的光彩依旧，她舞台上出色的表演，包括演戏的经验和火候，从全国来说，都是无人可及的。

"文革"之前我就看童芷苓的戏，她的《赵一曼》《送肥记》《尤三姐》《武则天》等，一出戏一个风格，令我钦佩。我第一次参加拍电影，就是在她的电影《尤三姐》里扮了一个丫鬟。

李老师给我的花旦戏开了蒙，所以这个时候我就很注意学习花旦戏了。童芷苓的戏我常常是看了一遍又一遍，她到哪儿演我就追到哪儿看，一边看一边揣摩她的表演艺术，回家还做笔记。有幸的是她答应了我的学习请求，她说："你是李玉茹的学生，我之所以愿意教你，是觉得整个京剧界的表演水平都太差了，我们需要提高京剧的表演艺术。"她把我叫到她的家里去，亲自教了我《红娘》和《勘玉钏》两出大戏，我又跟她哥哥童寿苓学了《金玉奴》。我自己又排出了《红楼二尤》《三不愿意》《铁弓缘》，曹和雯又教了我《打金枝》，这样我除了原来的青衣戏，在花旦戏方面又有了一片新天地。

以上我所讲述的自己的艺术成长史，实际上反映了我的老师们在京剧发展的各个时期对京剧传承所做的贡献，他们无私地教导青年，提携后进，没有这些老师们呕心沥血的传授，我是不可能从一个对京剧一无所知的门外汉成为一名京剧演员的。

采访人：您能讲讲与李玉茹老师的渊源吗？

陈朝红：我进京剧院学馆就是跟李玉茹有关系的，因为来招生的老师觉得我长得像李玉茹，所以一眼就相中了我。李玉茹也听说有一个特别像她的小朋友，我第一次彩排《三击掌》，她风风火火地赶到后台来，要给我化妆，一边画一边说："这孩子，眉毛怎么那么浓，像两条毛毛虫似的。"让她一化妆，就更像她了，所以当时京剧院都知道，"学馆有个小李玉茹！"我在学馆时期演的《审椅子》也是李玉茹首创的现代京剧。

和李老师真正接触是1978年4月，那时上海文化局在"文革"后第一次搞青年会演，我们领导请李玉茹来为我加工《宇宙锋》。我没有辜负李玉茹的期望，斩获了这次会演的最高奖，《文汇报》和《解放日报》这两大报纸都报道了李老师为我教戏的消息，如《李玉茹与陈朝红》《李玉茹悉心带徒弟》《好学不倦陈朝红》等。

当年我演《秦香莲》的时候，上海电视台的李莉担任直播导演，她是李玉茹的大女儿。一边看我的戏，一边就想到她妈妈年轻时候的光彩，回到家她就跟李玉茹说："收陈朝红做个徒弟吧！"李老师是个很新派的人，并没提拜师的事，却对我说："你想学什么戏都可以来找我。"她当时刚刚复出，恢复的第一出戏是《柜中缘》，创排的第一出戏是《镜狮子》，她自始至终都把我安排在她的身边。我们之间建立了一种新型的师生关系。1981年，京剧院领导组织青年演员集体拜李玉茹为师，我就更是李玉茹名正言顺的学生了。

李老师是梅、尚、程、荀，青衣、花旦、刀马旦都拿得起的全才演员，不但艺术好，还是个出色的戏曲教育家，语言表达能力强，常常是教一

1980年，陈朝红演《柜中缘》，孙正阳演淘气

出戏，却能说出表演艺术的要领和规律。当时上海京剧院青衣一大把，但能唱又能演的，青衣、花旦两门抱的演员没有。李老师就和孙正阳老师一起商量，决定在给我加工青衣戏的同时，开花旦戏。

京剧是一门行当化的表演艺术，隔行如隔山。青衣表现大家闺秀，重在唱功，眼神要端庄，动作要稳重，节奏要缓慢。花旦表现小家碧玉，重在表情，伶牙俐齿，眼神要灵活，动作要利索，这是完全不同类型的角色。我当时已经30岁了，稳重惯了，刚接触花旦时真的是不得要领。李老师费了好大劲，才让我从大青衣的束缚下解放出来。

我跟李老师学的第一出花旦戏是《柜中缘》。她先让我跟班看她排练，又把我叫到家里去私下加工，再让我在台下一次一次地看她的表演，然后在排练场上给我说戏。大家就看着李老师在短短的时间里，把我这样一个表演方面非常拘谨的青衣演员转变成了一个手眼灵活、满身是戏的小花旦。为了确保我的演出质量，李老师又让所有和她配戏的老演员，孙正阳、黄正勤、李多芬、伊鸣铎、陈佩卿，包括鼓师董佑文和琴师朱文龙，带着我演，保着我演。我自己呢，也是用了十二分的努力，第一出花旦戏《柜中缘》终于圆满完成，看过我《柜中缘》的人都以为："陈朝红不就是花旦演员吗？"

《柜中缘》是李玉茹自己根据汉剧移植创排的，剧中的刘玉莲这个角色和京剧舞台上许多花旦有两点不同。一是年龄小，李老师把她的年龄设置在十三四岁的阶段。因为小，李老师用不太规范的方法来表现这个角色的年龄，比如眼神和指法，比一般花旦的动作都放大了，以此显示她的愣头愣脑、不懂规矩。二是这个戏在整体表演上采用了闹剧和喜剧的风格。玉莲这个小姑娘的表情总是一惊一乍的，从开心的笑到突然不笑、从害怕到勉强的假笑、从慌乱害怕到尴尬的笑……那种表情的快速变化完全突破了京剧传统的规范。比如玉莲见公差那段表演，玉莲年纪小，公差来搜查岳雷，她害怕极了。以前的花旦程式就是双手哆嗦着，表示害怕，可李老师却让刘玉莲全身哆嗦，从手指到脚尖都在颤抖，连声音也是哆嗦地说："啊？一个白面书生啊？他没来呀！"完全突破了传统花旦的表演程式，这样的设计既符合这个小女孩的性格，又演出了这个戏的闹剧风格。我开始演的时候放不开，李老师总是鼓励我，让我放开大胆地演，不要怕演过头。再比如，花旦的哭在程式中就是"喂呀……"，但李玉茹在塑造刘玉莲这个角色时，采用了很接近现实生活的那种哭。她哥哥冤枉了她，她就在妈妈面前撒娇，从低声的抽泣到大声地蛮不讲理，甚至哭得上气不接下气的。在唱腔中也用断断续续的不连贯的音符，替代了以前用单纯的"哭头"来表演的程式手法。

《拾玉镯》是李老师教我的又一出花旦戏，这是小翠花派的代表作。李老师教我这个戏的目的，是为了让我掌握传统花旦的许多基本动作，懂得花旦的规范，要求我开门、关门、做针线和赶鸡这些无实物表演，必须地位准确、动作准确、眼神准确，要中规中矩。比如说做针线，演的时候就得知道生活中是怎么刺绣的。穿针引线的时候要用年轻人还是老太太的眼神？绣花线拉出来有多长？不能一会儿长，一会儿短。李老师告诉我生活是艺术的基础，艺术是生活的美化。

记得李老师为了孙玉娇和傅鹏见面的第一个眼神，给我抠了很长时间，并一次次地亲自示范。她说孙玉娇是个已经有爱情意识的姑娘，

1987年,陈朝红在汉诺威演《拾玉镯》,孙正阳饰刘妈妈

很喜欢傅鹏,男女之间有了意思,眼神就反而不敢接触了。这里的第一个眼神格外重要,孙玉姣手里绣着鞋,心却在傅鹏身上,她刺绣的右手随着傅鹏唱腔的节奏往上拉线,眼皮要往下耷拉,用眼珠子跟随线的方向,从傅鹏脚下的靴子慢慢往上看,两人的眼神互相接触时,上身要在看似无意中向傅鹏倾斜,表现出互相被吸引了。右手无意识地继续往下做刺绣,因为走了神,刺痛了左手,慌忙找手绢擦拭……这样的窘态恰恰让傅鹏尽收眼底,顿觉羞惭无比,恨不得找个地缝钻下去。类似于这样的表演细节,李老师都是不厌其烦,倾囊相授,毫无保留,直到我学会为止,绝不是仅仅说一个路子而已。

《拾玉镯》中,前后有两次哄鸡,李老师分析,第一次是孙玉姣的日常生活状态,赶鸡的动作是习惯性的、熟练的,也是专注的;第二次赶鸡,孙玉姣是要去捡地上的玉镯,想捡,又顾虑被人看见,故意把手绢"掉"在玉镯上,借着拣手绢把镯子捡起来,于是就得装出一番哄鸡的姿态来打掩护。这次是假哄鸡,声音要响,故意嚷嚷给别人听的;眼睛要四处张望,留心附近是否有人经过;双臂的动作要夸大,那也是做给过路人看的,要让观众明白你是假哄鸡而真拣玉镯。

再说说《秋江》。李老师演戏总是从人物出发,《秋江》这出戏,舞

1982年,陈朝红演《秋江》,金锡华饰艄翁

蹈身段很多,李老师要求我不能为舞蹈而舞蹈,要时刻注意人物此时此地的情绪变化。比如出场时,陈妙常担心道姑赶来阻拦,所以既往前追赶潘必正,也要不时地回头看有没有人追来,表现出心情的急切和慌乱。上船时,因为怕水,不敢上船,上船后,船的每一次晃动和颠簸都使她惊慌失措,在舞蹈动作做到位的同时,要努力表现人物的这些真实感受。

李老师还特别强调一点,整个戏的高潮,是小船遇到了风浪。一般演员为了要观众叫好,会跳起来喊"浪来了!"而忘了这出戏的规定情景是在江里,不是在大海里,小船颠簸的分寸要掌握好,动作幅度大一点,但脚不能离地,不能为了追求廉价的叫好而拼命往上跳。

《宇宙锋》是以唱功为主的青衣戏,从梅兰芳先生开始就很注重表演人物了,李老师对这出戏更是很有心得,跟我排戏时抠得尤为细腻。首先她反复强调要注意台上三个人之间的关系,其次要搞清楚表演的层次,什么时候是真情流露、什么时候是装疯以及装疯的过程都要一一交代明确。在戏曲教学中,是很少见有老师如此分析人物关系,如此教学生的。

李老师讲到《修本》中的三次"叫头"和三次"散板",是这样分析的：赵艳容的第一个"叫头"，"连这羞恶之心都没有了吗？"是蔑视父亲的趋炎附势；第二个"叫头"是据理力争，"此事就由不得你了！"；最后一个是态度坚决，"就是钢刀将儿的头斩了下来，也是断断不能依从的呀！"她要求我不要一般地去演程式，而要从节奏、语调、水袖三方面，来表现赵艳容与父亲抗争的过程，语调一次比一次高，节奏一次比一次紧，层层递进。

《修本》中有一大段"反二黄慢板"的唱段，其中的过门很长，传统戏的青衣遇到这个类型的唱段，基本上忽视过门，只等过门到了张口就行。但在《宇宙锋》这个戏里，赵艳容这个人物，内心充满矛盾和激烈的斗争，过门就是她思想斗争的过程，在过门中，我和哑奴的对视、交流、手势、身段以及对父亲的观察和自己的内心活动，都是要有准地方的，要尽力做到表演的准确、达意。

《贵妃醉酒》这出戏是李玉茹在三团收了学生后，上的一次大课。这出戏她不仅得梅兰芳之真传，也还有其他老前辈的一些精华，她演出了一个雍容华贵又痛苦万分的杨贵妃，这跟她有扎实的花旦表演根基有关，不仅舞蹈优美，更有丰富的内心活动，在学习过程中她让学生写学习心得，亲自给大家批改。她是希望我们学生能用文化的

1978年，陈朝红和罗通明、郭仲丽演《宇宙锋》

头脑来演戏。

李老师还教了我很多戏：《断桥》《百花赠剑》《写状》《铁弓缘》《红娘》《三击掌》《别姬》《春闺梦》《二堂舍子》《投军别窑》《南天门》《斩经堂》《描容上路》……她教育我每出戏都要演出特色，不要千人一面。关于跟李老师学戏的心得，还有许多，不一一详述了，有些学戏的心得，通过给学生教学和一些文字记载，都陆续发表在我的京剧博客上了。我觉得，李玉茹老师的东西不能在我这里失传，因为她是全心全意地教我这个学生的，她教给我的是她一生的心血和艺术积累。

李老师不光是开拓了我的戏路，她对文化的崇拜给我的印象也非常之深。她写过一个剧本《青丝恨》，还写过一本小说《小女人》。人生的最后阶段，她在病床上完成了33万字的京剧理论著作《谈艺说戏》，对京剧的贡献是非常大的。她说："人活着总要干点什么。"她是生命不止战斗不息的老艺术家中的典范。

我在中学时代就偏爱文学，这对我领会人物、琢磨表演是有很大帮助的。老师教的东西我会抽空进行记录，我上演的剧本也都会进行梳理，有不懂的会及时向老师请教，我在学戏的同时从来没有忘了要学习文化。陈西汀老师是一位有学问的京剧行家，写了许多好的京剧剧本，如《屈原》《澶渊之盟》《尤三姐》《王熙凤大闹宁国府》《长平之战》《三元里》《淝水之战》以及现代戏《红色风暴》，另有黄梅戏《红楼梦》、昆剧《蝴蝶梦》《妙玉》等，作品影响甚广。他是我除学戏以外的一位非常接近的老师，我对剧本的整理也是经常去他家求教的。1985年我写的一出八场的大型现代戏剧本《回春曲》就是在他的指导下完成的。有趣的是直到现在，网上有很多朋友还在盛赞《回春曲》中的一个唱段，那是我写的一段比较新颖的五字句对唱，由作曲家高一鸣和龚国泰配曲，也是由我自己去演唱录音的，好多人都问：这是什么戏？太好听了，词儿也写得好！

1987年从西欧访问演出回来以后，我以日记的形式写的一本书——《春夏在西欧》由学林出版社出版了。我写的一些艺术札记、艺术评论、普及京剧的文章和回忆老艺人的文章，陆续都发表在各种报纸杂志上。

1993年，因上海市文化局搞体制改革，47岁的演员提早退休，我的艺术生活戛然而止。

李老师为我惋惜，她多次来信说："艺术总是艺术，非金钱所能代之的。你从小吃了那么多苦，为艺术苦熬了几十年，扔掉太可惜了。就当个爱好者吧，有时间回顾一下，将来做点指导也好啊，不然多么对不起自己花了那么多心血！""你是个有文化的人，可以从头开始！"老师的身教和言教化解了我内心所有的不平衡，并且我一直是按照老师的嘱托，默默地为京剧这块土地耕耘着。

我离开舞台后，从事的都是和京剧相关的工作，在电台主持过"梨园风景线"栏目，在电视台做过京剧栏目的编辑，我无数次地在票社、学校、机关做各种京剧普及讲座，给戏剧学院的编剧班上课，也给复旦大学的各国留学生讲课。光是在逸夫舞台举办的大型"京昆文化讲坛"上，我就被邀请做过四个专题讲座——"京剧旦角发展与四大名旦"（2007年4月21日）、"京剧卡拉OK"（2008年1月27日）、"京剧的表演形式和舞台美术"（2008年5月31日）、"美人如玉李玉茹"（李玉茹去世后的2010年10月23日）。每每听到我在努力为京剧做事的时候，李老师都非常高兴，她饶有兴趣地问我："你是怎么给人做报告的呀？我年轻时，人家请我介绍京剧，我总是给人家唱几段，不知道说什么呢！"

20世纪九十年代到本世纪初，李瑞环领导了京剧音配像的剧目抢救工程，因李老师推荐，我也去北京参加了这项工作，我配演了《柜中缘》《铁弓缘》《描容上路》《斩经堂》《拾玉镯》《二堂舍子》《别窑》《南天门》等剧目，受到了中央领导的表彰。他们给我颁发了有李瑞环亲自签字的奖状，我还代表上海领了奖。同时我也参加了上海电视台《绝版赏析》栏目音配像工程。

陈朝红热心于京剧普及工作

2010年起我建立了自己的京剧博客,继续默默地做着京剧的普及工作,与京剧爱好者们分享学习京剧的收获和体会。说起我建这个京剧博客也还要提到李玉茹老师,她在华东医院住院期间,曾跟我聊起过博客,2008年她走了,两年之后我终于实现了她的遗愿。

采访人: 您觉得自己演出的比较经典的剧目有哪些?

陈朝红: 我演戏从人物出发,技巧过硬,台风严肃,曾经是上海京剧院的同辈人中出类拔萃的、技能最全面的京剧演员。行当方面包括青衣、花旦、刀马旦;流派方面包括了程派、梅派、荀派、黄派、张派和现代戏。

京剧界非常讲究同台演员要旗鼓相当,我跟好多优秀的京剧艺术家合作过:和周信芳的儿子周少麟合作了《四进士》《海瑞上疏》;和

"世字辈"老先生迟世恭合作了《大探二》《断密涧》；和尚长荣合作了《曹操与杨修》《法门寺》；和孙正阳、黄正勤合作了《柜中缘》《拾玉镯》《铁弓缘》；和朱文虎、施正泉合作了《逼上梁山》《黑水英魂》；和言派传人张少楼、言兴朋合作了《打金枝》；和著名老旦王梦云合作了《大登殿》《红灯记》《红娘》；和童祥苓合作了《武家坡》；和《杜鹃山》中扮演雷刚的著名演员马永安合演了《霸王别姬》；和梅葆玖和梅葆玥合作了《大登殿》；和陈少云、小王桂卿合作了《四进士》；和北京的麒派名家肖润增合作了《清风亭》；和王立军合作了《长坂坡》；和杨春霞和蔡正仁合作了《桃花扇》。

历次重大的纪念活动也经常有我的加入。比如1979年的"麒派剧目展演"演出《四进士》；1979年庆祝国庆30周年演出的《海瑞上疏》；1981年"纪念梅兰芳逝世20周年"演《宇宙锋》；1985年上海京剧院建院30周年演《三击掌》；1986年1月4日参加中央电视台"古今戏曲大汇唱"演唱《红娘》和《苏三起解》；1986年4月参加第三届"国际风筝节"演《百花赠剑》；1987年赴西欧演出《拾玉镯》；1989年10月北京"第二届中国艺术节"演《曹操与杨修》；1990年12月《曹操与杨修》赴天津参加"京剧新剧目展演"；1991年赴苏联演出《曹操与杨修》。

退休之后，1995年参加"纪念梅兰芳周信芳诞辰100周年"演《大登殿》；2003年赴澳门演《桃花扇》；2004年12月上海京剧艺术节演《桃花扇》；2005年上海京剧院建院50周年演《四进士》；2011年和2012年，参加了两届中央电视台九九重阳节京剧老艺术家演唱会"霜叶红于二月花"，分别演唱黄派戏《春秋配》和《祭江》；2012年"纪念俞振飞诞辰110周年"演《金玉奴》；2015年上海京剧院建院60周年演唱《镜狮子》和《春秋配》选段。

以上这些与重量级京剧艺术家的合作以及历次参演的重大的纪念演出，一方面帮助了我的快速成长，另一方面也说明了京剧领导部门和京剧界内外行人士对我的认可。我回忆了一下自己在舞台上演

1988年,陈朝红和王梦云、俞乃铨演《红灯记》

1995年,陈朝红和梅葆玖演《大登殿》

2005年,陈朝红和陈少云演《四进士》

过的大小剧目,竟然有七十多出,这个数量,在我的同龄人中是绝无仅有的,这些积累无疑是我一笔可贵的艺术和精神财富。但经典不是自封的,我不敢说哪些戏是我自己的经典剧目。好些戏之所以成为经典,都是经过了好几代艺人的反复磨炼才传下来的,我只是一个优秀的传承者而已。

采访人: 您在20世纪末曾经创排过一个戏,是《曹操与杨修》吧?

陈朝红: 是的,说来也巧,1986年,尚长荣到潍坊演出,恰好看到了在潍坊上演京剧现代戏《回春曲》。当时潍坊的市委书记齐乃贵向他介绍了我,他看着我说:"啊?我以为写戏的应该是个老先生呢,原来是你写的!"他又说:"你能跨越省市来跟潍坊合作,将来我也想到上海来跟你们合作。"1988年,他真的带着《曹操与杨修》的本子到上海来了,又正好是在我这个团排练,我给他配演曹操夫人——倩娘。倩娘的唱腔按照程派风格来设计,我当时是我们三团的主演,也是唯一能唱程派的演员。

《曹操与杨修》的第四场戏,是曹操逼夫人自杀的戏。记得我们在天津演出的时候,观众被感动了,全场掌声雷动,都说第四场戏是整出《曹操与杨修》中的高潮,我的角色虽然不是主角,但我的表演受到了各方面的肯定。在北京开会听取意见时,好几位专家在发言中都对我的表演加以了肯定,所以说,这个戏我演的还是很成功的。1990年由桑弧导演拍成了京剧电视《曹操与杨修》,

1988年,陈朝红和尚长荣演《曹操与杨修》

1990年,桑弧导演给陈朝红说戏

1991年我带着《曹操与杨修》到苏联去访问演出,这个戏可能是我在京剧舞台上的最后一次创作了。

没想到的是2003年,我退休十年以后,上海昆剧团创排京昆合演的《桃花扇》,主演是杨春霞和蔡正仁,他们想物色一位演员,演李香君的母亲——贞娘。这个角色很特殊,身份是妓院的老鸨,但并不是老旦应工,因为最后她还要为女儿代嫁的,和李香君的年龄差异不能太大;又不能用青衣演员,因为妓院老鸨是要与各个阶层的达官贵人或流氓地痞周旋的,表演方面带些花哨又带些泼辣,青衣演员一般放不开;找个花旦演员吧,还不能缺乏年龄感,又怕演花旦的演员难以完成唱念的

2003年,陈朝红和杨春霞演《桃花扇》

要求。大家对第一稿演贞娘的人选都觉得不够满意，第二稿排练时，时任文化局局长的马博敏提名让我来演这个人物。大家看到我的第一句话就是："你的状态不错啊！"我果然不负众望，呈现在《桃花扇》舞台上的贞娘，获得了一片赞扬之声，都说："这个贞娘才是真正的贞娘！"导演杨小青对我是一夸再夸，她非常欣赏我的创作能力，甚至想请我当她的助手，帮她一起排戏。2008年10月份我来到北京电影制片厂，参加了电影《桃花扇》的拍摄。

采访人：您还担任过酒店文化建设经理？

陈朝红：对，2008年，上海的喜马拉雅证大集团为了打造出一个具有国际竞争力的中国品牌酒店，设想把中国文化融入酒店服务，需要一个懂京昆表演、有文化的人担任文化建设经理，他们通过"英达国际人才公司"找到了我。我去面试时，酒店的总经理——一个高个子的英国人Mr Kay和酒店首席顾问——一个比我年长几岁的法国人Mr Dosse，对我进行了面试，他们对我很满意。倒是我提出了两个问题：第一，我年龄是否太大了？他们却认为这不是问题，他们需要的正是我的生活阅历和艺术经验；第二，我说我不懂英语，不懂酒店业务。他们说，他们不需要我懂这些，就需要我对中国文化的了解和积淀。

那年我已62岁了，一脚踏进了一个完全陌生的领域，一天九小时，每星期工作五天，一张办公桌，一把椅子，一个电脑。第一天就让我取个英文名字——Lucy，文件是英文，开会发言是英文，我面临的困难可想而知。大家叫我Lucy，也叫我陈妈妈，知道我不懂英语，一开会就有人主动坐在我旁边做翻译。为了融入这个集体，我下班参加英语的补习，快速学会了使用电脑，使用打印机、复印机，做PPT……我自己编教材给集团员工做各类文化培训：民歌、诗词、京剧、插花、茶道、香道、明清家具、中国瓷器、青铜器……

2008年年底，公司给了我一个任务，要我排练一个京剧节目，参加公司的年会，时间只有一个多月。面对这些整天坐在电脑前，连京剧都没看过的酒店员工来说，真是困难重重。最终我还是排出了一个二十分钟的小京剧——《选女婿》，麻雀虽小，五脏俱全，包括生、旦、净、丑四个行当，也包括唱、念、做、打四项京剧表演手段，当27名演员穿着京剧的服装，扎着大靠，拿着大刀、长枪走上舞台时，大家都欢欣鼓舞。参加表演的演员中有五个还是集团的高层，其中节目有酒店总经理、英国人Mr Kay的中文数板；有集团顾问、法国人Mr Dosse的击剑与中国宝剑的对打……电视台对这样精彩纷呈的企业文化进行了采访，年底我被评为公司的先进个人。

采访人： 您对新一代的戏曲表演者，或者是学生有些什么样的意见和建议呢？

陈朝红： 目前的京剧演员是断层的，这些年我离开了京剧舞台，作为旁观者看，发现的问题有：一是比赛太多，大家把精力放在了20分钟，甚至8分钟的比赛上，太急功近利。学戏要学得多，学得扎实，否则这路就越走越窄了。二是由于有大量电视、录像等视频资料，学生们不再认真跟老师学习，而是满足于照葫芦画瓢，心情过于浮躁。

李老师常跟我说："教学互长。"我一直很希望能把老师们教给我的京剧知识传下去。2012年春节前，我刚刚离开证大集团，戏校也恰好来找我，我就爽快地答应了学校的邀请。如果我不是在47岁突然被下岗的话，我是应该到戏校当老师的，因为我会的戏多，肚子里宽，以我的文化素养和对业务的钻研精神也很适合当老师。

在戏校六年半，我带了一个花旦班和一个梅派青衣班，11个学生。花旦戏教了《柜中缘》《拾玉镯》《红娘》和《铁弓缘》，青衣戏教了《醉酒》《起解》《春秋配》《断桥》《祭塔》《宇宙锋》《别姬》《坐宫》。我牢记自己的知识都是辛勤教导我的老师给我的，我认真地给学生上课，并把我所教的戏全部整理出剧本，让所有的学生都学会了看简谱，每出戏都给学生讲故事，讲人物关系，讲锣鼓、曲牌等。

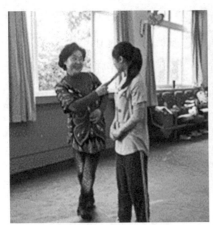 

陈朝红给学生教《铁弓缘》　　　陈朝红给学生教《霸王别姬》

我虽然47岁就离开了京剧舞台,但京剧是我人生中不可缺的一部分。退休后我曾参与了《上海普通高校京剧教程》《〈曹操与杨修〉创作评论集》《京剧曲谱集成》《京剧经典剧目典藏》的编写工作,我把大部分的业余时间都用在京剧的普及工作上,并把回忆文章、整理的剧本和我的教学视频传到了我的京剧博客中,供京剧爱好者分享。

（采访：沈依谷　整理：陈姿彤）

"昆曲第一女小生"的戏曲人生
——岳美缇口述

岳美缇，1941年出生。昆剧表演艺术家，国家一级演员。1961年毕业于上海市戏曲学校第一届昆剧演员班。习小生，工巾生，师承俞振飞和沈传芷、朱传茗、周传瑛等名家。代表剧目有《司马相如》《牡丹亭》《玉簪记》《占花魁》《墙头马上》《狮吼记》等。1986年演《偷诗》《望乡》等剧，获第四届中国戏剧梅花奖。1993年因主演《玉簪记》获上海白玉兰戏剧表演艺术主角奖。1997年主演《司马相如》再次获得上海白玉兰戏剧表演艺术主角奖，并获第八届文化部文华表演奖。《司马相如》拍成电视戏曲艺术片后获全国电视戏曲"飞天一等奖"。1997年获上海市"三八红旗手"称号，1999年获文化部、人事部"文化系统先进个人"称号。2002年获美国纽约林肯中心授予的"亚洲杰出个人奖"。基于舞台艺术人物的创作经验，著有《我——一个孤单的女小生》《临风度曲》《巾生今世》等书。

岳美缇：我叫岳美缇，1941年生。我是1954年进入上海戏曲学校的，在戏校里学习昆曲艺术八年。我从小跟女生一起学的昆曲旦角，我们那一班后来被称为"昆大班"，在朱传茗老师这一组里学习旦角。1961年8月中专毕业，毕业后我们就成立了上海青年京昆剧团。

采访人：岳老师您小时候的家庭环境是怎样的？第一次接触昆曲是什么时候？

岳美缇：我生在一个多子女的家庭，有哥哥姐姐弟弟妹妹。那时候正好是50年代初，家里非常困难，因为我父亲被戴上"历史反革命"的帽子，1955年被捕了，后来被判了20年。所以我们这个家庭有20年没有父亲，就靠我妈妈一个人，解放初期靠打点零工来养活我们。那时候我们根本不知道什么叫戏曲、演员，小时候我喜欢唱歌跳舞，在家里就带着邻居的小女孩一起唱歌跳舞，还经常在学校里表演。有一次我姐姐说看到报上有一个"演员训练班"，让我去考考看。因为喜欢表演，就稀里糊涂地去报名了。当时那届报名是人山人海，因为戏校有几个条件很吸引人，第一就是包吃包住，第二是包你在学校里八年中专毕业，所以很多父母都把孩子送到戏校去。当然还有一个原因，就是这个戏校的校长是周信芳和袁雪芬，当时家长们都知道这两个人很有名望。

我记得那天去考试的时候，同学们都考完了，老师们正在收东西，说还有一个人叫她进来吧，我就这么进去考了。我当时觉得考官们都没有耐心了，所以我很紧张，觉得我一定考不上。我记得在考试的时候老师问我会唱什么，我京剧、越剧、昆曲都不会，就唱了个歌，跳了段舞。等发榜了发现自己竟然考上了，所以特别开心。

我进学校以后的第一天，老师们演了一场戏给我们看，有《游园》《断桥》。印象最深的是《断桥》，是我的老师朱传茗、沈传芷和张传芳演的。那天我们看戏的60个小孩，闹得不得了。一是看不懂，朱传茗老师扮演的白娘子，他是个大高个子，一看就是个男的扮的，所以他一出来大家就开始笑了。沈传芷老师演许仙，他是个矮胖子，他一出来大家又大笑起来。这就是第一次看昆曲给我们留下的印象,我们都开怀大笑,学着台上老师的"啊呀!啊呀"地叫。这些老师就是培养我们长大的恩师,那场演出以后,这些老师的名字我们都记住了。

采访人: 您觉得昆大班课程的培养跟新中国成立前的戏曲培养有什么不同的地方吗?

岳美缇: 新中国成立前的叫科班,听老师讲,有时候是一个班十几个人,有的更少一些。他的名字都是班主改的,所以名字当中会有一个字相同,像李玉茹就是"玉字辈"。我们是戏曲学校,我们进学校的时候叫昆曲演员训练班,第二年就改成了上海市戏曲学校。整个学校从我自己的感受来说是按学校体制来培养的,我们跟平常的学校一样,有体育课,跑步、跳高、跳远,学唱戏的同时还有音乐课,像"五星红旗迎风飘扬……"那些非常有名的红歌,我们都是在戏校学的。

当然也有文化课,此外还有诗词课。我们第一出戏学的是《打围》,第二出戏学了《定情》,是《长生殿》中的一折。《定情》就是表现杨贵妃和唐明皇定情的一场戏,我们还没学的时候老师就教我们诗词课,教《长恨歌》,让我们背诵"汉皇重色思倾国"等诗句。每次上这个课的老师最辛苦了,因为小孩闹,男孩子吵得凶,在课堂里跑来跑去,但是老师一直很有耐心地讲几句背几句,讲了一个学期,我到现在还能够背出一部分。小时候不懂,只是知道了《长生殿》是一个什么故事,长大以后才知道它是这么了不起的作品。

我们这班非常幸运的是,刚

1992年,《占花魁·湖楼》剧照

进学校没多久,正好赶上"华东六省一市戏曲会演",有几十个剧种都到上海来演出。那时候我们每天就在剧场里看戏,有人民大舞台、共舞台、天蟾舞台几个点。每天是早、中、晚三场。我们有时候在大舞台连续看早、中、晚场,学校就送饭过来,送中饭再送晚饭,所以很开心。现在回想起来,那段时光真是对戏曲舞台艺术最初的启蒙教育,我们看到很多优秀的艺术家,看到了很多好戏,把许多剧种的代表人物都记住了。看一出戏,回来就模仿那出戏,这就是戏曲给我们最初的教育。

采访人: 当时是按照什么来分行当的呢?

岳美缇: 我们第一年的时候不分行当,上大课。其实老师们是在观察,看这个孩子学什么行当好,那个孩子学什么行当好。第一年我们主要练基本功:毯子功、把子功、形体,都是大课,分几个大组,大家都要学、都要练。我记得当时练腰,规定一个月时间大家一定要下腰把手抓住自己的脚脖子。后来像王芝泉和不少师兄弟开始吊腿,除了吃饭、练功以外,把腿一直吊在树上。学校院子里有一棵很大的樟树,他们把绑带挂在树上,勾着自己的脚,到后来腿就非常有力量了。后来王芝泉就连睡觉时也把腿搁在耳朵边,醒过来再换另一条腿,就是这么练出来的。老师们一直非常有心地看着我们,我们当年的老师就是"传字辈"老师,他们也是有很多故事的。他们的一生非常颠沛流离,因为他们20世纪20年代的时候刚刚出来,就碰到了非常低潮的一段时期,国内形势的原因他们演戏没人看。后来又非常不幸的是,一场大火把他们的服装、行头,所有演戏的家当都烧光了。所以他们后来一直到解放初期都没有正式的剧团,都是分散在各个地方。为了培养我们这些学生,政府把"传字辈"老师从各个地方找回来,像倪传钺老师那时候在贵州,一共14位老师都聚在上海。政府给他们房子住,薪金也很高,他们对昆曲、对我们学生非常热爱。我的很多老师都住在学校,像沈传芷老师、薛传钢老师他们家在苏州,平时都住在学校,整天跟学生在一起,我们上其他课他们也会过来看。

入学一年后就开始分组了，女孩子分成花旦、闺门旦、老旦，男孩子就分为老生、花脸、小生、武生、小丑。分的同时老师还在看，还在不断地调整。像我是在朱传茗老师那儿学旦角的，我那时候个子比较高，就学闺门旦。朱传茗老师是非常了不起的老师，他教出来很多优秀的演员，当时我们在上课的时候经常有人来，像言慧珠、红线女、李玉茹到学校来找他上课。他教唱，教念，嘴里非常干净。而且他笛子吹得很好，他要我们一个一个唱，一个一个纠正。他对学生不仅负责，还很讲究教学方法。他特别讲究眼神，我记得有一次学《刺梁》，他要求眼神一定要有复仇的样子。我们当时还小，一会儿学杜丽娘的眼神，一会儿又要那样，都弄不清楚到底要怎么样。他生气了，就把一根火柴一分为二把我们的眼皮撑起来。他对学生非常严厉但又极爱护，大家上课的时候非常听他的，很害怕他，下课了就跟他闹，我们最喜欢吃太妃糖，吵着要老师给我们去小卖部里买。一次下雨天，他就在雨帽里放了两斤太妃糖，把雨帽盖在上面进来了，到了教室里我们一抢而光。那时候其实很苦，实在是没什么东西吃。老师们周六去政协食堂可以吃得好一点，有时候老师带这两个学生去，下个礼拜带那两个学生去，真的是把学生当成自己孩子一样。

采访人：您第一次登台演出是什么时候？能讲讲当时的情况吗？

岳美缇：第一次是1956年，是到南京去参加南北昆曲会演。我记得那次我演《出猎》中的李三娘，老师把我抱在衣箱上，坐在那儿化妆的，因为年纪太小了。当年12月，我印象特别深刻。那次学校里要我们去中苏友好大厦演出《出猎》和《花荡》，那天很冷很冷，但是后台有暖气，热得不得了。我化好妆穿好衣服，把腰包勒得很紧很紧，因为我第一次看朱传茗老师的《断桥》，他的腰包演出时就总往下掉，所以我就想记住这个教训，勒得很紧。后台又热，腰包勒得紧，头上又勒得紧。当时也不知道谁来看戏，应该七点半开场却一直等到八点多还没开，我已经有点头痛也不敢放松一下，因为怕马上要开场。突然听见下面在鼓掌,马上开场,老师赶快领我上场口站着。我自己稀里糊涂地一出去一开唱声音嘶哑了,我急得要命。朱老师他一边吹笛子一边拼命点头,我都知道,可就是使不上劲来,声音像很细的鬼音一样。一共有三段曲子,就这么紧张而稀里糊涂地顺下来,当时心里就想赶快结束。等我刚下场,看到演"咬脐郎"那个同学,他突然"哗"的一下吐得一塌糊涂。演完后,就听到掌声,听到好多人在喊"毛主席来了!"我们那天演戏给毛主席看,真是洋相出大了!后来我想老师肯定要骂死我了,我一面脱衣服一面哭,结果朱老师也没骂我。我听到他在旁边跟别人讲,"今天外面那么冷,里面那么热,一冷一热我们叫'寒包火',小孩一下子就挡不住了"。我想他没骂我还挺体谅我的,反而委屈地哭得更厉害了。这就是我们小时候,没有演出经验。

采访人:您一开始是跟着朱老师学青衣,后来您是怎么改成小生的呢?

岳美缇:其实我在学旦角的时候,朱老师也蛮喜欢我的,一是觉得我聪明,二是我蛮努力的。比如学《断桥》,我们是学单篇,朱老师就教白娘子,但他课堂上要有一个小青还要有个许仙,一般这个时候就叫我站在许仙的位置,一会儿又叫我站小青的位置,所以我基本都会。一次,言慧珠和俞振飞在同济大学演《断桥》,朱老师就让我去演小青。演出结束俞老师他们都说不错,说这个小孩到台上还挺有"狠劲"的。

那我怎么会改小生的呢?因为1957年年底,俞振飞、言慧珠校长他们要参加中国艺术团到欧洲巡演半年,当时带了几出戏,有《百花赠剑》《游园惊梦》《小宴惊变》,所以带了我们八个女孩子去跑宫女。到了北京,那时候宣传部部长是夏衍,听说上海来了一帮昆曲小孩,说能不能演几个戏给他们看看。俞老师很起劲地说可以,可是演《游园惊梦》没有小生怎么办,有同学说"让岳美缇演"。其实我只知道一些地位,动作不会的。俞老师就说,我来教你好不好?第二天真的教我小生要怎么念白,教我台步、身段,教得非常认真。教了我三天,他说小生最难的是两只脚,要穿厚底的,怕我没穿过厚底会崴脚,他就去给我借了一双厚底让我练功。当时没有女孩子穿厚底,结果他们拿来一双最小号的厚底也很大,俞老师就把他自己的羊毛袜让我穿上,他说你要每天练习走,这样练了三五天就演出了。那场戏演完了不得了,我记得梅先生都跑到台上来了,抱着我们这些小孩,开心得不得了。他们都非常喜欢昆曲,那时候昆曲没有人学了,他们都说这一帮孩子绝对不能出国,赶快回去,就把我们轰回去了。

回到上海没多久,周校长把我叫到办公室,让我从现在开始就改小生,到小生组去上课。可是我不想改小生,他很生气,又让班主任沈传芷老师找我谈话,我还是不肯。当时我觉得改行是认为我这个行当不行才改的,我想我学得还挺好的为什么要改呢?那时压力很大,我就偷偷地给在北京的俞老师写了一封信,把我心里的话告诉他。没过几天俞老师回信给我,他那封信是用毛笔写的,写了三张纸,我一直放在我的日记本里珍藏。他写得很好,上来就表扬我:"你这次在北京反串小生,举手投足很像样,唱念也不错,改小生是我的意思。老师们为了你的前途,你还不愿意,要知道你的条件在你们那么多的旦角里面可能不会那么出类拔萃。"确实我那些女同学各个都很漂亮,华文漪、张洵澎、梁谷音、王君惠,老师是为我的前途着想。他还讲了孟小冬就是一个女老生,他说艺术攀登到高峰,不是男和女的问题,而是艺术的问题。虽然我当时

1978年,岳美缇听俞振飞老师说戏

也听不懂,就觉得老师既表扬我也批评我了,也给我指出前途了。最后他说:"我希望你放掉包袱,我会对你负责到底!"他把这句话在下面圈了起来,看了这些字我觉得心里很激动也很开心,因为俞老师真的是我们的偶像,他既是校长又是一位非常了不起的艺术家。所以我就下决心了,从1958年4月开始改小生了。

采访人:您改行后,起步肯定是比别人晚,遇到过什么困难吗?您又是如何克服这些困难的?

岳美缇:其实我改小生有两难,一个是声音,一个是脚下。声音我不能像旦角那样细,要宽、要厚。当时俞老师因为经常要外出演出、开会,他就把我托付给许伯遒老师。许老师以前曾跟随梅先生,笛子吹得特别好。俞老师就托付他每天给我吊嗓子,许老师特别负责,每天等我文化课一下课就把我拉过去,从10点半就开始唱,一直唱到吃午饭。我记得他是一个光头,吹笛子吹的满头都是汗,天气很冷的时候,汗都变成气了。他没有辜负俞老师对他的托付,要把我的嗓子吊出来。那段时间其实很长,也是很艰苦的,到我们放寒假了他也每天坚持到学校来。一直到过年,大年夜他都到学校来,唱完了还把我送到公共汽车站让我回家。虽然这些已经过去几十年了,在我整个成长过程中,每次想到这些,这些老师都会浮现在眼前。

此外,小生的脚底下很重要,小生脚步出来跟旦角完全两样,最主要的就是要穿厚底。厚底你穿得好不好,脚底有没有功夫,一看你出场就知道。观众也是,但是观众没有我们看得仔细。我从开始学小生,每天穿厚底吃饭上课,我们住在五楼,走上走下,一直到晚上才换自己的鞋。我们的靴子很重,我的两个脚的指甲都是紫黑的,就是这样才把自己的"腿底下"练出来的。

采访人:在俞校长的鼓励下,您经常到他家中或者办公室里"拍曲",是不是有一段开小灶的经历?

岳美缇:对,我唱小生比别人晚了四年,沈传芷老师非常负责任,中午不睡午觉带着我练圆场、走台步，晚上把我不会的戏一个个补起来。俞老师因为经常要出去，时间不保证，但是只要在上海他都告诉我，我就跑到他办公室去唱两段，唱到他要开会或者有事。晚上我吃了晚饭就赶快跑到他家里去，他总会给我唱一个多小时。因为他老讲这句话，"上大课你们学到的东西还是不够的，昆曲要熏"。我以前也不知道怎么叫"熏"，这么多年以后，自己一点点才知道怎么叫"熏"。在他那里，他的谈吐，他讲的梨园典故，他会让你逐渐接受他的想法，包括他教课、唱曲子的方法，是一种潜移默化的影响。他常常一遍唱完了，我看老师不讲话，就努力想问题去问他，他讲什么我就记下来，他常常是看见我多问他就多讲些，我不问就少讲，也不是强制的。俞老师不会让你感觉到一种压力，唱曲子就是很轻松地唱。他跟我拍曲的时候，旁边常常放一本《韵学骊珠》，他经常自己翻翻。我有时候问这个字怎么念，有时候他也要翻，他很严谨，也非常谦虚。他对治学，对学生的态度，潜移默化地对我们一生都有很大影响。

采访人：您花了两个寒暑假去学习了京剧武小生的戏《夜奔》和《探庄》，您怎么想到去学这个的呢？

岳美缇：我是很怕人家说我是女小生，听到这个称号就觉得我身上还有脂粉气，还有旦角的味道，我总是想更挺拔一点，所以我想我一定要学一点基础的东西。所以我常常去看杨小佩老师上课，他是教京剧的。老师一看到我去就叫我坐在他旁边看，他说你想学什么，我说我想学点靠，想学《夜奔》。他说好的呀，就开始教我。杨老师就在暑假那么热的天里，一个礼拜来两三次教我《夜奔》。《夜奔》是挎剑，后来又教我一出《探庄》，手里先是拿棍，后面是挑柴，手里有合手道具又是一种路子。后来他又教我，像《穆柯寨》，"双飞燕"，这都是穿靠的，通过练习靠的功夫，练习力度。武小生的特点，其实是一种气质，一种力量，一直到现在我在台上都能感觉到当年学的那种分量，直到今天都对我有很多帮助。

采访人： 您在昆大班毕业之后去了哪儿？

岳美缇： 我毕业之后，1961年在上海青年京昆剧团做演员。我们刚刚从学校毕业出来到京昆剧团，剧团也要为我们做宣传，做推广。当时推出了"十块金牌"，目的是通过这些剧目让观众能很快接受我们这些青年演员。我记得我一毕业的时候就演了《墙头马上》，当年拿了一个"优秀青年演员表演奖"，那出戏也是俞老师和言慧珠老师一招一式教我们的。

采访人： 在"文革"的时候遭遇了什么变化呢？

岳美缇： "文革"时期就到工厂去了五年。

采访人： "文革"期间您一点都没有接触昆曲吗？有没有偷偷地私下里唱昆曲？

岳美缇： 那是"文革"以后的一九七几年了。我喜欢画画，常常去看望画画的老师们，像程十发老师、陈佩秋老师、谢稚柳老师，在他们家里。去了就让我唱两段，我唱什么他们就写在扇子上送给我。他们其实代表了中国的一代文化精英，对传统文化、对昆曲有一种共通的热爱，他们一直鼓励我坚持把昆曲唱下去。

采访人： "文革"之后您去哪里了？

岳美缇： "文革"期间1974年我被调到上海越剧学馆教课。1975年5月又被叫到北京参加录音的工作。1978年上海昆剧团成立了，以前我们昆剧团是跟京剧在一起的，叫青年京昆剧团，这次成立的就是单独的昆剧团了。

采访人： 您是什么时候去戏曲导演班进修的？您写了很多将舞台实践上升到理论的作品，像《寸草心》，论述昆曲的演唱艺术和演唱特点，这些是您对昆曲唱法、表演的探索，是进入了导演班之后才有那些作品发表的吗？

岳美缇： 是的，1978年成立上海昆剧团以后，我就在想自己有没有前途。一是自己十几年没有练功，十几年没有唱戏了，我还能唱戏吗？

而且我又是女小生，我对前途完全没有把握。当时我没有学历，很想去念书进修，从心底来说就是想沉淀下来想想今后怎么办，就去念了两年书。我觉得这个经历对我来说确实是受益匪浅，因为在这期间我见了很多人，很多老师、同学，他们都是很有成就的导演和演员。这整个过程当中也看了很多戏，让我了解了更多东西，即使是做演员也要有自己的想法。其实我在"戏曲导演训练班"毕业以后，排了一出戏，排得很累、很辛苦，我觉得自己还是很不够，还是想当演员。

采访人：岳老师，您曾经说过《牡丹亭》是您感触非常深的一个戏，也说柳梦梅这个角色是您少女时期最伤感最温馨的一段记忆。这部戏在中国戏曲舞台上从来只是演其中的几折，好像是您在1981年第一个提出将这个作品搬上舞台的，当时剧团反响怎么样？

岳美缇：这段历史也是我们成长的历史，当时我从进修班学习回来，上海昆剧团那时候在排《蔡文姬》《钗头凤》《唐太宗》，都是一些新编的戏。我想堂堂的昆剧团怎么没有《牡丹亭》？当时我就提出来了，要排这个戏。当时团长和老师们都觉得这个东西排出来可能没有人看，怕观众看不懂。我就坚持一定要演这个戏，从道理上讲，昆剧团怎么可以没有《牡丹亭》？而且当时南北昆曲团都没有《牡丹亭》。后来领导同意了，可是要排全本的《牡丹亭》怎么排？因为《牡丹亭》有很多非常难解决的问题，它的剧目本身有很难解构的东西。当时我们就想把它改一点，也是从生到死、从死到生这么一个大戏。我们着重在美的呈现上下功夫，把整个舞台设置得很美，用六个屏风一直贯穿整出戏，很文雅。它是一个很美丽的梦、上天入地的梦，我们就在梦境里布置了很多漂亮的花，像天上下雨一样，还加了一些舞蹈光。当时我觉得视觉效果很好，很漂亮。我们第一场在苏州演出，参加苏州昆曲会演，剧场里掌声不断。观众都没有想到，我们能把色彩光、舞蹈光运用到昆曲当中。

但是我们那次演出还碰到江苏省昆剧院的一出《还魂记》《牡

丹亭》又名《还魂记》），是张继青演的，是按传统的昆曲演出的。我们当时的概念，觉得完全按传统戏演，今天的观众不一定能接受。结果他们得到了参加会演的老专家的赞美，还获得了非常大的荣誉——"继承奖"。而我们这个《牡丹亭》就很尴尬，当然也给了我们一个"改革奖"。那次给我打击很大，因为我参与了整个过程，我在穿针引线，很多东西都是我想要的东西。后来反思下来，觉得我们可能走岔了，但是到底错在哪里还不完全知道。后来一点点地，用了很多年的工夫才逐渐明白，汤显祖作品的唱词部分只能减，不能改，改了反而弄巧成拙。名著是不能乱改的，这是我越来越清楚的一点。当然二流三流的剧目你可以改动，但是像《长生殿》《牡丹亭》这种在中国文学史、戏曲史上都是一流的东西，就像莎士比亚的作品一样，你是不能轻易改的。

1999年又排了三本《牡丹亭》，那时候我已经快60岁了，我就觉得太晚了，不想演了，因为我觉得自己形象也不好了，而且站在我面前的杜丽娘是30岁的李雪梅，很漂亮。后来领导做了我的工作，我还是演了，演出之后自己还是觉得很开心的，因为我想寻找的柳梦梅跟着自己的艺术道路也几起几落。我从小学的《游园惊梦》，学的《拾画叫画》，

1999年，岳美缇在新版《牡丹亭》中饰柳梦梅

一直没有机会演，一直到20年以后才演出。80年代排的一出大戏又不对了，路子没踩对。所以真正走到第三本的时候，才觉得我总算有这份幸运，这辈子还能演上全本的《牡丹亭》。

采访人：您对昆曲的一些剧目会根据自己的艺术积累和感悟进行一些改动吗？

岳美缇：像《玉簪记》的《琴挑》《偷诗》都是很有名的剧目，但在学校时，《偷诗》还不能学，因为说是"吊膀子"戏，带"黄色"。《琴挑》因为曲子的地位很高，表演比较含蓄，所以在学校时就学了，但不大演出，因为含蓄很不容易把握。我在1985年"挖传统"的那段时期，对《玉簪记》做了分析，认为主人翁是一个正派阳光的青年，人也没有朝三暮四。从前演这些戏，总认为一个少年跑到尼姑庵一定是调情，所以舞台上会出现一些下流的动作。我认为他是真情，正因为这场恋爱发生在尼姑庵，所以有戏，是一出轻喜剧。根据对戏、对人物的不同理解，把传统的有些不干净的去掉，保存剧中一些喜剧细节。这个戏是"求精不求全"，男女主人翁相见、相识、相恋、分离，其中包括《琴挑》《问病》《偷诗》《秋江》，有老师传承给我们的传统，也有我们在老师的指导下新排出来的，如《秋江》。这出戏最经典的是男女主人翁合唱【小桃红】曲子。这段曲子在昆曲唱腔中地位极高，但从前这段曲子是男女主人翁坐在船头对唱，所以也不见在舞台有演出。我们从"追舟"到"哭别"，使它动起来，女主人翁来追赶潘郎，而后【小桃红】载歌载舞在船上舞起来，马上有它的特点了，非常精彩。这个戏一排出来，俞振飞老师就跟着我们去同济大学连演三天，他连看三场，对我说："这个戏改得非常好，我觉得好像原来就是那样的！"

我们昆曲的传统剧目非常丰富，然而它生存得太久了，难免有这样那样一些问题。今天在继续挖掘传统的时候，我们也是满怀敬畏之心，同时去芜存菁，把昆曲的宝贵财富保存得精益求精。

2004年11月,岳美缇在台北新舞台演出《藏舟》

采访人: 您也因这出戏获得了一些殊荣?

岳美缇: 因为《玉簪记》1993年我得了"白玉兰奖主角奖"。当时我觉得90年代以后,整个文化艺术都非常低落,没人看戏,上昆也经常不演戏,有时候就在自己的小剧场演出。那次白玉兰奖的评委只是到我们团里小剧场来看,我记得张瑞芳老师也来了,就是这么演了一两次,结果我拿到了白玉兰奖,而且还是榜首。我自己觉得很奇怪也很惭愧,因为那年得奖的是茅威涛、濮存昕、方亚芬、马兰,他们都是各剧种的代表人物。我觉得感触很深,因为当时我已经想退下来,不想在舞台上了。通过这次演出我内心很感动,还是有人在关心昆曲,还是有人在重视昆曲,所以我拿了白玉兰奖以后真的觉得自己应该再多做点事情,于是我在1994、1995年的时候排了一出《司马相如》。这个戏对自己来说也是一个关门戏、封箱戏。后来上海电视台一看很喜欢,他们自己出钱,给我们拍了四集电视剧。电视剧也得了一个"飞天奖"的一等奖,《司马相如》也得了第八届"文华奖",我觉得心满意足了,没有遗憾了。

采访人: 岳老师,您的学生说您最关注的是他们的素养,天分固然很重要,但是后天的成功是离不开自身的修养的,对此您的教育心得是什么?

1987年，岳美缇在戏校教学

岳美缇： 我对他们的教育其实也是我对自己成长过程的总结。我会记录自己的成长过程，比方说我有写演出笔记、演出心得的习惯，每当排一个大戏下来，我都要做一个总结。像每次俞老师给我上课，我回家都要记在本子上，有时候翻翻看看对自己很有帮助。所以我把自己这种学习演戏的方法都告诉他们，我希望他们也会这么做，做了会有帮助。包括昆五班的小小生我也教他们学会在上课的时候，对于老师讲到的东西要马上记下自己的体会，要学会听、记、讲，我有时候会叫他们复述给我听。一个演员要学会表达，学会对人物的理解。比如这个动作为什么这么动？人物的起承转合，你是怎么理解的？所以我希望他们都能懂方法，而不是老师教我怎么演就怎么演。这样以后他们就能独立地去工作，拿到剧本就有方法了。

（采访：陈　娅　整理：陈姿彤）

昆曲,就是要保留它原汁原味的东西
——顾兆琳口述

顾兆琳,1943年出生,2019年去世。1953年考入上海戏曲学校。1961年,上海戏曲学院毕业后参加京昆剧团。2004年,《班昭》获2004—2005年"国家舞台艺术精品工程"十大精品项目。2006年,《邯郸梦》获第三届中国昆剧节优秀剧目奖。2007年,获"上海文艺家荣誉奖"。2008年,获第十二届文华奖"文华音乐创作(唱腔设计)奖"。2009年,被文化部授予"昆曲优秀理论研究人员"称号。2010年,本人唱腔编曲的《长生殿》(精华版)获2009—2010年"国家舞台艺术精品工程"十大精品剧目。2010年,获第十三届"文华音乐创作(作曲)奖"。2011年,获2010年度"上海文艺工作者荣誉奖"。2012年,获第五届中国昆剧节"优秀作曲奖"。2013年,获"上海优秀文艺人才奖"。2014年,本人唱腔作曲的《景阳钟》获2013年"国家舞台艺术精品工程"十大精品剧目。

采访人:请问您是什么时候开始接触昆曲的?

顾兆琳：我是十岁就进了上海市戏曲学校。从事昆剧这个行当，说起来，我家里面也是有非常大的原因。我妈妈喜欢京剧，她不是科班出身，是请了非常有名的京剧老师和昆曲老师教她学戏。当然，先是京剧老师。学到一定阶段以后，当时有种说法，好的演员要"文武昆乱不挡"。昆，指昆剧，乱，乱弹，是指京剧。那么，我妈妈也学昆曲，我家里请到了"传字辈"老师朱传茗来教戏。所以我从小就坐在沙发上，听妈妈又唱昆剧，又唱京剧，耳濡目染。

京剧我也很喜欢，我妈妈经常唱那些代表作，我对《玉堂春》《凤还巢》《贵妃醉酒》这些印象都非常深。这是前期的事情。后期的时候我妈妈学昆曲，她经常唱的一出是《游园惊梦》，还有一出是《金山寺》。这些戏中印象最深刻的就是《游园惊梦》，后来我母亲拜了梅兰芳先生为师。

采访人：您师从何处？

顾兆琳：我是十岁进的戏曲学校学戏曲表演。当时参加考试的足足有两千多个学生，录取多少人呢？录取60个。这两千多个学生当中，后来我知道，只有两个人是会唱昆曲的，一个是我，还有一个是赵兴国。

那时候是1954年，昆曲有点衰落，而且没有人来继承、传承这门很优秀的古老剧种。当时是华东戏曲研究院主张要招生，传承昆曲。华东戏曲研究院的院长是周信芳，副院长是越剧的领头人袁雪芬。后来我当了副校长以后，采访袁老我才知道，为什么当初京剧也不招，越剧也不招，单单为昆曲招生呢？我听袁雪芬老师说，越剧当时在发展成长的过程当中，但她发现在大世界演出的那批昆曲"传字辈"老师，他们在表演上非常了得，非常细腻、精彩，所以她经常去大世界看这些老师演出，后来才知道，他们没有接班人，昆曲这一门艺术面临着失传的危险。所以那时华东戏曲研究院经过研究，决定必须要把散落在全国各地的昆曲老艺人集中起来，以正规的方式培养接班人。因此，1954年的

1954年,上海市戏曲学校昆一班入学时童年照片集锦

顾兆琳

时候,我们班就应运而生了。

进了学校以后我在表演方面更多是师从沈传芷老师,后来郑传鉴老师也教过我。甚至2005年,还有"传字辈"96岁高龄的倪传钺老师,对我进行教授。整个的学习过程中,我还得到了俞振飞老师对我的教导。1959年,俞振飞、梅兰芳在北影拍摄电影《游园惊梦》,1961年在长春拍戏曲电影《墙头马上》,都是我为俞振飞老师做替身演员。作为替身演员,就是帮老师站位置、对灯光、对镜头,各方面

舞台的调度，都是我先开始走。等他们灯光都打到位，最后确定了，我就离开，由老师来正式表演。在这个过程当中，前后有好长的时间我都在俞老旁边。那时候我还没有毕业，相当于我还在学生阶段，就做了俞老的替身。在拍电影的时候俞老还不忘给我上上课，拍拍曲子，跟我说说戏。1961年在长春的时候，我还经常把自己在作曲方面的一些小习作给俞老看，让他帮我说说昆曲作曲方面的一些知识。所以在这段时间，我还得到了俞老在作曲方面的指导。

采访人：您什么时候第一次登台演出？有怎样的印象？

顾兆琳：我登台比较早，实际上我1954年进入学校，1956年就开始演出了。演出在什么地方呢？在上海的卡尔登大戏院。这个是以前老的名字了，后来这个剧场叫长江剧场。那一次，我们昆曲班在上海首次登台亮相，连演了三天十几个剧目。我跟张洵澎两个人演出昆曲的经典剧目《游园惊梦》。特别是《惊梦》，除了生旦戏之外，还有场面比较大的"堆花"。这出戏后来梅兰芳老师拍了电影，我也为俞振飞老师做了替身，就是我从小学的这一出戏。

其实《游园惊梦》还不是第一出，第一出我们学的是《长生殿》的《定情赐盒》。这出戏也是除了生旦戏之外，有场面比较大的一些合唱。因为这些戏都是打基础的，有合唱的，有舞蹈的，有对子戏，因此比较适合开蒙。

采访人：第一次演出的时候有没有怯场？

顾兆琳：我一开始演出《游园惊梦》，一点都不怯场，因为那时候我自己的状况比较好。男孩子变声是要倒仓的，我过去唱过昆曲，在我

顾兆琳

们昆大班演出的时候，我的声音还没变，声音很好。当时在小生组里最早登台的是我，演柳梦梅也好，演《定情》也好，老师都比较培养我，因此我登台并不太紧张。当然老师在旁边把场，鼓励我，上场了自己也觉得演得还算满意。

采访人：您是怎样从小生行当转变到老生行当的？

顾兆琳：有一次演出我记得很清楚，因为当时我倒仓了，演出的机会不多。那次我在《昭君出塞》里演了一个文官，没有几句词。演出结束后，在台下的言慧珠副校长就跟我说："兆琳，你戴髯口扮相很好，比小生的扮相还要漂亮。"还说："你个头高，你的对子也要个头高，不好找。"因为我那时候已经长到了一米七八、七九了，演小生确实有点高了。所以言慧珠副校长就建议我不如改成老生行当。那时候是我临近毕业前的一两年，不过我们的主教老师沈传芷老师没有让我改，但是这句话我还是听进去了。从那之后我就经常在我们小生戏里面演一些官生戏，就是接近老生的，向这方面逐步靠拢。有一些老生的活儿，有时候也会去应一应。我记得我们在长春拍《墙头马上》，因为角色的调动变化，把原来郑传鉴老师演的裴行俭调给王传淞老师演，然后郑传鉴老师演李世杰这个角色。因为在长春要彩排、搞分镜头剧本，郑老师要演裴行俭，李世杰一角就让我临时顶上去演。我在郑老师手把手指导下，把那个角色很快学完。那次在长春，我演的是李世杰，是我出演老生里面一次比较重要的舞台经历了。

采访人：在您的演艺生涯中，老生行当您觉得最满意的是哪一出戏？

顾兆琳：其中最值得我自己回忆的，就是我帮俞老演《太白醉写》里面的唐明皇。俞老演《太白醉写》结束后，我搀着他谢幕，实际上这是俞振飞先生最后一次在豫园古戏台演的一场《太白醉写》。在这之前，我曾经几十次帮俞老配这个角色，包括我们1983年到香港去，当时杨贵妃是俞夫人李蔷华老师饰演。那时候俞老在香港演了好几场《太白醉写》，当时他已经相当高龄了，而演《太白醉写》要跪在地上，最后烂醉的时候甚至要躺在地上。那时候我在台上，心里面也揪着，俞夫人更是揪心，怕俞老那么大年纪了还如此投入地演出会起不来。正是1983年俞老率昆剧团到香港的这次演出，使得我们上海昆剧团在香港、台湾，甚至在国际上声名大振。因为他们不知道上海有这么好的演员，经过"文革"以后这批演员的水准居然有那么高。

80年代，顾兆琳在《太白醉写》中饰唐明皇

采访人：能讲讲您跟俞振飞老先生的渊源吗？

顾兆琳：有一次，也是"文革"以后，我们这些学生跟俞老在上海的雁荡路附近一家名叫"洁而精"的菜馆吃饭，当时还有李蔷华老师。一起吃饭的时候，俞老就跟我说："兆琳啊，其实昆曲的曲牌太多了，有几千个。"他说在作曲的时候，有些冷僻的曲牌，不要去用，应该挑些常用的、好听的曲牌去用。后来我记得我们吃完饭走出来，俞老又跟我说，不好听的曲牌，为什么还要去用呢？我们应该挑一些好听的曲牌，用到戏里面去。因为他这一番话，反复地再说了一次，后来我觉得，他这个说法不是偶然的，应该是有自己的想法的。这个谜，我一直都没有解开。直到2009年，我们在纪念言慧珠的活动当中整理材料，她有一篇文章题目是《我演〈墙头马上〉》，这篇文章总共有两千多字，详细记载了当年在《墙头马上》的排练演出当中，对于昆曲曲牌方面的想法。文中写道："我跟俞老商量，要在《墙头马上》当中，唱昆曲最好听、最经典的曲子，要摆到这个戏里面去。要好听，要符合剧情，要符合人物、符合节奏。有的地方，一些唱腔还能使人物动起来。"后面还讲到了为了给最后一场选到准确的曲牌，一共修改了四次，最后才选定了最合适的曲牌。我当时茅塞顿开，原来早在"文革"之前，我们的两位老艺术家，对昆曲唱腔曲牌的运用已经有自己的想法了。后来我为了把俞老的这个想法实现好，在我没有到音乐学院去旁听进修之前，用了两三年的时间，专门研究昆曲的曲牌。那时候我记得自己劲头很足，常常是在台上演好《墙头马上》，下来有两三场戏没有我的，我就又到宿舍里面去，掐好时间去研究曲牌，然后快到我了，我又上场演出。在外面巡回演出，我研究曲牌记录了厚厚的四本资料！

采访人：现在据我了解，从事昆曲谱曲方面的人非常少，对于昆曲谱曲逐渐变成一门绝学，您是怎么看的？

顾兆琳：说到继承绝学这方面，昆曲的曲牌研究真的是不容易。我自己研究昆曲曲牌的时候，钻是钻进去了，但还是一头雾水。昆曲经历了数百年的积淀，非常之丰富。昆曲有两千多个曲牌，加上"又一体"有四千多个曲牌。昆曲的一些折子戏当中，经常用的也不少，也有上千个了。到近代，我们经常演的一些戏当中，大概也有五百多个曲牌，这个数量也是不得了的，是一个庞大的体系。对于昆曲的唱腔音乐，既然俞老对我有这样一个期许，鼓励我在这个上面下功夫，我觉得我应该尽毕生努力。我有一个非常好的条件，因为我是当演员的，70岁不到的时候我还跟倪传钺老师学了一出《寻亲记》，后来我又在倪传钺老师的指导下把《寻亲记》全部串联起来。因此，我始终是一个在职的演员，同时我也是一个昆曲唱腔音乐的专业作曲者。

我的优势就是我能够把演员的体验带到作曲里面去，这也是我非常独特的地方。因为现在从事戏曲作曲的要么是专业作曲，要么是搞乐队的、吹笛的、拉胡琴的。真正是从小喜欢，在音乐学院系统学习过的,还跟俞老、跟"传字辈"老师学过的,并不多见。当年我们的"传字辈"老师、俞振飞老师他们也是这么做的,不过现在来看确实是相当之宝贵。其实从事昆曲作曲,真正把我领进门的是王守泰先生,他的父亲是王季烈,是《集成曲谱》的编著者,也是昆曲发展历史上一位非常有名的清工曲家。王守泰其实也是一个昆曲爱好者,我认识他的时候他正在东南大学任教授。后来我知道他的专业的时候吓了一跳,他研究的是电机工程。我认识他的时候是80年代末,他即将要退休了,准

顾兆琳在《寻亲记》中饰周羽,余彬饰郭氏

备在退休以后,把余生献给昆曲谱曲方面的理论事业。因为我知道在五六十年代的时候他出过一本书叫《昆曲格律》,是谈昆曲谱曲方面的知识,这本书中写的不过是他想写的一部分,他想要真正完成一本昆曲的工具书,所以后来我们联合编著了《昆曲曲牌及套数范例集》。

采访人:对于出《昆曲曲牌及套数范例集》这套书,其中有什么故事吗?

顾兆琳:编书的一共16人,我们当时一年最多开一次会,大部分都是书信往来,进行编书的交流。后来我从王守泰先生的公子那里知道,那些书信在家里摞起来就有半个人那么高,我家里和王守泰先生两地交流的信也有厚厚几摞。

通过信件在编写上交流,加深了在编写过程中的印象,也非常感谢各方面的老师对我的帮助。直到"南套"快要写完之前,老师说我们

顾兆琳与王守泰先生的交流信件

应该在工具书中加几篇专论,探讨昆曲唱腔音乐方面的一些问题。那时候我已经参加编写工作好几年了,已经有自己的体会了,再加上在音乐学院的学习,就写了一篇《昆曲乐理初探》,加入了《范例集》。当我写完这篇,给陆兼之老师,特别是给我的老师王守泰先生看,他们非常赞赏,认为我的研究不仅了解了昆曲,而且跨出了对昆曲传统的认识,用当今乐理的知识诠释了昆曲这一门古典艺术,唱腔音乐这门绝学的内在规律。后来在他同意下,其中的章节,即《关于昆曲旋律的发展手法》这篇文章,在中国戏曲学院的校刊《戏曲艺术》上连载了三期。后来这套书出版以后,老师在去世之前一年就把我推到出版工作组。他很感慨,因为当初吴梅先生的《南北词简谱》写完之后因为各种原因出版不了,所以他对我寄予希望地说:"希望我们的《范例集》能够早日出版。"其实在这本书没出版之前,包括我自己,以及全国各个剧团里面的谱曲都有很多不理解昆曲的地方,不知道昆曲的谱曲应该怎么去做,老师深知其重要性。

采访人：能不能举几个例子说一下现在谱曲这一行当中的误区。

顾兆琳：常常会有这样的情况，看到的是这个曲牌，唱的是另外一个曲牌，或者他没有唱到那个曲牌的核心部分。比如本来【小桃红】这个曲牌是离别的时候用的，可以用在一对情人的离别，情绪上也是悲痛的。它从音乐上面来说，与欢乐的情绪相比，不仅在旋律上有所不同，而且在每句结音上面，都有不同，整个气氛都

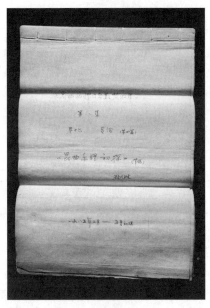

《昆曲乐理初探》手稿

是不一样的。所以《范例集》当中就揭示了一个昆曲曲牌的真谛，一个是词，一个是乐，一个是套，词、乐、套，这三方面就是昆曲曲牌体的内在核心。

采访人：《长生殿》是您谱曲的，是一件非常有意义的事情，在谱曲过程中有没有遇到哪些问题？

顾兆琳：说到唱腔音乐方面，在昆曲的历史上有一个最光辉的典范，就是《长生殿》。我们昆曲有很多好的音乐，更有很多传奇。好的本子，比如《桃花扇》《牡丹亭》《西厢记》，但是真正从音乐上面，特别是从唱腔音乐上面最能够吸引观众的，或者说昆曲观众最为津津乐道的，那就是《长生殿》。它有一个很大的曲体，有一个很大的曲牌设置的布局。当中包括《长生殿》50折戏，每每南北曲不同，这折戏唱南曲，那折戏唱北曲。每每宫调不同，那昆曲当中分类标目的一个含义，它这出戏唱的是这个宫调的这套曲牌，那出戏唱的是另一个宫调的另一套曲牌，情绪都有反差。

音列排序上也不同，《长生殿》在50折戏中有一个总体的曲式构架，因此每每使观众听起来有新鲜感，不疲倦。当然《长生殿》这个戏还对行当角色都做了劳逸的分配，它的安排使扮、听者没有疲倦之感，扮演者劳逸均等。《长生殿》好听，为大家所津津乐道，观众喜欢唱，主要是那几出戏。我们的四本《长生殿》，还有精华版《长生殿》保存了大部分，一天晚上演完。当中最主要的，我们有《絮阁》，后面有《惊变》《埋玉》，有《闻铃》，还有《酒楼》《弹词》，这些戏都在曲坛上传唱了几百年了。所以要呈现全本《长生殿》的时候，我就想能够原汁原味地呈现给观众。要几个不变，好的那些戏就不提了，因为我们整个50折戏，差不多要演到46折。

几个不变是指宫调不变，套数不变，笛色不变，主腔不变，结音不变。结音非常重要，结音一变旋律都会变，味道也会变。因为我们知道宫调式、羽调式和商调式，根本是相差甚远的音乐旋律概念。因此，考虑呈现全本《长生殿》给当代观众，要考虑到不变的因素和可变的因素。可变的是在节奏形、板式上面做一些变化。比如说，精编《埋玉》，到了马嵬坡，六军造反，杀了杨国忠，也要让贵妃自尽，不然的话就不走了。在那种情况下，杨贵妃唱了那段唱腔，如果按照传统呈现的话，那段唱腔是属于粗曲类的，不是细曲类。细曲类就是唱得很细，能充分抒发情绪，而粗曲类唱起来就比较"水"。原来《埋玉》唱的曲子听上去不够紧张，杨贵妃此时此地的一种心情，它没有办法去描述。我就在《埋玉》当中，用了快三眼的手法。快三眼是京剧的一个手法，京剧二黄原板，之后唱快三眼。节奏流动比较快，跟原来的不一样，速度比较快。我采用一个办法，张静娴老师是演杨贵妃的，她唱的时候头起了一个导板，很紧张，之后接上快三眼，骨架音不变，旋律不变，特别是最后结尾的那句还是用老的。观众听上去是老的，不过情绪更紧张了。

全本《长生殿》，杨贵妃做梦梦见在天上听到《霓裳羽衣曲》的乐曲以后，回到人间提起笔要制谱。这两场，前一场叫《闻乐》，后一场叫《制谱》。我找了1924年上海朝记书庄出的《长生殿》全谱,里面是工尺谱,当中只是词里面提到了《霓裳羽衣曲》,里面的曲还是昆曲的曲,听不到《霓裳羽衣曲》的旋律。因此,我觉得直接演绎这首曲子,观众会不会觉得不满意?所以我后来就把这段曲牌,仙女们唱的曲牌的上半曲这段唱腔里面加上了《霓裳羽衣曲》的曲调,听起来既像昆曲,又有《霓裳羽衣曲》的味道。《霓裳羽衣曲》是中国民乐中的一首名曲,民乐中流传下来有两个,"大霓裳"和"小霓裳"。但是从目前手头的资料考证下来,"大霓裳""小霓裳"两个比较起来还是"大霓裳"更受认可,我也请教了音乐学院的老师,最终我们确定"大霓裳"作为《霓裳羽衣曲》的曲调呈现。在唱腔里也好,在配曲里也好,仙女们舞蹈唱的是《霓裳羽衣曲》,把民乐嫁接到昆曲当中去。第一次嫁接就是《闻乐》中仙女们呈现的那支曲牌,是我把它嫁接进去的。

采访人:您觉得应该怎样看待昆曲谱曲?

顾兆琳:我觉得昆曲首先格律不能变,如果采取粗暴的方法把格律颠覆了,就不是昆曲了。昆曲是文人雅士的作品,像汤显祖、洪昇、李渔这些历史上的名作家,他们为昆曲写了很多戏。如果把昆曲变得很通俗,不讲究曲牌、平仄,曲牌也唱不出曲牌的味道,联套也不联套了,这就不叫昆曲了。昆曲的联套在中国的音乐发展史上是一个很重要的过程性产物。北京有位专家说,昆曲最早呈现的,拿现代音乐来套的话它是组曲,到了昆曲以后的乱弹,以京剧为首的一些乱弹,它成了一个变奏,昆曲的联套就是一个组曲。它在相当长一段时间,你可以追溯到更久远的时期都有昆曲联套的影子,不管是唱赚也好,元杂剧也好,都是组曲的一种形式。现在要呈现昆曲,难道不应该把它继承下来吗?回答是肯定的,一定要从样式到内涵都有所继承。我是演员,可以把更多的舞台体验融入作品中去,使得作品在当今得到更好的反响。

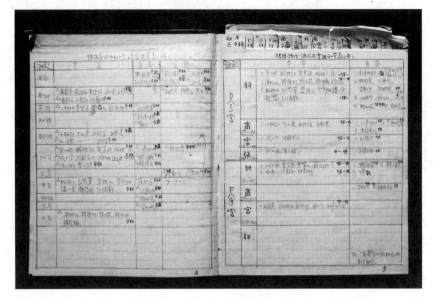

顾兆琳谱曲手稿

采访人：您现在有几个做谱曲的学生呢？

顾兆琳：我觉得自己在传承这方面，由演员到作曲，不在台前在幕后，还在继续钻研，在努力。文化部也找我去开设各种培训班，包括中国剧协举办的青年戏曲音乐班，我觉得自己这么做还是值得的，这份东西是要有人去继承，去发扬光大的。因此，现在跟我学的人不断增加。最近几年，我在戏曲学院带了三个本科生，有一个本科生他已经能够自己写作大戏的唱腔音乐，虽说他的积淀还很浅，但是他已经能到这一步了。最近我们马上要演出一个戏，叫《偶人记》，这出戏正好是我的学生刘慧，还有导演班的毕业生、我们昆五班的毕业生、明年秋季毕业的毕业生联合演的一部戏。这个戏得到上海文化发展基金的资助。这部戏是新改编整理的，它是很古老的一出戏，南戏，很有意思。与此同时，我在昆剧团有好多戏，一个是《班昭》，这出戏获得"国家舞台艺术十大精品"之一，是我在2005年作曲的。在这出戏里面我选了很好的套数，少年班昭唱的是【粉蝶儿】，那套

顾兆琳与学生刘慧

很有仙气、很青春。中年班昭我用的是【小桃红】的套曲。班昭开始成熟了，很沉稳，感情上面也有纠结，跟大师兄离别就唱了【小桃红】下山了。老年班昭唱【北商调集贤宾】，有点泣腔，旋律下行，悲的那种，不同年龄采取不同的昆曲传统曲牌套数。还有一出戏使我获得了第四届"中国文华戏曲音乐唱腔设计"单项奖，即计镇华老师和梁谷音老师主演的《邯郸梦》。在《邯郸梦》中我也有很多曲牌设计和一些唱腔突破。精华版《长生殿》使我在第五届"文华奖"上又获得"唱腔音乐奖"，这个奖是和我的老搭档李樑一起得到的，这个戏我们也是在传统基础上进行了拓展。

采访人：对于昆曲这门绝学，您有什么期望，或者有什么话要说的？

顾兆琳：我有句话，我们昆曲唱腔音乐必须是"老的不掉牙，新的不离谱"。创作部分非常要注意分寸、时机，这一点我自己深有体会。我是宁波人，有时候喜欢听听甬剧，但是有一次一打开收音机听到一段，一开始唱得很新，我觉得很烦，宁波的腔调哪里去了？所以，我自己作曲时就引以为戒，呈现部分一定要当心。这就是说的时机，一定要原汁原味的东西，你不能看到好的东西就吸收而不管什么时机，还是要有一个分寸。

　　应该说，出了《昆曲曲牌套数及范例集》这套书以后，以及我目前在教学过程当中看到，这个绝学将不再是一门绝学，应该是有许多有志于昆曲的青年，他们有志于继承这门绝学。我可以说，在俞老面前也好，在王守泰先生灵前也好，对我们已故"传字辈"老师这些前辈们来说，我觉得我应该是问心无愧的。我应该跟俞老，跟王守泰先生、已故"传字辈"老先生在天之灵说一声：你们放心，我们会干得好的！

（采访：孙　阎　整理：陈姿彤）

我的作曲生涯
——黄钧口述

黄钧，1932年出生，北京人。1959年毕业于上海音乐学院理论作曲系干部进修班。离休前任上海艺术研究所研究员、副所长兼学术委员会主任、《中国戏曲音乐集成·上海卷》主编兼编辑部主任。1948年参加革命后，长期从事音乐演奏、作曲、指挥、教学、理论研究等工作。曾为京剧现代戏《送肥记》《智取威虎山》及新编古装戏《雪夜访贤》作曲；为戏曲电视片《陈妙常与潘必正》（昆剧）、《三家村》（京剧）、《霜重枫叶红》等编曲或作曲；与人合作为戏曲电影《葛麻》（楚剧）编曲并任指挥。主编出版《中国戏曲音乐集成·上海卷》《京剧文化词典》《京剧小词典》等。曾获中华人民共和国文化部、国家民委、全国艺术科学规划领导小组联合颁发的荣誉证书和文化部颁发的文艺集成志书编辑成果奖。

采访人： 您能先做一下自我介绍吗？

黄钧： 我叫黄钧，出生于1932年3月29日（农历壬申年二月二十三

出生后满月不到百日,母亲抱着黄钧,摄于许昌

日)。我祖籍是北京,但出生在河南许昌。为什么会出生在那里呢?当时我母亲怀着我的时候,父亲恰好在武昌无线电专科学校边工作边学习,将要结业。如果家属在身边,就可以留校工作。他在把母亲从北京接到武汉的半路上,母亲就要生了,于是就在许昌下了火车,就这样我出生在了许昌,故原名黄许生。

说起我的民族,话就长了。户口本上标的是汉族,其实,我的祖父是满族人,属镶黄旗,他名叫德润,是钮祜禄·额亦都(1562—1621)的后代,至于姓氏,比我年长40岁的伯父(黄志诚,字子厚,1892—1989)都不清楚。清末民初,北平很乱,孙中山提出"驱除鞑虏",有不少满族人怕杀头,躲避牵连,改成了汉族,我的伯母,(桂氏,1907—1975)、母亲(黄顾志贤,字淑卿,1908—1989)家族都是满族,就没有改,我跟随父辈就成了汉族。

至于家庭出身,我没有父亲(黄志敬,字纯修,1907—1981)、妹妹(黄燕君,1936—1983)、弟弟(黄新生,1941年出生;黄洛生,1949年出生)那么幸运、那么好。父亲的家庭出身是手工业者。因为我的祖辈早已开始败落,到了祖父德润,就沦为一名穷木匠。到了1948年,我参加革命时,父亲虽然已经在中国人民解放军工作,可是1946年以前,他是国民党军军官,所以我的家庭出身就成了旧军官,妹妹、弟弟们的家庭出身是革命军人。

1937年7月7日，抗日战争全面爆发，为避战乱，我随全家到了陕西，那时我已经五岁了。当时日本鬼子狂轰滥炸，我们全家差点就死在一座桥的底下。本来想往西南方向逃难的，可是去重庆的人太多了，船票根本买不到。怎么办？只能向西北方向走。走到西安的时候，日寇的飞机也经常轰炸。后来跑到了甘肃天水，因为太偏僻了，家里人觉得这样不是办法，只能往回走。西安不能待，宝鸡不能待，怎么办？无可奈何，就在离宝鸡不远的虢镇农村——惠家湾①避难。一住下就是八年，这也是我永生难忘的八年。

1937年，五岁，摄于虢镇

这张照片是父亲同事给我拍的，为了好玩儿，把他们的青天白日徽章戴在了我身上，徽章上标的是：中国国民革命军第十一路军总司令部。

我那个时候还没有到入学的年龄，长辈们又希望我能早点上学，可是惠家湾没有学校，只有一个为大孩子、成年人办的私塾，我就在那里读书了。开始学《百家姓》《三字经》，稀里糊涂学了约两年。1939年，七岁，就去上了商丘扶轮小学虢镇分校（总校在蔡家坡）。那是一所铁路小学，是从河南商丘逃避战乱，搬到这里来的，专门收陇海路铁路员工子弟。当时由伯父照看我，他在火车站帮忙，所以学校就收了我。

采访人：您是如何与音乐结缘的呢？

黄钧：这与我的家庭、学校、环境有关。从小我就接受了艺术的熏陶，我的家长们都是戏曲、曲艺、音乐的爱好者，尤其是京剧。所以从小

---

① 惠家湾，即"暗渡陈仓"的陈仓地区。

他们经常带着我去看戏、听说唱。还有个便利条件，就是我父亲是做无线电工作的，那时候收音机、唱机很稀少，但我们家有好几部，有的是自己的，有的是放在那儿帮人家修理的。再者，上小学的时候，我就会装矿石收音机，是父亲教的。一打开收音机，长波、短波，什么广播都能听，所以经常听戏曲、曲艺、音乐等，家里唱片也有不少。父亲那时在国民革命军第十一路军总司令部负责无线电通信，部队里有京剧团，他是爱好者，工作之余，就去看看，偶尔"票票"戏，登台唱一出。我也经常看他们排演，有时候还唱唱玩玩、拉拉胡琴、吹吹笛子、打打鼓。

在安徽六安的时候，我三岁，已经开始记事了，那时候的事情，有几件到现在还记得。

长辈们经常带我去看京剧，那时候叫平剧或大戏。因为当时的北京称北平，故称平剧。称为大戏，是相较众多的各地方戏而言。长辈们都是京剧爱好者，他们参加活动时，经常带我同去。这时候我才三四岁，出于好奇心，小孩子都这样，东摸摸，西看看，还跟大人们咿呀咿呀哼两句。大人们也乐意抢着锣槌儿，提着马鞭逗我玩儿。次数多了，日子长了，成为我终生难忘、终身受益的启迪和熏陶。

有一天，他们正在吊嗓子，记得是我父亲的同事，叫苗平山，我称他苗叔叔，吊的是《四郎探母·坐宫》"杨延辉坐宫院"那一段。唱到半截儿，不知道打鼓的有什么事突然走开，我就跑上去要打鼓，椅子太高上不去，忘记是谁把我抱上去坐下，我也不管三七二十一，左手挎板，右手提槌子，敲了起来。苗叔叔无意地一转身，看到是我，很惊奇，就一边唱一边走到我跟前，对着我用手拍着板、眼，我也就跟着敲，逗得大家哈哈大笑，全乐了。结果，他也唱不下去了。

有一次，大人们登台彩唱。演的是《打侄上坟》，我父亲喜欢唱小生，扮演剧中的"侄子"陈大官。当演到打侄的场面时，在台下看戏的我，又哭又吵地闹起来，"有人打我爸爸还不闹啊"！

上了扶轮小学后，我对文艺很感兴趣，是音乐、戏剧方面的积极分子。学校老师大多喜欢文艺,其中有位女老师郭黛云,对我影响最大,教我唱歌、唱戏、拉胡琴、吹笛子、弹风琴,还教我识简谱,甚至工尺谱。记得五年级的时候,她带我们几个同学,到惠家湾下面新开的"敬业纺纱厂"去看电影,有无声的,也有有声的,里面的音乐太好听了。不懂事的我都傻了——人世间还有这样美妙的东西! 1942年,正是我十岁的时候,我参加了在宝鸡举行的小学校间的歌咏比赛。我得了第二名,得了不少奖品,有铜墨盒、砚台、墨碇、铅笔、练习本等。在那个苦难的年代,到处有饥寒交迫的难民,饭都吃不上,我却得到这些奖品,简直是"天上掉下个馅饼",一辈子也忘不了。1948年我参加革命,离家后,我弟弟继续用那个铜墨盒,到今天仍留在他手中。

我还在学校参加歌咏活动,老师教唱《义勇军进行曲》《救国军歌》等。《黄河大合唱》出来没多久,其中的一些歌曲,我们就会唱了,如《保卫黄河》《河边对口唱》等。那时候虽然说是艰苦的抗日战争时期,但还是比较乐观的,我们的老师们还是很进步的,这些歌曲都是他们教的。从小学到中学,不管是私塾的老师也好,还是小学、中学的老师,我到现在还记得他们的名字,其中,语文老师和音乐老师对我的影响最大。

到了1945年,日本鬼子宣布投降,我们全家高兴得一夜没睡,一直在听广播。虽然我们家没有一个人在抗日战争中牺牲,但我还是非常恨日本鬼子。因为我听到、看到的惨事太多了,父亲在中条山战役的时候差点儿死在黄河里,妹妹险些死在防空洞里。1945年抗战胜利之后,父亲就把我送到了禹州的钧台中学。这是一所私立的学校,条件比较好。学校里语文、音乐、英语老师对我都特别好。我原名不叫黄钧,我参加革命的时候自己改的名字。我的名字改成"黄钧",跟钧台中学有很大关系。当地传说这是夏禹王建的钧台,夏禹王治水时擒住了最后一条最凶残的蛟龙,把它锁在了钧台。因为我崇拜夏禹,所以改名叫"钧"。

还有一个原因：小学三年级的时候，有一位老师王为公，在一次"恳亲会"上，出了一个谜语"夏禹治水"，谜底被我猜中了——"王为公"，他高兴地把我抱着举了起来，我当时受宠若惊，到今天还记得。

之后因为搬家，也转过学，最后到了洛阳的河洛中学。在中学阶段，年龄也大了一些，又是住在中小城市，见识也就广了。当时，我也像现今的小青年一样，喜欢流行歌曲、流行音乐，课外，和同学常常在一起，唱唱、跳跳、打打、拉拉。在家里，我还偷偷地听延安广播，其中延安的歌曲我从未听过，很新鲜、很感兴趣。同时，看了不少电影，特别是美国电影。就这样，多方面的影响和积累，为我以后从事音乐工作，奠定了一些基础。

1948年，初中刚毕业，高中没上几天，解放军就把洛阳给解放了。我进入了"抗大"式的中原大学①学习。

采访人：您就是这个时候参加革命了？

黄钧：提起参加革命，我很惭愧。我不像老革命前辈那样，是觉悟高，主动投身到革命阵营的，我是在解放军开始大反攻，被革命的浪潮卷进行列中，只不过是没有掉队，一直坚持到今天而已。另一方面，就要说到我父亲了。我父亲原本在国民党军队里做事，被解放军俘获。由于我们党的优待俘虏政策，再加上他是搞无线电的，咱们军队需要这方面的技术人才，经过学习教育，1947年，他就参加了第二野战军。洛阳解放后，他把我带到了二野的司令部所在地宝丰。当时，有些首长动员我工作，我就是不干。因为年纪小，才16岁，什么觉悟也没有，只是一心想上学。后来成立了中原大学，于是我就入了中原大学，就这样参加了革命，那时是1948年。

当时在中原大学只成立了五个队，我在五队，后来又成立了六队至

---

① 简称中大。第一任校长陈毅，刘伯承、邓小平等为校董；第二任校长范文澜；第三任校长潘梓年。

十七队。开封解放后,我们学校就往开封迁移。开封的河南大学曾是我们中原大学的校址。后来又继续招收新生。

迁到开封后,我已经快要毕业。本来可以分配工作了,那时候崔嵬[①]带领着一批老文艺工作者到了中原大学,先是组建成立了文艺研究室,后来主办文艺训练班,招生时把我招进去了。可以说,我从参加文艺工作起就没有脱离过这一行,从一开始就是搞音乐。我是文训班第一班的,是最早的一批。当时文艺研究室的老师们排演了《兄妹开荒》《夫妻识字》《王大娘赶集》《周子山》等秧歌剧,拉二胡、吹笛子还是有人的,但是会打鼓板的人很少,但是我会打,会敲京剧的锣鼓。所以我是最早参加乐队伴奏的一员。之后就以我们一班为基础,成立了文工团,第一任团长就是崔嵬。

采访人: 在文工团的时候演出了吗?

黄钧: 1949年,我们文工团随军南下,进了刚刚解放的武汉。当时市面很乱,因为国民党多年的反动宣传,残余的军警、特务依然存在,继续破坏捣乱,物价又很不稳定,搞得人心惶惶,再加上一般市民对我们党缺乏了解,我们的主要任务,就是宣传党的政策,宣传《约法八章》,揭穿敌对分子的阴谋等。我们几乎每天都在街头、广场演出。在武汉军政委员会的领导下,局势逐渐稳定下来。后来中原大学分期、分批地南下到了武汉。

文工团也在逐渐扩充,文训三班、四班毕业后的部分学生也参加了进来,差不多有百十号人,影响是相当大的。那时候文工团基本上是在武汉周围演出,演出地也就是武汉三镇,往东到过黄石。

1949年10月前后,我们逐渐走上了正轨。当时我是边工作、边学

[①] 电影演员、导演。1932年加入左翼戏剧家联盟,1935年加入东方剧社、戏剧生活社等团体。1938年在鲁迅艺术学院戏剧系任教,1948年到中原大学工作,任文艺研究室主任、文工团长、文艺学院院长,后任中南区文化局局长、中南人民艺术剧院院长等职。曾主演电影《宋景诗》《红旗谱》《海魂》等,导演《青春之歌》《小兵张嘎》等。

1950年参加土改时与村干部等合影

习,为了工作需要,除了继续学习中国乐器外,还学了西洋乐器,如小提琴、黑管。后来我吹了六年黑管,因为那个时候会管乐的人少。

到了1950年,顺应形势发展,中南文艺学院成立了。10月文工团解体,分成了音乐工作队、戏剧工作队、美术工作队。后来中原大学在1953年被分成四个院校——中南文艺学院、中南财经学院、中南政法学院、华中师范大学。

我从文工团时期开始,就是一边工作一边学习,特别到了文艺学院时期,跟很多老师学,乐器就开始向夏之秋[1]学黑管,理论课向黎英海[2]等老师学习。工作、学习之外,我还担负教学。因为当时跟夏老师学黑管近一年之后,他看着我学得还可以,1950年就让我去教音乐系学生,因为那时师资太缺乏。

---

[1] 夏之秋,小号演奏家、教育家。
[2] 黎英海,音乐理论家、教育家。

我在音乐工作队时期,曾参加两次土地改革。

1950年,我们土改小组负责一个片村,大约有五六个自然村。这张照片的前排左一,是我;左三是王精理,当地老干部,参加过抗日战争,担任组长。后排左二,王大姐,她和组长是夫妻,对我们可亲了,生怕我们遭遇什么事。因为解放后不久,虽然经过镇压反革命运动,但蒋军残余和土匪尚未彻底肃清。所以,此时我们都配有武器,组长有一把手枪,组内有一杆步枪和手榴弹,我也配了一把日本军刀和手榴弹,以防万一。

1952年,我们参加过以谢老——谢觉哉为首的中央访问团,到南方老革命根据地去做访问演出。毛主席还题词:"发扬革命传统,争取更大光荣。"我随团到江西井冈山、瑞金、赣州、吉安这些地方访问。

1952年底,中南文艺学院部分人员与中南文工团合并,成立了中南人民艺术剧院。我先是在乐队,后转入歌剧团工作,受苏联的影响,搞剧院化、剧场艺术。那时,剧院排出了许多节目在剧场演出,有时,还赴外地巡回公演。我参加了许多节目的排练,比如,管弦乐队排练、演出了《春节序曲》(李焕之作曲)、《波斯市场》(凯特尔贝作曲)等;民族乐队排练、演出了《春江花月夜》《河南曲子联奏》等曲目;还排演了歌剧《小二黑结婚》等。转入歌剧团后,参加排演了河南梆子《花木兰》《断桥》,京剧《拾玉镯》,昆剧《春香闹学》等。此外还有歌舞、曲艺节目等。

在中南人民艺术剧院阶段,还两次赴朝鲜慰问演出。第一次是停战前的1953年3月去的,那时候天上美军飞机经常轰炸,在安东(今辽宁丹东)待命时,就遇到过几次空袭警报。当时我们去是带有些保密性质的,报纸上没有登过。梅兰芳等赴朝慰问都登过报,我们这次没有公开,因为我们的主要任务是到前线,特别是到前沿去,没办法进行大型歌舞表演,顶多是说说快板、唱唱歌、独奏或三五件乐器组合演奏而已。因为我们比较分散,又是在坑道里头,交通很不方便,大规模的队伍很难走,经常是夜间行军。即使如此,我们去和战

1954年赴长沙巡回公演

士们见一见面,就起很大作用,志愿军指战员对祖国人民派出的代表是非常热情的。我们就跟战士们一起住在坑道里,有的坑道小,有的坑道大,他们住这儿,我们就住那儿。我们的战士真是可爱,我当时给他们献花,都是强忍不住流着眼泪送上去的,很感动人,很受教育。我们当时是代表祖国、代表人民去看望他们,从他们的角度来看,我们是祖国来的亲人,看到我们后亲热得不得了,这种感情不亲临现场是很难体会到的。

结束前沿慰问之后,志愿军为了表达感谢、表彰,向我们赠送礼品,其中最珍贵的是功臣纪念册,我一直保留到今天。

当时,朝鲜战争已经经历了两年多,虽然早已开始停战谈判,但是,以美国为首的16国联军对谈判毫无诚意,一直在打。志愿军也不含糊,边打边谈,对抗美援朝取得最后胜利充满信心,非常乐观,我们受到了很大的鼓舞。

停战后,1954年我们又去了一次,那次是慰问中立国,景况就大不一样了。

 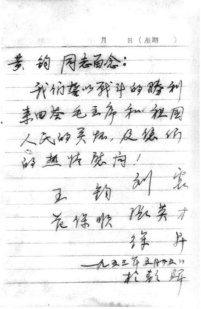

功臣纪念册封面　　　　　　　前沿师首长题词

1953年，朝鲜战争停战前，赴朝慰问，全体着志愿军军服。摄于朝鲜黄龙山附近。右边站立披着风衣手持乐谱者为黄钧，右手旁是刘凤（女舞蹈家、教育家），第二排左一龚桂珍（女声乐家、教育家），最高一排右一孔建华（笛子演奏家、教育家）

采访人：那您从朝鲜回来之后去了哪里？

黄钧：从朝鲜回来后，有一次，在外面开会，碰到了一些老同学，其中有当时的楚剧团团长周炬光，他是我在中原大学的老同学。他半认真、半试探地说："到我这儿来工作，帮帮忙，好吧？（大意）"。我说："可以呀！"因为他们那里有一些干部都是我们的老同志，只要能够搞创作，同时又能学到东西，在哪儿工作都一样。但是我跟他讲好了："如果有机会我要去学习，你可不能不放我走。"大家哈哈一笑，就这样定了下来，我被借调到武汉楚剧团。借调过来后，立即参加排演了一些戏，如《两兄弟》《海滨激战》《经理与骗子》等，都是配合运动、形势的戏。工作一段时间后，正式的组织关系也转了过去。除此之外，还参加了其他楚剧团，排演了一些剧目，如《梁山伯与祝英台》等。

采访人：您是从什么时候开始走向音乐创作的道路呢？

黄钧：我在中原大学文艺学院的时候已经开始编曲、作曲了，不过

1954年，朝鲜战争停战后，赴朝慰问中立国代表团，摄于开城。右边手持风衣蹲下者为黄钧，身后是谢芳（电影女演员）

是偶尔而已,主要工作是在乐队作演奏。

1950年我第一次试着写,是偷偷地、战战兢兢地——怕别人说我"好高骛远""自不量力"。为了配合镇压反革命运动,歌曲名就是《坚决镇压反革命》,是一首男声独唱。当我写完之后,壮着胆子征求张星原①的意见,他看过以后,非常高兴,给我许多鼓励。当时我也很激动,可以说他是启蒙我从事作曲的老师之一。之后,领导决定把这首歌曲列为音乐会公演的曲目之一。我的老同志朱全维②担任独唱,这也是他有生以来首次独唱的曲目之一,也是我有生以来,所作的第一首参加公演的独唱歌曲。

到楚剧团后,我成为专职作曲,参加了一些剧目的排演,前面已经提过。1956年,我参加了戏曲电影《葛麻》的拍摄。楚剧舞台剧《葛麻》(导演崔嵬)在第一届全国戏曲观摩会演中曾经得过奖。后来上海电影制片厂提出来要拍,就在上海开拍了。拍《葛麻》的时候我任作曲和指挥。电影和舞台表演不一样,舞台表演可以不要曲子,用锣鼓就行了。但电影就不行,那时候我为《葛麻》写了首片头曲和出场音乐,把它配上就丰富一点。电影中的唱段有些也要修改,其中还增加了一个老员外唱段,由易佑庄③作曲。

《葛麻》原来已经有舞台戏,如果搬上银幕,拍成电影,就要增加一些东西,多少都要改变,在原有的基础上再加以丰富一下。说实在的,原来的葛麻是丑行扮演,基本上没有唱。剧情也不复杂,故事情节很简单,也很逗趣,是喜剧,舞台上是这样的,但是拍电影就要丰富一些。所以葛麻的扮相改为正常的扮相,不扮成小丑了,不涂白鼻子之类的。

---

① 张星原,作曲家,原名张达观,毕业于延安鲁迅艺术学院,作品有《军队和老百姓》《这一仗打得好》等著名歌曲,为歌剧《留着他打老蒋吧》作曲。当时,任文艺学院音乐系主任。
② 朱全维,歌唱家、合唱指挥家。
③ 易佑庄,楚剧作曲家,毕业于中南文艺学院音乐系。

采访人：那您为电影配乐是怎么配的？是现场指挥吗？

黄钧：我们是先期录音的，这受当时条件的限制，录音、录像不能同步进行。先期录音是乐队与演员共同完成录制。我们要先去把音乐都录好，主要是唱段以及与表演动作有关的乐曲。然后拍摄时，演员依靠录音对口型和表演，最后合成。配乐倒是后期配的，从总的来说，拍摄很顺利。不顺的是女演员换了，拍摄花费的时间比较多一些。其他的都是老演员，没什么大问题。

当时上影厂请了些老音乐家审听音乐部分，对我们来说是很大的帮助。在拍这部电影的时候见到了王云阶、何士德等老前辈，并请黎锦辉做音乐指导。毕竟拍电影对我来说是外行，头一次拍，不知道的东西太多，他点拨点拨，我们就知道了。通过这次我学习了很多，学到了过去学不到的东西。

采访人：《葛麻》是您第一次为戏曲电影指挥？

黄钧：是的，第一次。而且从音乐这个角度来说比较顺利。楚剧团的乐队成员对唱段伴奏很熟练，只是来上海之前，新增加了一些乐器，乐队人员增多，需要配器，重新排练。另外，为了丰富乐队，请上影乐团派出部分西洋乐器（如弦乐、管乐）演奏员参加伴奏，所以在配器、排练方面，花费了一些时间。再者，因为都是老演员，我们搞出的一些东西他们都很信任，基本上没有返工。长了就截取一下，短了就再增加点，没有什么太多的矛盾。到了6月份拍摄就结束了，一共只用了几个月的时间。当时楚剧团的团风很好，大家都很敬业、认真，各司其职，都很努力，整个过程还是很顺利的。

采访人：当时这部电影是在电影院放映吗？

黄钧：在全国范围内的电影院放映了。当时戏曲电影片尚不多，《葛麻》有不少观众，可以说是家喻户晓，可能是由于当时喜剧性戏曲电影片不多吧，在湖北那儿就更不用说了。有些地方戏还把《葛麻》移植演出。

1956年6月,《葛麻》拍摄完成后,全体工作人员合影留念。坐在中间一排的,从右往左分别是:黄钧(任作曲、指挥)、黎锦辉(老音乐家,任音乐指导)、熊剑啸(饰演葛麻)、张天赐(导演)、周炬光(团长)、金兆元(制片)、陈梅村(饰演老员外)、查祥康(摄影师)、李雅樵(饰演张大洪)、易佑庄(任作曲)

采访人: 您是什么时候考入上海音乐学院的?

黄钧: 在上海拍电影期间,我看到上海音乐学院招生,就想抓住机会去试一试。通过组织推荐,我进入了上海音乐学院进修学习。那时校名为"中央音乐学院华东分院",校址还在漕河泾。

采访人: 当时您报考的是哪个系?

黄钧: 理论作曲系。我进了学校后什么都想学,对知识的饥渴感特别强。有这个机会,要感谢党中央、感谢毛主席和周总理提出向科学进军,吸收一些年轻的知识分子干部来学习,所以我们这批人才有机会。能入音乐学院学习,其实不是我黄钧水平有多么高,主要靠着党的政策上了音乐学院。

我在音乐学院主修理论作曲,教我们的老师都是著名的音乐家、理论家、教育家,有丁善德(教配器)、钱仁康(教曲式)、邓尔敬(教作曲)、桑桐(教作曲)、汪培元(教和声)、黎英海(教汉民族民间音乐调式及其和声)、陈铭志(教复调)、冯文元(教赋格)、胡投(教视唱练耳)、朱起东(教乐器法)等。我们进修班专门请了老院长贺绿汀,做了"音乐创作民族化"的专题讲座。从教师的安排、课程的配置来看,学校对我们是非常重视、非常关心的。我们那一届作曲系进修班学员比较多,对我来说,大部分是革命老前辈,也是贺绿汀老院长的老学生、老部下。其中有红军时代就参加革命的音乐家左江;抗日战争时期参加革命的西北音协主席关鹤岩、东北音专教务长丁鸣、广州军区文工团团长萧民、空政歌舞团团长牛畅、政委王林、工程兵文工团团长朱仲一;解放战争时期参加革命的上海管乐团团长宗弼、上海越剧院二团团长陈捷等,我在班中是资历最浅、贡献最小、最年轻者之一。第一任班长(亦称组长)是周东昇,第二任是我,直至毕业。老前辈们对我很好,很亲切,很有帮助,关系处得都很好。可以说,在学校时期,是我一生中心情最愉快、最舒畅的时期之一。

我学的副科是指挥,教乐队指挥的老师是杨嘉仁、黄贻钧,教合唱指挥、合唱学的是马革顺。我经常去旁听指挥课,教室里除了当届的几位学生、钢琴伴奏,就是老师了,多一个人在旁边很显眼。上乐队排练课就不同了,在礼堂,我就往里一坐,看看老师是怎样训练乐队、如何处理作品的。进了音乐学院之后,真是恨不得什么都学。共同课除钢琴、外语等外,还选修了谭冰若教的西欧音乐史、龙榆生教的诗词概论等。

采访人:您在学校期间有演出吗?

黄钧:自1958年起,学校提出了一个口号和举措,简称"六边活动",就是边劳动、边学习、边创作、边演出、边采风(采集民间音乐)、边思想改造。还有就是组织演出队,到外地去访问、采风。1958年,我是在浙江队的,队长是周小燕(声乐家、教育家),我们到浙江去采风。后来慰问部队,部队知道我们来了,而且是义务献演来的,欢迎得不得了!我们排演了小歌剧、合唱、独唱、乐队演奏等节目。

采访人: 在学校里有什么让您难忘的事吗?

黄钧: 在音乐学院的学习、工作那些年,这段记忆非常深刻。不能说有几件难忘,应该说每件事都是难忘的。你想想看,我能到学校来学习已经是很不容易了。所以从我的主观态度来讲,恨不得天天学,只要是需要学、有时间学,就都想学。毕业后分配到祖国各地都可以,我服从组织分配,也没想到可以留在学校。很多人都想留在上海,我没有这种想法,当时的情况让我到哪儿去都行,最后让我留下就留下来了。

要说最难忘的事情,就是1962年,老院长贺绿汀带领着当时作曲系的几位青年教师,到舟山群岛一带体验生活、访问采风。在此期间,还访问了嵊泗列岛,在当地政府的帮助下,在台风季节里,特派多艘船只带我们到海上体验生活,那惊涛骇浪、狂风暴雨的情景,让人终生难忘。

采访人: 留校以后是在学校从事教学工作吗?教什么?

黄钧: 在教学的同时,我还继续学习,只要有时间,有些课程就选听选学。甚至其他系,如声乐系王品素①等老师的课,我都听过。至于教学,一开始我是教"共同课",所谓"共同课"是对于别的系的学生来说,其实它就是理论课程,比如乐理、和声,我都教过。后来成立了一个综合教研组,那就专业了,教的是作曲系的本科生。但是这一班我没有教到底,因为教研室解散之故。

除工作、学习之外,我还零零星星写过一点东西。如歌曲《四季花开》,由鞠秀芳②首唱,还有《运河水》等。后来被选入当时声乐系教材。

---

① 王品素,声乐家、教育家。
② 鞠秀芳,声乐家、教育家。

坐在前排中间的是老院长贺绿汀,其余人左起:周东昇、黄钧、宗弼、刘福安、焦杰

据北京一位歌唱家李素文在一封信中说,当年她曾进中南海为毛主席等演唱过这首歌。

采访人: 您在音乐学院教学共有几年呢?

黄钧: 从1959年到1963年底,在校从事教学、理论研究工作。1964年我就被借到上海京剧院。到了京剧院就搞创作,搞京剧《海港早晨》,即《海港》的前身,是由淮剧《海港的早晨》移植过来的。当时请了郭炎生[①]、何曼[②]等任编剧,杨村彬[③]做导演。由吴歌[④]、马锦良(琴师)、顾永湘(月琴师)和我担任作曲。1964年京剧现代戏会演之前,就已经基本完成排练。所以会演期间,上海代表团把这部戏也带到了北京,作为参演剧目。但是,后来认为这出戏整体不太成熟,决定不参加会演。回到上海,经过短时间的修改、加工后,为了广泛征求意见,该剧在上海艺术剧场首次公演。

---

① 郭炎生,剧作家、教育家。
② 何曼,剧作家、剧评家。
③ 杨村彬,话剧家、剧作家。
④ 吴歌,戏曲音乐教育家。

歌曲《四季花开》曲谱

采访人：那《送肥记》呢？

黄钧：《送肥记》就是在《海港早晨》尚未开排之前，我参加进去的，金素雯是编剧、导演，由马锦良、顾永湘作曲。我去之前已经开始排演了，但是音乐要再加强一下。我去了之后把原有一些唱段做了一点修改，再增加点唱的，就是女主角一出场唱的"小日子过得越来越富裕"那个唱段，还有大妈唱的"东方发白天明亮"唱段。这部戏也比较顺利。上海的四个小戏——《送肥记》《审椅子》《柜台》《战海浪》在1964年全国的京剧现代戏会演中影响很大。

会演回来以后，决定要改编《平原游击队》，于是我们先到河北定县郝白土、保定冉庄一带采访，体验生活，后来没搞下去，还是继续加工《智取威虎山》《海港》。但其实我是《海港》剧组的，搞了大半年，对《海港》还是有感情的。当时上面下达的任务，要我去搞《智取威虎山》，但我觉得当时《智取威虎山》的演员还没有换，仍是李仲林演的杨子荣,后来才换演员(先换贺梦梨,再换童祥苓)。还有一个问题就是这部戏都是男性角色,只有一两个女的,还没有唱。就是说考虑一部戏角色的分配,生旦净末丑总归是要有搭有配,如果全部都是老生,这出戏就色调单一了。

采访人:那后来新排的《智取威虎山》有什么变化呢?请您谈一下《智取威虎山》的作曲,它的唱段、配乐、创作经过。

黄钧:当你们一提起《智取威虎山》,我的胸口就像压上了一块铅砣,觉得无比的沉重,好像是酸、咸、苦、辣搅到一块儿,真不知道是什么滋味儿。"不堪回首话当年",是一点儿也不假。回忆这些往事,已经过去了整整五十多个年头,可是,只要一想起来,就像是发生在昨天,依然历历在目。再加上手头仅残留的一些资料[①],每浏览一次,就会唤起更多的记忆,如果要将它们淹没掉,也实在不忍心。然而,书写一些回忆录,思考再三,迟迟未"出笼",这是有多方面的原因的。

"八年啦!别提它啦!",这是《智取威虎山》第三场中,常猎户的一句台词。如今,五十多年啦!日子够长了,对于往事又何必提它呢?作为一名当事人,我的心情是复杂的……

其一,对于"样板戏"的评价、看法,"文革"中,以及粉碎"四人帮"以后,议论颇多,且有天壤之别。持否定态度者,甚至将"样板戏"与"文革"相提并论,把"样板戏"的音响和形象,当作"文革"的"信号"或"符号",一听到或看到它们,就联想到令人厌恶的"文革"。造成人们这样的条件反射,恰恰又是"四人帮"实行文化专治主义的产物。

然而,冷静下来,作为当事人之一,本着辩证唯物主义、历史唯物主义的精神,将所经历之事交代一番,实事求是地审视、研讨一番,为他人提供点资料,也是应该的。

[①] 全部资料的百分之九十九以上,被于会泳差使造反派连续抄我的家三次,劫持殆尽,至今下落不明。

京剧《智取威虎山》在"文革"中可以说是家喻户晓的。首先,与《智取威虎山》有关者,除了"四人帮",还有大量的艺术工作者,他们投入《智》剧的创作、排演,付出了艰辛的劳动,是真正的呕心沥血。两者不可混为一谈。

其二,"文革"是"文革",《智取威虎山》是《智取威虎山》,两者的确存在着某些关联,这是"四人帮"造成的,也是当时的历史背景造成的。时至今日,我们有条件冷静地加以分析,把这种关联认识清楚。

再一个目的就是:"文革"之前,特别是"文革"开始至今,有关《智取威虎山》音乐创作的传闻颇多,其中有真有假、有实有虚,莫衷一是。特别是"文革"中有关我的"罪行"部分,被"批判"得十分"彻底"而又漏洞百出。所以,再一次系统、全面地将我"破坏革命样板戏"的"罪行",特别是到底如何"破坏"的,彻底地交代一下,以正视听。虽然这些早在1967年至1974年的受难日子里,曾经交代过多次,而且被批判过多次,当然,那只是在上海京剧院或"样板戏"剧组范围内,但是,在后来的日子里,以至今日,其"批判流毒"和"黄钧的流毒"影响,连我自己也未必搞得清,所以,再作一交代,供更多的人思考也罢、批判也罢,也并非多余。

出于上述心态我来回答你们的提问,由于多方面的因素、条件的限制,我的回答只能是挂一而漏万。不过,为今后研究"样板戏"这一文化现象(我称之为"样板戏现象")的专家学者,提供一点点参考资料,如果它有参考价值的话,就算是抛砖引玉吧。

1965年1月,我从外地探亲回沪,得到正式通知,指派我到上海京剧院一团报到。那时,上海京剧院一团正在部队体验生活,我曾随同陶雄①去过一次。此时,体验生活已近尾声。回到市区后,大约2月中

---

① 陶雄,剧作家,当时任上海京剧院副院长。

旬,丁国岑①通知我,要我到永嘉路某弄堂里的一座花园洋房②报到。上班的第一天,就见到了章力挥③、陶雄、丁国岑、刘梦德④、高义龙⑤等。当时的编剧组就由以上这些同志所组成。他们已在那里工作了近半个月,埋头创作着新剧本。同时见到了刘如曾⑥,他也是被借调到《智取威虎山》剧组,来搞音乐创作的。我们报到之初,新修改的《智取威虎山》剧本,正在紧张的编写之中,有些场次已经写出。领导交予刘如曾和我来编剧组的任务:一是参加新剧本的讨论;二是依据新剧本拟订一个音乐创作的方案、整体构思,首先是唱段(腔调、板式)安排的方案。

在永嘉路的时间并不长,大约一个月左右,但是,剧作者夜以继日地工作着,看得出来,他们的压力很大,他们被要求在一个月的时间内,写出一部新改的剧本来,可想而知是何等之紧张!所以那些天里,我们虽然是天天见面,但除了讨论新写出的剧本之外,平时大家很少交谈。他们干他们的,刘如曾和我就干我们的。当陆陆续续看到剧本框架之后(这一新剧本已与1958年和1964年老剧本不同,精炼成10场戏的雏形已具),经过刘如曾和我共同酝酿、商定,由刘起草,初步拟就了一份唱段安排和配乐的方案。这一方案在创作中起了一定的作用,后来,创作实践中的腔调、板式安排,发生了一些变更。在制定这套方案时,除腔调、板式安排外,我们拟定用《解放军进行曲》《三大纪律八项注意》的主题,分别代表剧中解放军小分队和主人公杨子荣、少剑波。由于思考时间有限,这一音乐总体构思具体方案尚欠精细,但是,就当时条件而论,总的设想还是基本得当的,可以说,为以后的音

---

① 丁国岑,剧作家,当时任上海京剧院副院长。
② 原书法协会旧址,后为上海电影译制片厂附近。
③ 章力挥,当时任上海市委宣传部文艺处处长,借调到《智取威虎山》剧组任工作组组长兼编剧组组长。
④ 刘梦德,剧作家,上海京剧院编剧。
⑤ 高义龙,戏曲理论家,当时任上海京剧院编剧。
⑥ 刘如曾,作曲家,当时任上海戏剧学院副教授。

乐创作奠定了一定的基础，而无根本性的改变。后来的创作实践也证明了这一点。

此方案中，第五场（后定名为"打虎上山"）在初改本中未加写唱词，所以未设置唱段。该段唱词"迎来春色换人间"，是在小剧场阶段投入排练当中增写的；除第七场（后定名为"发动群众"）安排了【二黄】腔调外，其他场次皆安排的是【西皮】腔调。此一唱腔安排方案拟定后，由刘如曾亲自复写了数份，分别交给工作组、编剧组各一份。与此同时，新剧本也一同送审。

1965年2月的一天，由孟波[①]主持，在上海文化广场舞台上面，二楼的一个小化妆间里，召开了一个小会。主要内容一是宣布正式成立《智取威虎山》剧组及其工作组，在座者为工作组成员；二是宣布工作组各部门负责人名单：工作组组长章力挥兼编剧组组长，舞美组组长幸熙，音乐组组长刘如曾、副组长黄钧，导演李仲林；三是再一次动员，宣称《智取威虎山》新的创排开始。会议时间不长。

1965年3月6日，在文化局召开了一次会议，出席者有：刘如曾、吴歌[②]、马锦良[③]、顾永湘[④]、吴石坚[⑤]、黄钧及于会泳。会议由局长孟波主持。内容主要是进行动员、务虚，并讨论有关《智取威虎山》《海港早晨》《南海长城》等剧的音乐问题。最后孟波再一次宣布：《智取威虎山》由刘如曾、黄钧负责，《海港早晨》由于会泳、马锦良、顾永湘负责，《南海长城》（当时由上海青年京昆剧团筹排）由吴歌、连波（未出席会议）负责。

此会前后，《智取威虎山》编剧组已陆续将新的剧本写出，我们也是陆续看到全剧各场的油印剧本，所以能完成唱段、配乐安排方案。

[①] 孟波，音乐家，当时任上海市委宣传部副部长兼市文化局局长。
[②] 吴歌，当时任上海戏曲学校编研室主任。
[③] 马锦良，上海京剧院二团琴师。
[④] 顾永湘，上海京剧院二团月琴师。
[⑤] 吴石坚，当时任上海京剧院副院长。

此会之后，新一轮创排正式启动。这一轮创排主要经历了几个阶段。

1. 小剧场阶段[①]：大约是1965年3月至5月初。按新创排的新剧本排出全剧。4月27日之后不久，进行过两次审看彩排。

2. 第一次回到上海京剧院阶段[②]：约1965年5月初，为期近10日，剧组回到上海京剧院，等待剧本修改。此时，剧本大改一稿，以后小改不断。

3. 第一次上海艺术剧场阶段[③]：约1965年5月至7月。剧本不断修改。此阶段编创人员基本同前。个别演员有所变化：杨子荣换由童祥苓扮演；李勇奇换由施正泉扮演。此阶段，也进行过一次审看彩排。

4. 第二次回到上海京剧院阶段：1965年7月至12月。在此期间，为主要唱段唱腔录音两次：第一次在1965年5月底；第二次在1965年8月底9月初。录音地点：北京东路上海人民广播电台，电台联系人杨竹林。

在此期间，工作组部分成员在康平路"康办"[④]，集中讨论剧本两期。第一期：约在1965年8月间，不是每天进行，而是间断陆续进行约10次。之后，赴北京送审第二次录制的录音带，回沪后于1965年10月，来上海京剧院向工作组转达了意见。第二期：约在1965年11月间，陆续进行约6次。

在此期间，剧本有较大修改，特别是在"康办"集体讨论后。此阶段编创人员、演员皆有变化。

5. 第二次上海艺术剧场阶段：约1966年1月，为期近10日。此阶段编创及演员、乐队人员皆未变化。

6. 上海儿童艺术剧场阶段[⑤]：约1966年1月至10月。

---

① 小剧场位于上海常熟路100号，上海歌剧院的演出、排练场地，后来被火烧毁。
② 上海京剧院阶段（上海京剧院原址：绍兴路9号，现为上海昆剧团团址）。
③ 上海艺术剧场阶段，位于茂名路，即"兰心"。
④ "康办"，中共上海市委办公地点。
⑤ 上海儿童艺术剧场阶段，位于延安西路。

新改本《智取威虎山》首次公演说明书封面

1966年4月全剧基本定稿，重大修改是删去原第三场"雪地侦察"，改为"深山问苦"，仍为第三场。全剧剧本（除唱词外），此后无重大或"伤筋动骨"的修改。

此阶段，进行了两次审看彩排，分别是1966年2月6日、4月4日，此后，章力挥于1966年4月24日在《智取威虎山》剧组全体成员大会上正式宣布，《智取威虎山》已成为"样板戏"。

此阶段，曾作多次内部演出、招待演出：曾分别为周总理、陈毅、林彪、贺龙等演出；为上海警备部队、部队文艺工作座谈会代表演出；招待外宾阿尔巴尼亚总理谢胡的演出等。

本来计划1966年3月公演，因突击排练新改写的第三场，即"深山问苦"一场，延至5月3日劳动节期间，才首次正式对外公演。演出地点：上海儿童艺术剧场。

公演期间和之后，曾多次邀请上海文艺界有关人员，在上海文艺会堂（延安西路）召开座谈会，广泛征求意见。

从小剧场排演阶段起，至1966年11月，在行政组织结构上，剧组工作组与上海京剧院一团团部（团长林鹏程、副团长齐英才）保持着"并存"的局面。所谓"并存"，即既不是工作组领导上京一团，更不是上京一团领导工作组,这一局面,一直延续到1966年10月为止。

从小剧场算起到1966年5月,唱腔创作和剧本创作几乎在同步进行,只是稍有滞后。因为唱词没有写或者没有改好,如何做唱腔创作呢?况且,原来的1958、1964年版《智取威虎山》,大的唱段很少,只有第九场少剑波有一"我虽然劝他们"唱段。新改本剧本增加了许多唱段,大的唱段差不多集中在第四、五、六、八场(第三场"深山问苦"未写出之前)。后来确定了每一场都有唱段。

当时,即小剧场阶段,作曲组只有四个人。组长刘如曾负责全面工作,创作上负责全剧的配器、配曲及部分唱段的写作和修改,以及排练乐队;我重点负责唱腔的写作和修改、乐队排练和有关的行政工作,如考勤、政治学习等;陈立中、高一鸣除参加伴奏外,也参加唱腔写作。

经作曲组集体讨论决定,唱腔写作既按场次,又结合按人物分工,两种方式交叉进行。按场次我主要负责第一、三、四、五、七、八、十场,按剧中人物我主要负责杨子荣和少剑波的唱段。这是1965年4月至9月的事。当时的剧本中,李母、座山雕这两个人物基本上未设唱段;第三场仍是"雪地侦察",尚未改为"深山问苦"。此前凡是剧本已基本稳定或定稿的场次或唱词,其中的情景音乐(开幕曲、幕间曲、表情配乐等)及唱腔也基本稳定或定稿。

到1966年3月,剧本在不断修改之中,某些唱段的唱词也未稳定。在此期间,剧本曾有过八次较大的修改,每修改一次,音乐必须作相应的修改,而且是反反复复,应接不暇。

但是从总的来看核心唱段有两个,一个是第五场"打虎上山"中的"迎来春色换人间",一个是第八场"劈荆棘战斗在敌人心脏"。这两个唱段的创作,可以说是一波三折。

以该唱段为例,当时(1965年3月至4月底,即小剧场排练阶段),根据作曲组内部的分工,决定由我起草这一段唱腔。我按照原定方案,全唱段使用的是【二黄】腔调。第一句用"导板",第二句用

"回龙",第三句至第六句用"原板",第七句至最后一句,写了一段【二黄快板】。此稿除了"导板""回龙"和【二黄快板】外,其第三句至第五句的唱腔,后来稍加修改后,被保留在定稿里。那时,杨子荣由贺梦梨①扮演。由于当时赶忙排戏,我将唱段写出后,仅请刘如曾看过一遍,即立刻投入排练。这一"纯【二黄】"的方案,大家的主要意见是:前半段"导板"缺乏气势;后半段"快板"力度不足,要求再改一稿。得到如此的效果,原因是多方面的,此处不必多讲。经刘、黄二人商定,立即又由我改写了一稿"纯【西皮】"的唱腔方案(这也是"纯【西皮】"的第一稿),实际上是重新写了一稿。针对提出的意见,当时只考虑解决唱腔力度与气势的问题,所以决定改变腔调,用【西皮】腔调写一稿。格式是:第一句用"导板",第二句至第六句用"原板",第七句到第十六句用"快板"。

主演贺梦梨工武生,扮相英武、挺拔,身段好看,武功底子扎实,但是嗓音音域较窄,音量也小,缺乏亮度。自排练工作一开始,他曾多次嘱咐我:"千万少用高腔,最好不用。"但是,这一"纯【西皮】"稿,还是用了少量的高腔,所以贺梦梨唱得很费力。此阶段,进行了一次彩排。彩排后,剧组内部各组对全剧展开讨论,提了许多建设性意见,这里不必赘述。同时,剧本(特别是唱词)又要修改。

剧本再作修改后,此段唱腔仍由我修改。可是,写此稿时(1965年5月初),我已知道将要更换演员了,但是,领导决定换上哪一位,我当时还不十分肯定。所以,写这一稿时,我基本上没有什么顾虑。唱腔用的音域较宽,难度也比较大,为了增强唱腔的力度和气势,技术上采取了一些措施,如增多跳进音程、唱腔旋律音域加宽等。这一【西皮】稿,已是"纯【西皮】"方案的第二稿。唱腔写出后,请刘如曾看过。他对前半段提了一些意见,对后半段基本肯定,要我再考虑、修改。我只是将

---

① 贺梦梨,武生演员。

谱子复写了几份，并没有组织乐队排练，可能刘如曾也不会组织排练。因为当时负责指挥乐队排练者只有我们二人。

就在刘如曾看过这一稿后的一两天里，我反复思考，最后，想出采用"【二黄】转【西皮】"，即前半段用【二黄】，后半段用【西皮】的办法。【二黄导板】借鉴传统戏《战太平》中，"头戴着紫金盔齐眉盖顶"一句的唱腔。想法形成并已有腹稿之后，我立即将这一想法提出来与刘如曾商量，他当时表示不同意，并说："前【二黄】，后【西皮】恐怕不行，再说，我们不是早已商量好了，将《战太平》的腔用在第八场（当时第八场剧本，特别是唱词尚在修改中，迟迟未定）的重点唱段吗？第五场用了，第八场怎么办？（大意）"他当时的想法确实有一定道理，因为早在小剧场排练初期，贺梦梨担任主演、童祥苓尚未加入剧组之时，刘、黄二人曾经议定，在第八场的重点唱段中，借鉴《战太平》的这句"导板"。由于第八场的剧本，特别是唱词，尚待修改，所以还没有用上。但是，我仍想说服他。我说："【二黄】转【西皮】的办法，可以试一试，至于这里用了《战太平》的腔，就顾不得那么多了，到了第八场剧本唱词定了的时候，再想别的办法。（大意）"我们谈话中，陈立中也参加进来，他未明确表态。这次商谈的结果是，我们之间谁也说服不了谁。最后，他表示要与陈立中合作，陈立中当场表示赞同，再写一稿"纯【西皮】"（第三稿）的唱腔，而我着手将"【二黄】转【西皮】"的乐谱写出。

在当时的情况下，我感到压力很大，因为在作曲组内部，在这一问题上我是少数。而高一鸣在这一唱段出现了"纯【西皮】"（第三稿）和"【二黄】转【西皮】"两个方案之际，正在为李仲林另外搞着一套唱腔方案，在我和刘如曾、陈立中讨论此事时，他也不在场。后来，也没有征求他的意见，所以，至1965年10月，江青明确表态，选用"【二黄】转【西皮】"的方案为止（张春桥于1966年10月，由北京回上海后，向工作组转达了江青的意见）。我始终不清楚他的态度，而他也未曾表过态。

我与刘、陈这次谈话的当晚写了稿，而且很快写成。因为用不着一句一句地写。"【二黄】转【西皮】"的一稿,是用我原先起草的"纯【二黄】"唱腔与两次起草的"纯【西皮】"唱腔,三者合并而成。即用"纯【二黄】"唱段的前半部分,加上"纯【西皮】"(基本上是第二稿)的后半部分,加以拼合、联结,将【二黄导板】、【回龙】、"迎来春色换人间"等句唱腔加以改写而成。写此稿时,在这几句唱腔上思考最多,特别是"迎来春色"一句,因为它是一个承前启后的关键唱句,改写中的详情不必再多说了。

第二天上午,我有意识地主动找童祥苓(他加入剧组之初)谈话,想取得他的支持,如果他支持我的方案,就有希望,就可将写出的唱段拿出来,唱给他听,听取他的意见,否则我也就坚持不下去了。因为在作曲组内部我是少数,刘如曾和陈立中另写的一个"纯【西皮】"方案的唱腔,同时写出,如果主演者也不支持我,与其他部门的主创人员就更无法谈起。这次谈话,是我被借调到上海京剧院工作后,第一次和童祥苓面对面地讲话。谈话之前,我思想上已作好了两种准备,或成,或败,在此一举。当我把"【二黄】转【西皮】"的设想讲出之后,他立即表示赞同、支持。我当时兴奋的情状,至今历历在目。当时,我立即将谱子拿出来唱了一遍,他未加思索地表示"我学,我学"。由于当时我们都很忙,工作很紧张,特别是童祥苓,刚刚加入剧组,立即投入排练,可以说忙得透不过气来。除了要背台词、练身段、记地位之外,还要学唱腔、练唱,可是,他那时又缺乏读谱能力,必须要人家教唱,特别是新搞出来的唱腔。好在他有一部盘式录音机,我记得是北京出产的鹦鹉牌录音机,帮了他不少忙。当时,我曾多次去他家录音,从此,他用"跟着录音学唱腔"的办法,解决了读谱的困难。

刘如曾、陈立中合作写出的另一"纯【西皮】"的唱腔(按次序,这是"纯【西皮】"方案的第三稿,因前两稿出自我手),同时交出。二人合作为同一重点唱段作曲,这是自新的《智取威虎山》剧组成立以来,开天辟地的第一次组合。可以说是他们首创了记录。从此时起,两个

"迎来春色换人间"唱段——即同一段唱词,两种唱腔方案并立、并存的局面开始,一直延续到1965年10月为止,达数月之久。这种并立、并存的局面,是《智取威虎山》音乐创作史上,空前绝后、唯一的一次。可能在"样板戏"的音乐创作史上,也是绝无仅有的事例。两个方案并存期间,江青(已回北京)要听重点唱段修改后的录音,而且催得很急,只得暂停排戏,集中时间和精力进行练乐、录音。但是两种方案到底录哪一种,剧组组长章力挥很为难。既然双方一再坚持,我提出建议:两个方案全都录音、送出,由江青决定取舍。只是乐队和童祥苓很辛苦,同一段唱词,两个不同唱腔的唱段都要演奏、都要唱。章力挥权衡利弊之后,不得不下决心,将这两个方案的唱腔全都排练、录音、送审。这样的做法,即同样的唱词,用截然不同的唱腔谱写,又同时排练、录音送审,这在《智取威虎山》创排的历史上又是绝无仅有的。恐怕在别的所谓"样板戏"的创排中,可能也是少有的。

自1965年10月,肯定了用"【二黄】转【西皮】"的唱腔方案,至1966年11月,剧组油印出全剧总谱时为止,没有任何大的改动。因为在当时的政治形势下,经江青所谓"审定"的东西,谁也不敢大动。只有因为个别唱词稍有调整,唱腔乐谱才稍加改动并无伤大局。然而其乐谱也是经我之手而改动,其中马舞的配乐也是在1966年初由我加进去的,加入之前征求了其他人的意见。

1965年《智取威虎山》新改本第一稿投入排练时,即小剧场阶段,练乐指挥以刘如曾为主,偶尔由我担任。因为那时我的精力主要集中在唱腔创作和修改统稿上。在上海艺术剧场(今兰馨剧场)排练阶段,由刘、黄共同负责。1966年元旦过后,在上海儿童艺术剧场排练阶段,练乐指挥基本以我为主,刘如曾偶尔担任,此阶段,他的精力主要集中在配器的写作。1966年4月,内部演出的最初几场,我不得不做现场指挥,那是由于全剧刚刚排出,乐队人员增多,乐手、演员皆未熟练,凡与音乐相关的环节以及整体音乐节奏的把握之处,必须加以提示。当时为了练乐，特别是现场指挥，我整理了一份完整的总谱，这可以说是那时唯一的一份总谱。连续演出几场之后，我就不再做演出现场指挥。

1966年6、7月间，剧组也曾一度停止业务活动，进行"文革"运动。约1966年8月，剧组恢复排戏。那时，我已风闻将调《智取威虎山》剧组赴京演出，所以，我将仅有的一份总谱再一次修改、整理后，交给谢家国，请他校对，然后由我复校，以备油印，可为赴京演出使用。这就是后来封面上标示"智取威虎山　上海革命京剧文工团　演出　1966年11月"的油印总谱（由谢家国、龚志嘉、吴润霖、何鉴秋等刻写蜡版）。

1966年油印总谱封面

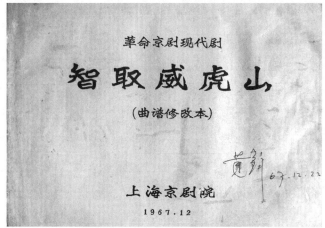

1967年油印总谱封面

"文革"中，1967年夏开始，于会泳在江青、张春桥的扶植下，把持了上海京剧院和《智取威虎山》《海港早晨》两剧组的领导权。此时，我已被逐出剧组，处于"靠边"状态。约在1967年12月，于会泳专门为"迎来春色换人间"这段唱词，在原唱腔基础上，仍然使用"【二黄】转【西皮】"的方案，改写了一稿（据说是他的第三次改写）。其中基本上还是原唱腔，只是"导板"和"原板"部分有些改动，并改用合唱。于会泳的改稿彩排后，被江青否定。江青所讲的话，当时我在"靠边"，是没有资格听到的，是剧组中同情我的同志，先后分别传给我听的。此后，这一唱段原来的唱腔完全被恢复。于会泳被否定的"修改稿"，当时油印成册。谢家国为我搞到一份，保留至今，可以为证，并可供有关人员鉴别、分析。

采访人：您是怎么去上海艺术研究所的呢？

黄钧：1975年初，碰到了一个非常同情我的老同学陈捷老大姐，她说："我们越剧院，任务多，很忙，反正你现在没有工作，你是不是帮我们写点东西？配配器？"我说："越剧的唱腔我喜欢，配器可以，但是别出面。"所以她把唱腔谱亲自送到我家，我配好器，她再把谱子拿去排练。我不出面，主要是怕自己给别人惹麻烦。后来时间长了，次数多了，我就去听听排练。在越剧院期间，参加了几部戏排演之后，"四人帮"被粉碎，那已经是1976年10月。

在全国人民欢欣鼓舞的大好形势下，我们也不例外。有一次，章力挥和我，以及其他一些同志，一边欢庆，一边议论，认为应该放开手脚，大干一场，继续从事文艺创作。所以我们借调到上海歌剧院，组成一个创作组，先到延安体验生活，搜集资料。火车票都买好了，在临出发的前两天，我突然接到了李太成（粉碎"四人帮"后，他是上海市文化局第一任局长，兼党委书记）的一封信，要我留下来，参加1977年1月上海市文艺界将要召开的首次控诉、批判"四人帮"罪行大会，要我在大会上发言。大会召开后，《解放日报》《人民日报》等皆有报道。

自此次大会起，我又受邀参加了广电、纺织、铁路等系统的批判

"四人帮"大会并作发言,之后立即赶赴延安体验生活、采访,准备投入新的创作。

1978年,上海文化局组织会演,我被借调到会演办公室,同时,参加成立上海艺术研究所的筹备工作。1979年,上海艺术研究所正式成立。我一直工作到1997年离休。

采访人: 那您在上海艺术研究所主要做什么工作?

黄钧: 主要是做理论研究工作,创作也搞一些。要拍一

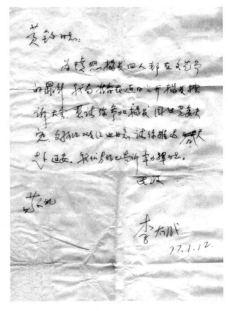

李太成的信

些戏曲电视片时,创作一些里面的配乐。再有一个就是外头单位来约我写的,《霜重枫叶红》《李离庙》《雪夜访贤》等就是这样创作的。

此外我还参加了上海人民广播电台和上海艺术研究所联合举办的"京剧知识讲座"(亦称京剧艺术讲座)的撰稿、审稿。这个讲座的影响是全国性的,有些人把录音带去了台湾,台湾朋友到这儿来访问,都提起这件事。这个讲座上海就重复播出了两次,据我知道除了新疆、西藏,其他省、市基本上都转播了,转播率相当高。那些年经常赴外地参加会议,大家碰到面有人就说:"啊呀!你们那个讲座在我们那儿播了!"有的人知道我的名字是从广播知道的,并不是从《智取威虎山》知道的,因为《智取威虎山》没有署名,"讲座"撰稿人是署名的。

我在上海艺术研究所初期,任业务办公室主任,后来成立了学术委员会,经过大家的选举,担任主任,后来又做了副所长。其实按照我的年龄,1992年我就该离休了。但是我负责一些专题,1992年退不下来。再说我

们那时候人也少,工作又比较多,面还比较广,所以一直到我正式办手续离休,那是1997年了。严格来讲,我是2001年才退下来。因为2001年我还要去搞最后的校对,校对量有250多万字,可以说是"超期服役"吧。

在艺术研究所期间,我与多人合作,编了一本《京剧文化词典》。

编辑《中国戏曲音乐集成·上海卷》,这是国家给的任务,占去了我大部分时间。因为从学术方面来讲,这里面的学术工作是从始至终都要关注的。那么从组织工作来讲,从始至终都要组织。为什么呢?因为这个队伍相当庞大,不仅仅是我们艺术研究所,还有来自全市各个戏曲团体,包括业余爱好者,或者其他单位和学校的人员。所以说,学术问题贯穿始终,组织问题也贯穿始终。这是一个大的工程。我们定稿还比较早,返工率也低,但是正式出版一直要到2001年。因为排版比较麻烦,乐谱数量很多,而且这些乐谱是总编辑部专门找了一批人,组织了排谱子的队伍、机构。不光是戏曲,还有民歌都要他们排的。特别是戏曲、民乐当中,乐谱有很多,必须要规范。所以从1986年开始,市面上刚有计算机卖,我们就用经费去买计算机。为什么呢?我要把我们这儿的工作人员辛辛苦苦搜集来的资料,辛辛苦苦写出来的文字,一字不落地把它打出、留下来。那时候汉字输入不像现在这么方便,很麻烦,还没有真正很规范的汉字输入法。正因为这样,别的省市我不知道,我们上海的编辑部提供给总编辑部的是文字稿、电子稿各一部,当时是拷在软盘里,那时候还没有U盘呢!再有就是碰到些学术问题,大家很团结,很耐心。可以说这个队伍来自四面八方,可是这个团结的劲头,抱成一团干成一件事的志向,是很难得的。

我在任的时候,说实在的,在基础研究工作方面下的功夫比较多一点,在应用研究方面也做了一些,从量上,相对来说少一点。因为新中国建立以来我们上海文化艺术界中没有集中、专业的艺术研究机构,上海艺术研究所也是看了中国艺术研究院,我们才想起办的,上海办起来以后,各个省接着都办起来了。

我们所从办所初期一直到后来,一直很重视一点——基础研究。因为造房子要有地基,基础工作不牢,研究是上不去的,到一定程度不能突破的,所以一定要有雄厚的基础。我们研究所一开始就编了《戏曲曲艺辞典》等,这些都是基础的东西。搞了《戏曲志》《音乐集成》,都是大工程,也是国家所给予的。国家为什么要抓这些呢?也是说明很重视理论研究,特别是基础研究。

采访人: 您离休之后又做了哪些工作呢?

黄钧: 大约是1985年,我开始学计算机基本理论和操作,那时候我们所里没有计算机,人家公司里有,我就找机会去上机学习。那时候的计算机是苹果的Z80系列,IBM系列还未在我国占有市场。我对无线电、电视机技术等都爱好,所以对计算机也喜欢是很自然的。我是搞音乐的,就想把音乐和计算机联系起来,利用计算机这一科技工具,为发

"计算机音乐信息系统鉴定会"活动合影
前排左起:宗弼、桑桐、周巍峙、王建中、徐树中、黄钧。后排立者是该届研究生

上海计算机音乐协会成立暨新闻发布会现场

展音乐事业做些探索。正巧我的同班老同学宗弼①,他在音乐学院和交大合作,成立了一个计算机音乐研究室,他在其中教学,培养出一批计算机音乐方面的研究生。刚成立那时候他碰上我了,我就跟他说起计算机音乐的事。他说:"啊呀!没想到你也在想这个事情啊,那太好了!以后我们有什么活动你来参加。"自此以后,计算机音乐研究室举办的活动,我都应邀参加,如计算机音乐信息系统鉴定会等。

后来,上海音乐家协会、上海音乐学院、上海交通大学和上海艺术研究所联合主办,于1996年10月5日组织成立了上海计算机音乐协会。大家把我选为会长,一直到2017年,我才退了下来。

(采访:舒　凤　整理:陈姿彤)

---

① 宗弼,原上海管乐团团长。

昆曲,是值得用你一辈子心血去灌溉的剧种

——梁谷音口述

梁谷音,1942年出生,昆剧表演艺术家,国家一级演员。1961年毕业于上海市戏曲学校第一届昆剧演员班。师承张传芳、朱传茗、沈传芷等名家。主演花旦,但正旦、闺门旦俱能胜任,被誉为昆剧界的"通才演员"。

代表剧目有《借茶》《活捉》《烂柯山》《思凡下山》《琵琶行》《蝴蝶梦》《潘金莲》《西厢记》《牡丹亭》《描容别坟》《剪发卖发》《阳告》《渔家乐》等。1983年演出《烂柯山》获上海戏剧节表演奖,1985年演出《佳期》获第三届中国戏剧梅花奖。1989年因《潘金莲》获首届上海白玉兰戏剧表演艺术主角奖、上海文化艺术节优秀成果奖,拍成电视后,获全国戏曲电视片二等奖。1993年因《牡丹亭》获第五届上海白玉兰戏剧表演艺术主角奖。1993年获日中友好协会"山本安英文化基金会"大奖。1994年《梁谷音专辑》获电视展播表演奖。2001年因《琵琶行》获中国戏剧节优秀表演奖。2007年因主演《邯郸梦》获第十二届文华表演奖。

曾任第七、八、九、十届上海市政协委员，现为上海京昆团咨询委员会委员、文化部振兴昆剧指导委员会委员、中国戏剧家协会会员、上海戏剧家协会会员。国家级非物质文化遗产项目昆曲代表性传承人、上海市非物质文化遗产项目昆曲代表性传承人。

采访人：梁老师很高兴今天能和您聊一下您的昆曲人生，首先请您自我介绍一下。

梁谷音：我姓梁，名谷音，没有别号。我是1942年4月7日出生的，因为我出生在抗日战争逃难途中的金华山上，所以取名叫谷音，空谷之音嘛。人家都以为这个名字是我后来的艺名，其实我从小就是这个名字。我的籍贯是浙江新昌县，浙东的一个小县城。我是1953年考入华东戏曲研究院昆曲演员训练班的，一直到现在都生活在上海。

采访人：当时是为什么会来考上海戏校的？

梁谷音：当时我根本不知道什么是昆曲，因为我们那边只有绍兴大班，连越剧也没有。当时我小学毕业了，要升中学，家里负担不起，把我寄养在尼姑庵里。那些老尼姑也七老八十了，没办法让我在新昌生存下去。当时我妈妈在上海打工，正好这个时候在上海的一个远房亲戚告诉我妈妈，有一个戏曲学校在招生，招的学生年龄跟你的女儿是相同的，可以让她来试试看，考不取再回去考中学。当时我是不愿意考戏曲学校的，因为我的文化成绩非常好，小学六年没有考过第二名，全是第一名。但是为了要有口饭吃，就这样独自一人，从新昌到上海考试去了。当时我身上缝了一张布条，上面写道"我叫梁谷音，先坐汽车到杭州，然后转乘火车到上海，上海站有人接"。就这样，同车的一位好心叔叔把我带到了上海，送到了在上海站迎接我的妈妈面前，之后我就去考戏校了。

采访人：您之前接触过戏曲方面的东西吗？

梁谷音：没有，可是在学校里我唱歌唱得很好，我们的班主任喜欢演话剧，排演《小二黑结婚》，他演小二黑，我就演那个童养媳。

采访人：您考试的时候表现怎么样？

梁谷音：我那时候很土气的，

1954年梁谷音进戏校

不出挑，我和岳美缇是备取生。备取试用一年，不行就淘汰。备取生一共就我们两个人，所以人家说也滑稽，后来这两个都成了尖子了。因为我那时候营养不良，很矮，老师就觉得这孩子长不高。可是他们说这个孩子的一双眼睛长得好，会说话，所以试试看。半年试下来我就转正了，演出了《定情赐盒》。

采访人：还记得学习第一出戏《定情赐盒》时的情况吗？

梁谷音：那个时候我们不分生旦净末丑，所有的女生都学杨贵妃，所有的男生都学唐明皇。

采访人：您出挑的原因是在于什么呢？

1955年梁谷音和郑亚庆演《定情赐盒》

梁谷音：因为我会演戏。一开始老师根本不大培养我的，一直是着重培养其他的同学，我一直坐冷板凳。可是有一次老师叫我来一段《定情赐盒》，其实我演的并不是杨贵妃，可能是我有表演的欲望吧，就放开了嗓子唱，像小妖怪这样扭。老师看了哈哈大笑，看出了我的艺术天分。那时候招待外宾越小越沾光，我最矮，又古灵精怪，外国人看了最好玩。所以后来一直是我来接待外宾，在此之后我就被作为重点培养对象了。

采访人：在戏校您对哪几位老师印象比较深刻呢？

梁谷音：首先是沈传芷老师，也是一个很偶然的机会。因为我是外地的学生，一年四季也不回家。本地的学生都是礼拜六接回家，礼拜天晚上送回来。那我没地方去，怎么办呢？我们学校是在华山路1554号，木门下面有一条缝，谁的脚步停下来我都能听见。我就在门口守着，谁脚步停下来就赶快去开门，就这么来消磨时光，那个时候还不知道用功。沈传芷老师是苏州人，也是外地的，礼拜天也不回家。他一回到学校我就赶紧去开门，他说你这个孩子没事做，天天坐在这里开门，来来来唱一段。他就叫我唱一段《藏舟》，我唱着唱着就哭了。因为我爸爸没有了，戏里也是爸爸去世了，她去祭奠。沈传芷老师问我爸爸几岁，我说爸爸比我大36岁。沈传芷老师说你爸爸跟我同庚，你跟我死去的大女儿是同年。就这样冥冥之中有一种缘分在里面，从那时候起，他说礼拜天你也不要去门口看脚了，我来给你吊嗓子上课。所以就这样从1956年开始，我就每个礼拜天在他那里上私课了。我那些正旦戏都是上私课学的，《琵琶记》《烂柯山》《阳告》《乔醋》，包括闺门旦《玉簪记》都是在他那里上私课学的。

沈传芷老师是以他的表演最突出，注重表演人物。他因为个头不高，所以就不像朱传茗老师那样挂头牌。他原来是唱旦角的，因为胖改演穷生，成了蔡正仁和岳美缇的老师。可他教我的是他原来正旦的行当，所以在表演上应该讲是沈传芷老师给了我最大的教益。我又有幸

1990年,沈传芷与梁谷音合影

在朱传茗老师那里学了两年半,因为他那里的《游园》《断桥》要配一个花旦,就把我调去配戏了,但是主角的戏也学。朱传茗老师是位非常好的开蒙老师,他的唱、念是"传字辈"老师中的第一。我的基本功又是张传芳老师给扎下的,"传字辈"老师中张老师的基本功最好,所以我在我们大班里头基本功也算是比较好的,包括身上、台步。我就觉得我很幸运,朱传茗老师给我开蒙打基础,张传芳老师给了我基本功,沈传芷老师给了我人物的灵魂。而且那时候老师对我们真的是全心全意,无条件地培养。

采访人:是全身心的付出。

梁谷音:他为了让你们学习,天天给我们买零食,上课前先吃东西,不然我们就不上,这是朱传茗老师给弄出来的。因为我们校长管得很紧,不准老师带零食到课堂,朱传茗老师夏天不下雨也穿一件雨衣,雨衣里头有大帽子,帽子里头全是吃的东西,给我们吃完了才上课。所以很多记者说你们学习怎么苦,我觉得一点都不苦,闹着玩一样的,我们大班是很幸运的。

采访人:您在学戏的过程中有什么难忘的趣事吗?

梁谷音:我在朱传茗老师那里学了两年半,学的第一出戏是《游园》,第二出戏是《断桥》,第三出戏就是《相梁·刺梁》。朱传茗老师认为我演《相梁·刺梁》最合适,就重点让我来了。可是我有个毛病,眼睛眯起来撑不开,演到刺杀的时候你的眼睛是一定要撑开的,要有杀气的,可我老是撑不开,老皱眉。老师说你是不是有近视眼,我说没有,我眼睛很好的。他就说好,然后拿根火柴撑着我的眼皮一节课不放下来,还说你再不睁开就天天让你撑。我为了怕撑火柴就自然把眼睛睁开了,就这样我的眼神在朱老师那里练出来了。

采访人:这个是很严格的。

梁谷音:他教戏很严格,所以他的学生成名率很高。

采访人:朱老师是您的开蒙老师?

梁谷音:对,因为我是分在张传芳老师组里的,当时分行当的时候,25个女生,12个矮的分在花旦,13个高的分在闺门旦,那时候还没有正旦、武旦,到三四年之后才有正旦、武旦、老旦。我是矮的就分在花旦,正好开蒙戏是《游园》,朱老师要挑一个矮一点的人去演春香,这下就挑中了我,我就在他那里学了两年半,之后再回到张传芳老师组里。所以为什么他们说我的戏路宽,是不是我很聪明?其实我没那么灵的,都是时势造成的,正好开蒙是闺门旦,接着是花旦,课外沈传芷老师教

1958年,朱传茗(左)为梁谷音授艺

正旦,学了三个行当。

采访人: 您的成名作您觉得是哪个?

梁谷音: 成名作应该是《相梁·刺梁》,可是《相梁·刺梁》没有《双下山》讨好。因为1957年我们第一炮是在长江剧院演四台戏,当时我的《相梁·刺梁》已经是比较出挑了,因为那个时候我嗓子好,马上得到了观众的承认,但是它没有《双下山》那么红。1958年到北京献礼表演《双下山》,一下子大红大紫了。

采访人: 这出戏是谁传给您的?

梁谷音: 这出戏是张传芳老师教的路子,因为这出戏是小花脸,华传浩教的刘异龙,就帮我一起加工了。我演里面的小尼姑,是配角,三分之二的时间是刘异龙的。他在我出来以前有20分钟的单篇,我在他出来以前有30分钟的《思凡》。如果只是演《双下山》,就是小花脸的主戏,《思凡》中的下山是旦角比小花脸的戏更重。刘异龙是很用功的一个人,我当时穷得连闹钟也没有,他有一个闹钟,所以他一到练功房就把那个闹钟弄响,我在宿舍里听到就下来跟他对戏。我们俩天天练,所以到最后我们演出就不用排了,一直到现在我们俩演戏都是这样子。我们经常合作,根本不用对戏,他的表演风格我已经完全理解了,我的表演方法他也理解,很有默契。你来我去,我去你来,太熟悉了。

采访人: 那言慧珠校长对于您在戏曲上有什么影响?

梁谷音: 言慧珠校长对我很好,一直觉得我是个弱者需要爱护。生活上对我处处照顾,她的新皮鞋穿几次后都是送给我的,还给我买纱巾,请我到乔家栅去吃点心,对我特别好。演戏的时候也很看重我,让我帮她配戏。像《墙头马上》,京剧的戏也是叫我配,她就是看中我在舞台上有一种灵气。我的《思凡》是她第一个承认,因为我是第一个在昆曲界这么演《思凡》的。记得当时我演了《思凡》以后很多老专家就会说,这哪是昆曲的《思凡》,哪能这么夸张,这么暴露? 但是言慧珠校长是第一个承认的,她还专门写了一篇文章发表在《解放日报》上。

采访人: 您是什么时候确定自己这个行当的?

梁谷音: 行当是老师定的,一进去我就学六旦(花旦),我也喜欢演闺门旦,闺门旦漂亮,又是昆曲的主项,演六旦是挑不了大梁的。但其实到现在,我真正演六旦的角色没有几个,因为昆曲六旦的戏特色太少了,而且像《春香闹学》这些我也不合适,所以我不演这些戏。从小我就是演《佳期》,演《戏叔别兄》《挑帘裁衣》,像《胖姑》这些戏我来不了。

采访人: 您是什么时候从戏校毕业的?

梁谷音: 我是1961年毕业,之后就到了青年京昆剧团。1961年剧团打出了"十大金牌",六个昆曲四个京剧,剧团出去演出的时候好打招牌。京剧班"四块金牌"是杨春霞、李炳淑、孙花满、齐淑芳;昆曲班"六块金牌"就是蔡正仁、岳美缇、刘异龙、我、王芝泉、华文漪。

采访人: 您在1961年到1966年之间比较重要的戏是什么?

梁谷音: 比较重要的戏就是经常演出的《白蛇传》,主要是《思凡》《下山》《烂柯山》《相梁·刺梁》那些戏,《潘金莲》的《戏叔别兄》《挑帘裁衣》后来禁演了。

采访人: 之前还演过《活捉》这样的戏是吗?

梁谷音: 没有,《活捉》是1985年才开放的,之前是禁演的,连《佳期》都不能演。但那时候我演的戏很多,全本《玉簪记》我也演,还有全本《渔家乐》。跟岳美缇的《乔醋》《绣襦记》,基本上闺门旦的戏我都演。

采访人: 像这段时间还是比较稳定的?

梁谷音: 比较稳定,实践机会也很多。

采访人: "文革"期间,您的生活遭遇到什么样的情况?

梁谷音: "文革"期间剧团解散了,京剧的大多数人到样板团去了。

我去了化工厂,转业了。

采访人:那到了化工厂您做的是什么?

梁谷音:到了化工厂我怀孕了,生完孩子以后就到浙江京剧团去工作了。

采访人:去唱京剧?

梁谷音:对,还是想要演出。我喜欢演戏,到现在也喜欢演戏。演戏有一种瘾,一到舞台上的这种感觉是没有词可以形容的。即使是京剧也要去,即使在浙江也好,所以我1973年10月的时候到了浙江。

"文革"中下乡

采访人:在京剧团里面您演了哪些角色?

梁谷音:讲真话,京昆隔行如隔山,完全是两个不同的体系。我的唱过不了关,就只能以表演为主了。《杜鹃山》的ABC角中我是C角,《红色娘子军》中是B角。

采访人:确实也是一种无奈吧。在"文革"的时候很多昆剧的演员、昆大班的老师都改唱京剧了。

梁谷音:那时候没有昆曲了,但是一般人要离开上海,到杭州去也是不愿意的。我当时两个月回家一次吧。我爱人他不愿意去杭州,所以1978年昆剧团恢复了,我又回来了。

采访人:当时是谁告诉您这个消息的?

梁谷音:当时昆剧恢复了,浙江昆剧也恢复了,周传瑛老师已经把我从浙江京剧团调到浙江昆剧团了,那就是挂头牌了。当时排了《杨开慧》,我演杨开慧,而且演得还可以的。那时候正好是叶剑英到上海问起,说你们有个梁谷音让她演演《思凡》吧。那时候是上海昆剧团刚要成立,蔡正仁正好在上海,我那两天在上海探亲,就去演了。叶剑英说你愿不愿意回来,我说当然愿意,就这样1978年我就回到上海了。

采访人:刚回来的时候您演的《白蛇传》是吗?

梁谷音:《白蛇传》中饰演小青,演后面的《断桥》《合钵》。

采访人:当时的观众反响如何?

梁谷音:说梁谷音不行了,一身的土气。

采访人:你当时心里是什么样的感受?

梁谷音:说心里话,我当时心里很知足,觉得能让我回来就很好了。但是我总觉得艺术的基础是磨灭不了的,没过几个月我就全部恢复了。

采访人:通过再次不断地练功吗?

梁谷音:对,因为后来还是重排《烂柯山》,那个时候顾兆琳已经到戏校做老师,我的搭档换成了计镇华。沈传芷老师再重新教他,排完之后正好有个日本代表团在上海参观,我们就去演出了。他们看了就震撼了,跟剧协讲,怎么有这么好的戏,这么好的演员。从这以后剧协重视了,文化局也重视了,就逐渐又恢复到原来那个水准了。

采访人:然后到1985年的时候,其实您在上昆是第一个得梅花奖的?

梁谷音:是的。

采访人:之后才是昆大班很多老师得了梅花奖。当时您得梅花奖的时候,那个契机是怎样的?

2016年,梁谷音演《烂柯山·泼水》

梁谷音：是无意的。当时上海成立了一个麒派学习班，旦角是赵晓岚教的，我和计镇华是培养重点。之后正好到北京去参加纪念周信芳诞辰的演出。《乌龙院》的《闹院》是我跟计镇华演的，后面的《杀惜》是童芷苓跟周少麟演的。演完了以后他们也觉得前头这一段很青春、很纯、很舒服。此后北昆正好有一个演出，有一个同行就说梁谷音，你跟计镇华每人来一出吧，就算南北交流。那么计镇华就演了一出《寄子》，我就演了一出《佳期》，觉得越简单的戏越好，根本也没想到能得梅花奖。等到第二年梅花奖名单出来了，就是这25分钟的《佳期》。

采访人：您还在王传淞老师那边学《活捉》？

梁谷音：对，是学《活捉》这出戏，这个我印象蛮深的。因为也是全国培训，姚传芗教《题曲》，那届是张继青、张志红、王凤梅、北昆洪雪飞都去学了。《活捉》也是全国的小花脸和旦角去学的。这两出戏一共分为两组。10天的培训，姚传芗老师那组热火朝天，一下子两个礼拜就把戏学得很完美了。但是我们都到第七天了，王传淞老师一个也没有教，他很有趣，老跟我们聊天，说哪家的馄饨最好吃。可是我们很着急，说："老师，后天就要结束了，你怎么还不教？"于是他说你们坐下，我来一遍给你们看看，他从头到尾五十分钟来了一遍《活捉》，从那天直到现在我都忘不了他那双眼睛，他的眼神真的是勾魂的，把我看得真是崇拜至极。1985年我们已经四十几岁了，很成熟了，知道他这个戏的重点在哪里，哪一个是不可缺少的，不可能拿掉的，哪一点是全剧的高潮。第三天我们就离开杭州回来了，我跟刘异龙就捏这个戏，根据对他的回忆，他的精彩之处我们一个都不拿掉，但有时候我们想不起来他怎么来的，印象不是很深的地方，我们就自己捏。我们叫"捏"，就像捏面人一样把戏捏出来，这出戏也是得到大家的赞赏和认可的一出戏。

这出戏主要按照王传淞老师的路子来，戏中我跟刘异龙的双人舞

梁谷音在《水浒记·活捉》中饰阎惜娇

是我们自己弄的。我是看了美国电影《人鬼情未了》中,男主角车祸死了,女主角天天做陶瓷,男的就在旁边围着她、保护她。我受电影的启发,觉得两个人要黏在一起,因为他是人,我是鬼,我要把他带走,可是我又不想害死他。所以我觉得《骂玉郎》安排得是不错的,动作不多,但是感觉都出来了。

采访人: 这出《活捉》1985年以后演的机会多吗?

梁谷音: 多,它是雅俗共赏的一出戏,演到哪里红到哪里。它有很优美的曲子,很漂亮的身段,又有很丰富的演技,大众都喜欢看这个戏,觉得有趣。它又有技巧,比较全,现在刘异龙不肯演了,太辛苦了,所以2008年5月10日是他最后一次表演了。

采访人: 您觉得自己比较偏爱哪些戏?喜欢哪些角色?

梁谷音: 应该讲像《烂柯山》《借茶》《活捉》《蝴蝶梦》《琵琶记》这些戏我都是很喜欢的,可是我最喜欢的还是《牡丹亭》,虽然这不是我的代表作。我最喜欢《牡丹亭》里的《离魂》,不是《寻梦》也不是《游园惊梦》,我认为《离魂》是我的最高点。我的专场是2008年,后面演的几场《离魂》我自己真的是觉得到了一定的境界。

采访人: 没想到您最喜欢的还是闺门旦。

梁谷音: 我就喜欢这出,很凄美。

采访人: 我看您也有很多像《婉容》这样的新编戏?

梁谷音: 一个演员肯定要经历这样一个过程,先是按部就班地学传统戏,后来自己想创造自己的戏,到最后还是回归到自己创造的传统戏,梅先生也是这样。他中间也排过《一缕麻》,可这都留不下来的。一个演员到一定程度会产生这样的追求和向往,他把世界想得很新奇,觉得非常有吸引力,会去探索,但是最后还是回归到他的《贵妃醉酒》。但这时他的《贵妃醉酒》已经有自己的东西,不是留下来的东西。

1992年,梁谷音在台湾演《婉容》造型头饰

采访人:这出新编戏是您一个人表演?

梁谷音:因为那时候是为了一人舞台,有一出《画皮》是一人舞台,还有《寻梦》也是一人舞台。那我想来个近代剧,就选《婉容》吧。于是我就看了很多关于婉容的资料,她的美激发了我的创造力,她真的太漂亮了。我自己版本的《婉容》是自编自导自演的,很流畅,但是很大众化,按部就班地把她的人生从头至尾唱出来了。后来到了日本,叶千荣①弄了一个剧本,是音乐剧,也不是昆剧了,找了金复载作曲。所以我对日本版的《婉容》更满意,因为音乐太棒了,用西洋音乐——大提琴和钢琴来表现。那个不是昆曲,但境界很高,完全是另外一种感觉了。

采访人:我们现在再来说传统戏,其实刚才谈到一点,昆大班和"传字辈"的老师在舞台经验有所不同,对于您自己演的戏当中,您是怎么样去继承和传承的?

梁谷音:我要把"传字辈"老师所有的东西都继承下来,因为他们原来的戏就很丰富了。在继承的同时也有自己的发展,像《泼水》在

---

① 叶千荣:毕业于上海戏剧学院,后赴日本从事研究工作。

最后压不住《痴梦》，因为《痴梦》太完整了，所以整出戏就有些头重脚轻。所以我就在《泼水》里面加了很多的印度舞蹈，这样前头那一段就很出彩，得到了沈传芷老师的认可。

采访人：除了《烂柯山》还有什么戏？

梁谷音：像《思凡》的表演，我基本上都是很生活化、现代化的表演，因为《思凡》它那个本子就是时代剧，演员的任务就是把本子更直接地交代给观众。像《牡丹亭》的本子那么含蓄，你就必须用含蓄的东西来演绎，这样你才能真正地体现汤显祖的东西。《思凡》那么一目了然，"小尼姑年方二八"，就要演得很直接，就像跟观众对话。就像很多影视作品里的表现手法，表现人物表情要用特写镜头。戏曲演员也一样，最重要的部分是看你的脸部表情，而不是水袖、台步。这一点计镇华很强，他盯着观众老半天，我有时候想他在干什么？其实这是他最出彩的地方，他可以有四五分钟盯着观众不动，所以我觉得演戏就是在跟观众对话。

采访人：您能谈谈自己的教学手段是怎样的吗？

梁谷音：这一班昆五班招得不错，因为他们也是从3 000人里面选拔出的55个。应该讲这些孩子本身条件不错，但是他们吃亏在哪里呢？这个当然也要反省我们自己，现在老师的态度不能跟我们"传字

1995年，梁谷音在台湾演《思凡》

辈"老师比了。

采访人：是教学的时间不够长？

梁谷音：一个是教学的时间，第二点，现在不可能像我们老师那样全心全意了，我们额外的事情太多，老师教我们的时候已经完全脱离舞台十几二十年了，我们的老师是很单纯的，就是教学。而我们又要演出，又要外地讲学。从学习时间上来说，现在的课程是一个礼拜学习三个下午，我们那时候一个礼拜要学习六个下午。

采访人：那您觉得传统的戏曲教学是像以前那样，一个老师、某一门派下面带着学生进行传授比较好，还是有一些其他的方式？

梁谷音：我到现在为止觉得还是老师带学生，手眼身法步，口传心授比较好。而且学戏的时候，学生在中专时期的老师比大学时期的老师要更好，学生越小老师越要好。因为学生小的时候不懂，如果老师出错了他也跟着错。到大学本科时期，学生已经有自己的鉴赏能力了，老师错他不会错，他会吸收老师好的地方。小的时候基础没打好，到了大学本科老师再来纠正就很难了。所以我一直讲中专的戏曲老师要有大学教授，大学本科的老师不一定要大学教授，一般会这个戏、会一点理论的人就能去教，可是中专那六年必须要好老师教。

采访人：那么您是怎么看昆曲未来的发展的？如何传承传统戏呢？

梁谷音：我觉得昆曲就是昆曲，你也不要去迁就它，为了大众化全部改成像《思凡》《下山》那

2001年，《琵琶行》剧照

样。昆曲的经典还是《牡丹亭》《长生殿》这些代表剧目，虽然其中也不乏《张三借靴》这样的昆曲小丑戏。我觉得昆曲本来的戏路就很宽，也不只有文学经典，也有很通俗的演出。所以我们既要大大地提倡演出本，也要讲究经典本。昆曲的经典本你不能要求观众完全理解，不能改成通俗的而降低了它的文化价值。昆曲的价值在文学，它的文本是它最大的财富，所以你不要去降低它文本的价值，也不要奢望大家都看得懂《牡丹亭》。不同层次的观众欣赏不同的剧目，不能为了迎合昆曲观众而去降低昆曲文学的表演。除了经典的名著，昆曲一般的演出生命力是很强的，譬如《借茶》《活捉》《思凡》《下山》《烂柯山》，包括《张三借靴》《狗洞》，这些到哪里都是内外行都喜欢的剧目。

采访人：如果让您回顾80年代以来的昆曲改革，您怎么看？

梁谷音：改革是必须的，但是改革必然要走弯路的，十个戏里面有一个戏成功已经了不得了，这个成功必须是拿那九个戏的牺牲才能获得。

采访人：这个弯路是指新编戏吗？

梁谷音：新编戏，所以昆曲最好是把《六十种曲》中没来演过的好本子拿来，经过高手剪裁，这样的成功率是最高的，给观众也是崭新的面目。因为它的剧本是老的，曲子是老的，这就保证了你的成功。

采访人：您觉得昆曲在您的生命当中处于什么样的地位？

梁谷音：其实不是我自己选择了昆曲，可以说是命运把我推到了昆曲，但恰恰这个剧种是值得用你一辈子心血去灌溉的剧种，也是你一辈子生命中能托付的一个剧种。我就觉得做自己可以托付生命的一个剧种，一个让自己能享受、陶醉心情的事业，这是我一生最大的幸福。这个剧种虽然不会大红大紫，但在舞台上是一种最高艺术境界的享受，我觉得人生足矣。

（采访：余　娟　整理：陈姿彤）

"杨子荣",是我艺术生涯的一个巨大的转折点

——童祥苓口述

童祥苓,1935年生于天津市,祖籍江西南昌。自八岁起学京剧,工文武老生,启蒙师承雷喜福、刘盛通、宋继亭、钱富川、高连甲先生。后宗余派,师承鲍吉祥、张少甫、陈秀华、张伯驹、曹世可、陈大濩先生。1955年在北京拜马连良先生为师,并参加北京京剧团。1956年在鞍山与鞍山京剧团主演张南云女士结婚,参加鞍山京剧团工作。1957年入上海京剧院,1959年拜周信芳先生为师。主演传统剧《四郎探母》《红鬃烈马》《大保国·二进宫》《战太平》《失街亭·空城计·斩马谡》《乌盆计》《击鼓骂曹》《群英会·借东风·华容道》等,创排主演新编历史剧《东郭先生》《汉宫春秋》《胭脂判》《甲午海战》以及现代剧《踏破东海千层浪》《赵一曼》《红色风暴》《智取威虎山》等。

童祥苓: 我叫童祥苓,1935年出生,我的祖籍是江西南昌。我是京剧演员,专工文武老生。

采访人：您当初怎么会学京剧呢？

童祥苓：这个主要是家庭环境的影响，因为出生于教育家庭，我的父亲母亲是搞教育的。我父亲他非常喜欢文艺，经常和文艺界接触，这样影响了我的姐姐、哥哥。我的姐姐、哥哥他们没怎么学习，主要是因为那个时候家里比较清贫，我母亲做教师，要养活那么多的子女吃饭、读书，那是不够的，所以家里经常典当。这个时候我姐姐她们大概十四五岁，一方面她们喜欢文艺，一方面她们想早点养家，早点自立赚钱帮助家庭的经济问题，这样她们就学戏了。学戏之后天天练功、演出，我天天看着，也有点上瘾，自己也喜欢，因为有的时候她们演出我到后台摸摸这儿、弄弄那儿。排戏的时候她们老师说戏我就趴在那儿看。有时候我姐姐学戏，记得那个时候学《春香闹学》，先生在那儿教，我天天听，听听我也会一点了。后来有一次，唱《春香闹学》的老师唱到那当中有一句的时候，我到了那个地方接着唱道："胡说！"我姐说你在这儿搅和什么，快出去，我们在这儿说戏呢。我当时心情挺委屈的，我在这儿给你答一曲词你还把我轰出来了。那个时候也想当演员，但是我当演员没有她们那么顺利。因为我母亲不同意，她是搞教育的，旧社会文艺界是地位比较低的，她觉得我们这些孩子都唱戏了，就剩下我一个最小的，就想让我读书。因为我们家读书还是很好的，我哥哥姐姐他们从小学到中学那都是能够拿免学金的，功课非常好，我们家都是在前三名。

可是呢，我这个人死不孝顺，偏要学戏。有一次闹到什么地步呢？学校做手工有彩色的纸可以叠东西的，我把那些弄纸糊的帽子，水彩勾勒的脸，全给糟蹋了，功课也不做。有一次我母亲正好跟姐姐出门演出，就剩我奶奶在家，老太太好骗，我就说我上学去了。其实我是爬上房，把书包往房顶上一搁，跑了。跑到北京的西单商场，旧社会西单商场里面白天有唱大鼓的，有唱京戏的，什么都有。我天天坐在那儿听京戏，听听就听上瘾了，一天两天三天四天。等过了半个多月了，学校说孩子怎么不来呀?给家里发了一个通知,那个时候我哥哥在土木工程大学,我奶奶说:"你看看学校里来了这个东西,你看是什么东西?"我哥一看不得了了,学校问孩子没有来上学,是什么缘故。奶奶说他天天去啊,怎么没有上学?这样就知道我其实是逃学了。我母亲知道了就训我,问我为什么逃学,我说我要唱戏,我母亲不同意,我死也要唱戏,非要唱戏不可。后来我母亲也想通了,算了吧,因为家里都唱戏,只有我大哥是大学生。他是学戏

童祥苓

学得晚,他天津南开大学毕业一个文凭,北京土木工程建筑学院一个文凭,但他也是戏迷,你说放着土木工程建筑学院他不去干,后来他也下海唱戏了。就这样母亲妥协了,我就如愿以偿去学戏了,就这样吃了这碗饭了。

采访人: 一开始的时候是您自己想学老生吗?

童祥苓: 这个是根据家里的情况,因为那个时候我两个姐姐唱旦角,我两个哥哥唱小生。后来一想旦角、小生,短一个老生。因为旦角戏老生配得多,老生将来也可以挑大梁,就这样,缺这么一个行当,所以我去学老生了。那个时候无所谓,只要让我唱戏,唱什么都行,生、旦、净、末、丑,只要让我唱戏就行。

采访人: 说到开始学戏的时候,您的家庭给您请的开蒙老师,是怎么样来教导您的?

童祥苓: 那个时候我们北京学戏对开蒙是非常重视的。打个比方,你将来要盖十层楼,你必须有十层楼的地基,所以这个地基是打基础,是非常重要的。另外小时候我实在是皮,皮到什么程度?我父亲把

大门都锁起来,怕我出去到处闯祸,因为我小时候爱闯祸。所以说,这个孩子一定得给他请厉害的先生,不能请善良的。

那么我的几位启蒙老师应该说是北京非常有名的先生了,像雷喜福先生、刘盛通先生、宋继亭先生,这是教老生的,还有教武戏的钱富川先生跟高连甲先生,这五位先生。雷先生是我们梨园行最有名的厉害先生,他们就是打戏,戏就是打出来的。那时候说是给我请了厉害的先生,头一次见面,先生来了,让我见见雷先生、钱先生两位老师,我就进去了。久闻雷先生厉害,一看果然名不虚传。雷先生近视,戴一副眼镜,脸一绷,山羊胡一捋,也不看你。我心想,这个先生得小心一点,是不一般。给先生鞠了躬,雷先生说:"你找我,跟我干什么?"这个问题挺简单嘛,干什么?学戏呀!"什么?"我说:"学戏呀!""嗯?"先生眼一瞪。我当时就想,这学戏还有其他的解释吗?还有什么说法吗?就是学戏呀!我又不敢再说,声音也小了,低声说:"学戏呀。"雷先生这个脸一沉,说:"你跟我学德,德性的德。你舞台上靠竞争是应该的,相互竞争但是台上不能阴损坏。你将来长大如果唱戏了,你要是这样的品行,你记住了,你别说是我雷喜福的学生。"那个时候我觉得老先生很严厉,对戏德很重视。

另外我举两个例子吧。有一次学《定军山》的黄忠,那天先生来了,头天教的东西第二天要走出来。走着走着我也不知道怎么雷先生跑到我后头去了,他拿了那么粗的一根藤杆,没有防备地往我这胳膊"啪"的一下。他一棍,我说动不了了,疼!挨完打之后,雷先生也不说,让我自己好好想想。这下麻烦了,我哪点错了不知道呀!自己就从头想到尾,想着想着原来是我那个胳膊没有抬起来,所以这儿挨了一棍,第二天我一走一抬胳膊就对了。那个时候我们学习很苦,你挨完打还得动脑筋。还有一次就是学《问樵闹府》,甩发没有甩好,雷先生要打了,我就把手搁在桌子上,一个竹的戒尺"啪"的一板。雷先生打了八下,打了三下手就肿起来了。那个时候我记得我母亲就在屋子里哭。

那时先生教我们的学戏叫打戏，但是我觉得也有好处，你挨完了打一辈子都记得住。

采访人：那您小时候会不会有点恨这样的严师呀？

童祥苓：雷先生他很好，平常拿我当儿子一样，一上课那就不是了，很严厉。有一次让我逮到机会了，雷先生有一捋山羊胡子，学完戏了他跟我父亲聊，聊着聊着累了就打个盹。我就弄了一把剪刀，趁他睡觉的时候把他的胡子剪了。等雷先生醒了，他老要捋胡子，一捋，胡子没了。他赶忙照镜子一看，胡子变很短了。他知道是我，他说小子你过来，我知道闯祸了，"你给老子的山羊胡子给剪了"。他说："说你把我胡子剪了，你吃老子三羊头！"他就抱着我脑袋，拿着他的脑子撞我脑子，真有功夫，撞得我晕乎乎的。现在回想起来，我觉得正是因为这些老师他们的严格，我才能学到很多的东西，基本功特别扎实，我现在非常感激他们。

采访人：您第一次登台是什么时候？

童祥苓：我开始学戏是八岁，读三年级，那个时候为了学戏不读书了。因为我小时候也经常上台，我姐姐唱《锁麟囊》，里面有一个小孩，我总演那个小孩。你别说，经常上台演出也有点舞台经验了，所以第一次上台是八岁学戏的时候，当年学了大概半年，那个时候我父亲让我上台演出，上台第一出戏是《黄金台》，那是在北京长安大戏院第一天演出。那时候心里美呀！我做了演员了，我今天上了台了。小时候在台上挺得意，有时候得意大发了就出毛病了。什么毛病呢？旧社会台上都可以饮场，就是你唱完了一段，别人演出的时候检场的，有一个人穿了大褂，他可以拿个小壶上去给你喝一口水，这是饮场。唱完了第一段我往那里一坐，那个小花脸在那里演戏，检场的过来给我喝一口水，我就喝了，喝完了之后就坐在那里，台下就"呜呜"起来。我看看小花脸，他们没有什么啊，台上也没有什么，台下声音越来越大。后来接着演，"启禀老爷，我拿住犯夜的了"，我这么念，"你们拿着犯夜的了"台词一开始，一念不对劲，这胡子喝水时候弄下来了，忘记戴上了，所以台下就笑话了。这就是舞台经验嘛，舞台经验都是从砸锅开始的，吸取这个教训，下回就不会犯这个错误了。

采访人： 新中国成立前，您一家都是唱戏的，童家班当时有哪些给您印象深刻的演出？您也是参与到他们的演出当中去的。

童祥苓： 我们家不是梨园界的祖传戏班，但是那个时候我姐姐童芷苓很红，她条件很好，个子高、嗓子好。那个时候在北京，一个剧团一个星期能演一两次就很不错了，她都能演。她演出的时候，我母亲总是带我到一个包厢里去看戏，每场戏看她演出就觉得都是客满的，有时候她唱得好大家都鼓掌。当时我坐在那儿特别羡慕，"哎呀，我什么时候能跟她一样，一演出就客满那多好"。后来印象最深刻的就是第一次跟姐姐合作，演《三娘教子》，那时候唱着唱着，小孩薛倚哥唱到半截我这个老薛保就出来了。我一出来台下就"哗"地大笑。原来是因为我姐姐个子很高，我是小孩，戴着白胡子，薛倚哥跟我差不多高，人家是演小孩的。本来应该是大人在那里跟薛倚哥对话的，"东人回来了"，跟小孩说话，可我这小孩对小孩，又扮老头，"东人回来了"，我只要一念词台下就一乐。那一场戏演得非常有意思，人家观众看着，小孩对小孩，我姐姐还那么高个儿，我还冲着她做戏。那个时候才八九岁，演娃娃的也就这个岁数，我这个小孩扮个老头还要去跟小孩说话，不是很有意思嘛。

采访人： 男演员会有变声期，您怎么去经历变声期的痛苦？

童祥苓： 这个是每个演员都要经历的，所以京剧演员，尤其是男演员，很难。因为要从小开始学戏，学到一定时期变声，如果变过来你就是条龙，变不过来就是条虫。有的人说变声变得很苦，唱不出来，我变声期还可以，能对付唱，但是也有很惨的时候。我记得在天津的中国大戏院演出，那个时候我姐姐演全本《穆桂英》，我演《辕门斩子》，有一句中间就唱破音了，来了一声嚯。第二天报纸上写道，"铁嗓钢喉遇见一把钢锯"，那个时候就是变声期。

采访人： 家里对于你的培养还是投入很大的，即使冒这样的风险。

童祥苓： 对，我姐姐她们学戏的时候苦，没钱的时候停学、自学，再没钱的话就典当了，没有东西当就没钱了。但是我学戏的时候条件很好了，因为我姐姐唱红了，家里有钱了。那个时候刘盛通先生和高连甲先生，一文一武全家是住在我们家里的，我父亲给他养着。为什么呢？因为我们小时候学戏课很多，早上起来有翻跟头的课，锻炼基本功的课，之后是把子功，中间还有雷先生上课，完了还有文化课，下午还有钱（富川）先生说戏。那么高先生跟刘先生他们作为机动，因为养在家里了，你这一个月的生活费我们家全部给了，一天之中我什么时候有空，刘先生再来说戏。另外就是我家里吊嗓子的，赵鸿文也是每个月包下来给吊嗓子，因为吊嗓子要唱四个小时，要唱好几出戏，练这个功，从低调门唱到高调门，从高调门唱回低调门，唱一段休息一段，时间比较长，这个也必须得包下来。另外我父亲为了我，有时候在家里排戏，排戏得有人配呀，找人给我配戏，养了十几个学生。另外做把子、做盔头的全在家里养着。所以那个时候应该说家里我姐姐的一半心血都花在我身上了，投资非常之大。那个时候我姐姐她们也愿意投资，因为我姐姐很疼我，女孩子嘛，再红也要嫁人的，只有男孩子将来唱戏了成了角，才能顶家里的大梁，所以在男孩子身上投资那是相当大的。

采访人： 说到您姐姐，一方面和她配戏，家庭也会给您一些唱戏方面的教育。比如说和赵慧秋在北京同台演戏的那次。

童祥苓： 那个时候唱戏，北京珠市口有个民主剧场，在那个地方演出。小时候嗓门高找不着旦角，就请了赵慧秋老师。那个时候赵慧秋老师年纪很大了，我很小，十一二岁。旦角难，因为我嗓子好、调门高，人家来了，她基本上按照我的调门唱，现在看起来非常棒的，但是当时旦角唱这么高的调门那是极不容易的。当时我觉得赵老师唱得有点吃力了，那时候我小呀，觉得怎么样，你唱不过我吧，在台上很骄傲、很得意，越唱越得意。我记得赵老师她下台后就哭了，我姐姐知道了之后，就很严厉地训我了。她说:"这个戏里面是唱戏,人家唱旦角,你的调门第一要降下来。第二,人家在台上有问题的时候,你应该想办法来帮她,你怎么在旁边幸灾乐祸还得意,这是非常不道德的事情,这舞台上怎么可以这样。"我当时还不服气呢,演戏么,谁管谁。姐姐说"你这么做就不对",训了我一个晚上。

小时候我不懂,后来到我三十多岁的时候,对这个事情我心里一直很内疚,什么时候有机会特别想找赵老师道个歉,小时候不懂事。这就是在我人生的成长道路上,我姐姐、哥哥、老师们对我在演戏、道德方面很大的帮助。

采访人:那您是缘何决定唱老生的呢?

童祥苓:我十四五岁正值刚解放的时候,我从上海回来到雷先生家里去学戏了。我有一次从雷先生家出来,到北京宣武门那里,顺着城墙有一个旧货摊,我骑车路过那儿,听见有一个人在唱,唱得非常好听,老生,非常的苍劲、玲珑、有味、浓厚。我就顺着这个声音去了,到那里一看,一个旧的留声机,还是手摇的,放的是旧的百代唱片公司的唱片。停下来了我就看,上面写了"余叔岩",唱的是《沙桥饯别》。从那开始我知道了,在我们老生行里有一个余叔岩唱得那么好,我就买了唱片,回去一听,真是越听越爱听。后来我就每天到那个小市去,余先生有18张半片子,逢余先生的片子我就买了,都买齐了,每天关在屋子里头听四小时。边听边琢磨,他为什么唱得那么好,他的劲头在哪里,他的发音在哪里,他的气口在哪里,就开始模仿。每天四小时,听一年多也不容易呀!学了一年多了,我就想什么时候自己去唱一次让别人来鉴别,看这个路子对不对,是否符合自己的条件。有一次在姜妙香先生家里,姜师兄是拉胡的,我哥哥也在,还有其他的几个老生,当时就唱着玩。姜先生也是唱戏的,我也唱了一段,当时我就唱了《沙桥饯别》,姜先生后院里住的是徐兰沅先生,我快唱完的时候,我就听见外头喊"谁在唱?这是谁唱的",一边喊一边就进来了,一个戴眼镜的,还留着小胡子,这就是徐兰沅先生。姜先生说这是我唱的,徐先生说:"对,你就这么唱的,你将来肯定唱得出来。"那么我就觉得学余派这是对的,我觉得一开始就学流派并不好,一开始应该打好基础,正正规规、方方圆圆,唱的方面都不出毛病,最后你的条件符合什么流派,自己开腔自己去选。我觉得演员能够开窍、能够选择,这是他成熟的开始,因为他知道哪条路是他的路。我开窍早,现在我回想起来要感谢我的家里,就因为家里有个戏班,我学一出戏就上一出戏,给我实践的机会太多了,实践的经验、舞台的经验使我早熟,使我能够去选择,应该说这个时候是我成熟的开始。

采访人: 之后还是自学余派吗?

童祥苓: 后来照我们的说法,雷先生、刘先生这些先生是我们小学打基础的先生,到了我选择余派的时候,就选择余派的先生了。像鲍吉祥先生跟余先生唱过戏的,还有咱们上海的张少甫先生、陈秀华先生,还有北京的张伯驹先生、陈大濩先生,只要唱余派的老生我就去主动学。学的过程中我发现一个问题,这些先生都是唱余派,但是他们唱得都不一样,每个人有每个人的特点。后来我悟出了一个道理,每个人有每个人的特点,每个人有每个人的生理条件,每个人有每个人不同的生活经历,对人物唱腔的理解又不同,所以唱出不同是合乎情理的。所以说每个人的理解不一样,每个人唱余派都可以根据自己的条件来。那么你学它的什么? 学它的发音,学它的劲头,学它的气口,学它的吐字、运腔,其他的根据自己的理解可以发展。跟这些先生学过之后我又悟出了一个道理,唱腔不要去死学,你学回来动脑筋去想,为什么这么唱,之后琢磨还有哪点符合自己的东西,那就有所发明,你才能有所发现,就能够有余下的基础来发挥自己的特长。

采访人: 后来再去拜马连良先生,初衷在于什么? 是不是觉得余派当中有自己的一些局限需要马派来弥补?

童祥苓: 学马派有历史了,我五六岁的时候,有一次马先生在上海

童祥苓与马连良合影

的中国大戏院演出《苏武牧羊》，我哥哥带我去看。那个时候满座买不到票，哥哥就带我到放映间，里面有一个小方块，在那里看。我看了太喜欢了，马先生年轻嗓子好，唱得流利、玲珑。解放后马先生到香港了，之后咱们政府又把他请回来，听到了这个消息我高兴得不得了，马先生每次演出我都买票去看。看着看着马先生不但扮相漂亮，身上圆，而且唱得流畅。

但是我总是发现他跟别的老生不一样，为什么不一样？我年轻的时候很容易接受一种东西，现在明白了其实就是时代感，马先生当时跟别的老生好像就是不一样，但他怎么不一样？为什么不一样？当时我就有一个念头，只有到马连良旁边去了解他，我才能知道为什么。我父亲知道了之后，托人找机会，后来找了一个孙先生，经过介绍，马先生同意看我。马先生收徒弟很严格，他不是随便收你的，要你唱一出戏看看。当时就演了一出，看完了过了几天，朋友来说先生让我到他家去，我就去了。去了之后当时马先生言语之间意思是可以收我了，我听了高兴得不得了，当时跪在地下，赶紧给先生磕了三个头。之后就天天到先生家里去。马先生这个人生活中穿衣很讲究，而且很合体，颜色各方面很时尚。我感觉这是他舞台上能跟上时代的基础，他思想时尚，跟其他老生不一样。他穿大褂就是不一样，他衣服的料子不一样，不是什么大缎子。我还观察他化妆、扮戏，因为我们那个时候还没有油彩，中国那个时候化妆就是用水粉，扑在脸上红的红，白的白。但是他用的是蜜丝佛陀，就是电影妆，跟我们不一样。等他化完妆到台上一看，我理解了，因为我们抹的妆太硬，白是白、红是红、黑是黑，太愣。那个时候舞台上不是汽油灯了，是电灯，不像现在还有彩色的片，当时没有，就是大白照光灯。但是他跟舞台上其他的人比，油彩在肌肤上很透、很柔，就像没有擦过粉一样，我就知道了他讲究色彩，台上讲究灯光。而且他的服装没有正色。什么叫正色？大红色他不用，用桃红、玫瑰红、墨绿、鹅黄，他都用中间色，很柔。另外他的服装也是经过改革的，有一次我在他家里，马先生买回来故衣，就是旧衣裳，我很好奇，买这个干嘛呢？马先生说你不懂，等过几天我一看，他做了一个浅豆沙颜色的衣服，这个衣服一出来，他上头的几个团龙就是那个纱箭衣剪下来的，往上一钉，非常有立体感。他的各方面都在不断地改革，这是随着时代而进。所以为什么那个时候，所有的老生里马先生最红，就在于他与时俱进。梅先生也是一样，他们在不断进化，这一点我觉得对我后来艺术的创想有很大的启示。

拜了马先生之后我就参加北京京剧团了，离开之前，我记得马先生一席话，对我教育很大，他说："你出去了离开我了，你写马连良的弟子我无可非议，是，你是我弟子，但最好是不挂。"当时我心里很难过的，那个时候还幼稚嘛，觉得我出去演出，马连良的弟子一挂上，叫座呀，容易成名呀！先生不要我这样挂肯定是不喜欢我这个学生，如果喜欢的话怎么会说这个呢？我很难受。但是在我30岁以后，当我成名了以后，我非常非常感激我的老师。我理解他，你走捷径可以，挂我弟子的名头，但是你社会基础不扎实，观众的基础不扎实；如果你是一步一步，从一个无名小卒，自己一步一个脚印走出来的，那你的社会基础就坚实了，你有很多很多的观众，即便你死了，人们也会记住你。这个对我的启示非常大，如果不是马先生这句话，我不会一步一步走一条艰难的路，肯定走捷径。

实际上马先生的马派也有余先生的基础，也有余先生的东西。

为什么呢？我记得是一九六几年，我那个时候已经在京剧院了，拜了周信芳先生，陪着周先生到北京演出，周先生1962年到北京演出《海瑞上疏》，周先生演海瑞，我们几个学生都陪他演。当时马先生去看戏了，哎哟，我说这可坏了，我跟马先生怎么说，拜了马门又拜周，没法交代呀！马先生一上台我就不敢看他，因为这按戏班来说是忌讳的，但是我真没有想到马先生上台了，就跟我说，你什么时候晚上有空到我这来给你说戏。哎呀，我这个兴奋啊！没有责怪我还说这个，我就到马先生家里去了。先生给我说的两出戏我很奇怪，《问樵闹府》和《打棍出箱》。哎哟，这个戏我都不演了，这个戏不上座呀！但是先生说你敢不学，学呀！学完了之后学《盗宗卷》，这我可沉不住气了，那个时候也二十来岁，胆大了点，就跟先生说了，您那个拿手戏给我说两出，这是马先生亲授，可是您给我说的这个戏我都不能演，演完了没有上座。马先生完全理解我的意思，他就跟我说，"小子，这两出戏是余先生每演我必看的"。之后我自打出了马先生的门，每天骑自行车就回味这句话，先生给我指出一条路，就是你的路应该走余（派），所以我就感觉到马先生有余派的基础，先生通过自己的实践，通过自己的创意发展成为马派。所以我就说马先生是真正的大师，为什么呢？他是无私的，我觉得先生教了我这些东西比跟我说了很多戏都是宝贵的。因为这是真东西，这是发自内心的东西，是他爱学生，根据学生的条件来规划将来的路应该怎么走，而不必拘泥于马派。从那之后我没有挂马连良的招牌，为什么？挂上了我就得做，你不唱人家的戏是不尊重人家的，而不挂的话我可以唱余派、唱马派，都可以唱，这是我一辈子感恩的。

采访人：在北京京剧团待了多久？之后呢？

童祥苓：在北京待了几个月，后来就去鞍山京剧团了。去鞍山是因为我父亲给我定了一个媳妇，我们是包办婚姻嘛。我父亲有一天拿了一张订婚书，签字、盖章，后来我一看上面写的是"张南云"。因为订了婚,夫人她在东北三省会演得了一等奖,之后在鞍山演出,意思叫我到鞍山去见个面,我就去了。去的时候很有意思,我的行李、衣服全跟马剧团运走了,没有什么衣服了,这见媳妇怎么办?那个时候正好冬天,就穿了我姐的一个蓝布的解放装。

张南云与童祥苓夫妇合影

那个时候看张南云梳着大辫子,长长的,应该说是个美人。后来因为结婚了,我就只能离开马剧团了,到鞍山京剧团跟她结婚,在鞍山京剧团工作了一段时间。

采访人: 您是什么时候转到上海京剧团的?

童祥苓: 那个时候我夫人怀孕了,不能演戏了,正好我姐姐好像是从国外演出回来路过北京。那个时候也不想来上海,因为我还想在北京京剧团,在先生旁边。正好马先生非常喜欢我的夫人,就说叫你家里的到我团里演花旦,因为她扮相漂亮。当时姐姐跟我谈她的想法,她就说京剧光吃人家的饭不行,得要闯出自己的一条路。她就总结了四大名旦、四大须生,都有自己的特点,有自己的流派,我们也应该创同样的艺术。想创造一个流派不是一个人所能成功的,得有一个集体,这个集体大家有一个共同目标,能志同道合地在舞台上。她说咱们家有这个条件,你看童祥苓、童寿苓、童芷苓、童葆苓,这在中国是不容易的。当时除了北京的叶家,叶盛兰、叶盛章、叶盛茂、叶盛长,恐怕第二家就是我们童家了,这是非常优越的条件。所以他们集中到上海,因为现在国家剧院有这条件我们可以创。就这样她说动了我,我就放弃了留在北京的想法,1957年就转到了上海。

采访人：最初您的姐姐说要形成一种童家的风格，她说的童家的风格具体是指什么？

童祥苓：要创造一个风格首先得有作品，得有自己的戏，像梅先生的《霸王别姬》——梅兰芳，《锁麟囊》——程砚秋，《红娘》——荀慧生。通过你的作品能想起你的人，因为你有特色，跟别人不一样，特色是先从戏形成的，没有作品唱腔改不了，所以先要有作品。所以我们开始到上海京剧院的时候，做的是先整旧，我们童家那个时候演传统戏，但是我们更着重于创新。比如说《雁门关》是很老的一出戏了，我们经过整理，按新编历史剧来。第二出戏就是《樊梨花》，这是新编历史剧，重新写的本子。有了戏我们再形成自己的唱腔，再加上自己的表演、大家的配合，当时如果不是"文化大革命"的话，我们童家的艺术可能就形成了。有一个作品你们可以找，《尤三姐》拍成电影了。那是在1962年搞的，陈西汀老师写的本子。演出之后反响很好，后来就拍了电影。拍电影中有很多地方，布景、服装，又加上导演的人物刻画等，唱腔、锣鼓点都有所调整。举一个例子，她自杀的那一场，快板，很多地方都进行了变革，像这样的锣鼓点过去是没有的，我们重新创造出了更适合这里的情绪。所以这个《尤三姐》，应该说是当时童家合作得比较成熟的一个作品。当时顺这个作品延续下去，后面我们又排了《武则天》《大闹宁国府》等，因为"文革"被打断了，所以很可惜。

这跟我们童家的一种艺术思想是分不开的，我们认为要想在京剧发展上有所作为，第一个要博学、广纳。所谓博学就是多看、多学，只要是好的戏你就得去拜人家。广纳就是把这个人、那个人身上好的都集中起来，就跟电脑储存库似的，你把很多的东西都储存到里面，当你用的时候，你就可以在里面找到资料，这就叫营养。这就是我学先生、拜各位先生的想法，为什么？马先生有马先生的特点，周先生有周先生的特点。表演不同，但是他们有很多创造的东西是相同的。举一个例子，那个时候拜院长的时候我说良心话，心里有一些顾虑。因为我很尊重院长,拜了先生不唱先生的戏,你说怎么办?可是先生的戏我实在唱不了,嗓音条件不一样。当时有这个顾虑,后来有一个机会,先生创了一个《义责王魁》,当时我在京剧院排戏,在周院长眼皮子底下排,那个时候我有一些改动,没有完全照院长那样唱。舆论把我压得够呛,压力很大,排也不是不排也不是。那么逼着我去照院长那样唱,非常苦恼。正在我为难之际,有一天排戏时院长来了,别人已经把我骂得够呛了,院长来了我怎么交代呀!后来我在排戏正好碰上了院长,他说有什么问题吗?有什么问题我给你说说。我说有点,当时院长看我很痛苦的样子,他说你来,就拉着我的手,到绍兴路三楼。三楼是创作组,里面没人,他说你有什么难处是吧,你跟我说说。我想这时候不说也不行,阵势摆在那儿了。"他们说我不像您,我唱您的那个吃力,所以我改了一点。"就举一个例子,王中听见那个王魁舍去了敫桂英跟相府的女儿结亲了,他唱一句"晴天霹雳一声震",我说我唱出高腔了,说完了我就把脑袋低下了,不敢看院长,等着挨骂。他说了一句话,我非常吃惊,"我要有嗓子我也会这样唱"。之后院长下去看我排戏,等我这出戏排完了,看完了就这样了,谁也不说了,我也有底了,院长通过了。周信芳先生跟马连良先生虽然他们流派不一样,但这两位先生都是我的好老师。他们没有局限,我觉得他不是墨守成规的。

另外我觉得,周院长他就是注重演人物,这个是北方不如南方的地方,北方讲究唱,南方讲究演。我在上海这么多年在表演方面,院长给了我很大的启示,虽然我跟院长学的戏少,演的戏少,但是他的东西我拿的并不少。所以我觉得这两位老师都给了我很多的营养,在我此后自己创造的时候给我很多的启示。

采访人:您自己的风格也是融合了两位大师,在向他们学习中也慢慢地形成了自己的风格了。

童祥苓:嗯,我所说的广学不是光拿过来,唱了半天你还是周、马,不是你自己,这也不是先生所期望的。要用他的东西,把他们主要的创造思路融会贯通，并且自己进行发展。比如说我《智取威虎山》里面创造的，打虎脱大衣，哪来的？是从院长的《义责王魁》里面摘出来的。演现代剧脱大衣不能就把两个胳膊一脱，往那儿一搁就完了，那就不叫京剧了。京剧是舞蹈表演的，这胳膊一脱、那脱完了一绕、一扔，就是源自《义责王魁》。这就是因为学的东西多，这个东西我该用哪儿，该用什么，你忽然就想起来了，但是你还得走你自己的范儿化过来，变成你的东西。只有你找出自己的东西，从你自己心里出来的东西，那才能自如。你的表演就非常有你的特色，有你的性格，各方面都在里头了。

采访人：您从什么时候开始特别有自己的特色所在？

童祥苓：我很遗憾，我这一生当中作品不多，只有一个，但我觉得我最成熟而且最成功的就是《智取威虎山》。因为我在实践当中，这里余、马、麟（派）都有，因为在唱腔上杨子荣这个角色要挺拔，那个时候给这个人物的特征就是一句话"眉头一皱，计上前来"，这个人非常聪明，非常之伶俐、敏捷，在他的唱上就要表现出这一点。

谁最伶俐、敏捷、玲珑呢？余叔岩，你非得借鉴他那个范儿不可。但是杨子荣有的时候要有流畅的地方，像"今日痛饮庆功酒"这里要非常流畅、非常轻快——马连良，马先生的流水是无可比拟的。但是杨子荣这个人物又要见棱见角，谁能见棱见角？演老生你找着找着就是周信芳周先生，周先生节奏感最强。唱上余叔岩，流水马连良，表演周信芳，人家看你这一块一块拼凑不能成为艺术品，所以要通过自己的脑子去化，把它形成你自己的东西，根据我的嗓音，我用他那个技术，变化为我的理解，就形成了我自己的风格。

我自己的风格应该是从1958年开始逐渐形成的。因为当时的时代背景是"大跃进"，那个时候人都很激奋，大炼钢铁，现在看来很盲目，但是当时的思想是那样的，情绪是那样的。在这种时代背景下，全国京剧院都掀起了一股创演戏曲现代戏的热潮，我们上海京剧院做了不少。一团里的纪玉良先生就创作了《智取威虎山》，所以《智取威虎山》不能算"文革"时期的作品，因为它是从1958年开始演的。我们二团我跟我姐姐当时排了《赵一曼》，三团演《红色风暴》，应该是三个戏。

采访人：当初开始接触现代戏的时候，怎么样去把京剧用到现代戏当中？您是怎么看待京剧现代戏的？

童祥苓：我觉得当时我们年轻，思想是开放的，因为年轻人接受新事物比较快，当时我们才二十几岁。当时想，第一，京剧能不能开一条另外的路，如果开了对京剧有好处，它可以多走一条路，那是我们这一代年轻人也为京剧做了一点事情。第二，我们的时代是那样的火热，有很多的题材，京剧为什么不能表现它呢？如果把这些东西表现出来也许一百年以后它又是历史了，革命的历史。戏曲不一样，它可以经常在舞台上，可以创作一个作品一百年长演不衰。像《四郎探母》老戏演了两百年，我们的现代剧也可以演两百年。第三，我们可以通过这个现代剧来创造很多新的表演程式，当时就是这三个想法促使我们年轻人进行创作。

采访人：现代剧创造新的京剧的规则，其实最成熟的就是《智取威虎山》，您最初是什么时候接触《智取威虎山》这出戏的？

童祥苓：接触《智取威虎山》最初是1964年，那个时候国内现代戏会演，我在法国跟孙正阳参加中国艺术团的欧洲演出，回来之后现代戏会演结束，返回上海。那个时候领导的意思是《智取威虎山》让青年人来接一下，当时我演的是少剑波，杨子荣是孙正阳演的。因为那个时候杨子荣这一角色主要是以念白和表演为主，少剑波是有唱，正好少剑波是老生我就接了。正在演《智取威虎山》的时候，同时《海港》也在排练，还是我姐姐童芷苓演的，当时我姐姐找我谈了，她说《海港》挺难搞，你还是到《海港》来吧，我就去演了《海港》里面的落后青年。此后我们学《红灯记》，姐姐改唱老旦，就这么演了《红灯记》了。那个时候杨春霞演的铁梅，我姐姐演的李奶奶，当时演出的时候效果还可以。那时候《智取威虎山》的演员有的被调到《海港》去了,杨子荣没人演了,所有的武生、老生都去参加考核了,当时我可没有想到要上去,因为杨子荣考核中挑选的人并没有我。当时我们演《红灯记》每个礼拜休息一天,休息的那一天正好没事,我跟夫人到淮海路遛弯去了,还没走到国泰电影院,迎头来了一部汽车,下车一看是我们团长,抓着我就让我上车,到了锦江小礼堂。进去到后台一看,同行都在里头,我说:"你们在干嘛?""考试。"我当时脑子也没有在那,觉得轮不上我,就唱了一段《定军山》。没有想到唱完一段下来局长就来了,问我还能唱《法场换子》吗? 我唱了一段,唱完之后还真没有想到,我被调入了《海港》剧组。一天之后,又通知我到《智取威虎山》,剧组告诉我说"你的任务"。那个时候贺梦梨同志也是一个唱武生的,身手、扮相都不错,正在演杨子荣,栾平的角色又归了孙正阳了。所以当时给我的任务就是,由于贺梦梨同志嗓子不太好,我来的任务就是把杨子荣的音乐形象竖起来。因为毛主席说了,这个京剧唱做念打没有流传的代表性唱段,戏曲流传不了,这个人物没有音乐形象,人们也记不住呀! 所以我的任务就是攻音乐形象。当时就让我试排,谁也没有说定准是谁。当时在排练中杨子荣应该是一个什么形象,谁也摸不准。

后来排到第四场的时候,剧本有了,但是我们不习惯了。一般京剧习惯先把唱腔设计出来,有了唱腔我们再排戏,排到这一场唱腔还没有弄出来。我跟导演说这没有腔怎么排啊,导演说:"你认为杨子荣当时是什么心

童祥苓饰杨子荣

情？你认为他应该怎么表态？那你就怎么唱吧。"正好这一句词,"共产党员时刻听共产党的话",要挺拔,试了多少遍,感觉要有一种党的激情。另外他还有一定的感情,非常地浓厚,因为参谋长说"子荣同志这次任务非比往常",有这么一句台词,203全体的战士非常关心杨子荣的安危,这次上山不比往常,打进土匪窝,一定要注意自己的安全,听到这些叮嘱我就感觉一阵温暖到我心里来。杨子荣非常激动,非常亢奋,所以要表现出深厚的感情,这里的调不能太激烈,它要含蓄但是要高亢,所以"共产党员"这段要唱得又抒情又激昂,我说就这么唱,我感觉这就是杨子荣的基调。所有的唱腔杨子荣的基调都比较高亢,但是也有抒情的。由于杨子荣的音乐形象找到了,我在排练中抓住了这个形象,所以那个时候基本上演员就定下来了,第一次就是我来演了。

采访人: 那是什么时候演出的呢？

童祥苓: 1965年,我们正式演出是1966年定稿以后,因为那个时候还没有定稿不能演出。那一部演出从1965年就开始创作,一次一次修改太多了。演了改,改了演。1966年下半年毛主席在京西宾馆看了这个戏之后,给改了词,之后回到上海,就对外公演了。

我记得那天我给毛主席演完了之后,毛主席改完词说这个戏可以了,当时就跟我们国际比赛得冠军一样,非常激动,主席定稿,这个戏通过我们一年多的心血,没有白费呀！当时我们整个剧组在台上跳,我回去后百感交集,睡不着觉,我就觉得毛主席非常关心我们的戏还亲自改词,真是非常激动。

1966年回来汇报演出,汇报演出以后大概快到年底,那会儿正值"文化大革命",就把我给揪出来进行批斗,所以《智取威虎山》从这儿就停止了。

采访人: 后来什么时候又回到电影剧组的呢？

童祥苓: 我当时就是写检查、劳动,再写检查。记得是"5·23"演出之后不久,找我谈话,又要交检查了。我都写了八十多份了,真是无话可写了。一位法院工作的朋友帮我出主意，"拿出最早一份，修改一下"。果真，我的检查顺利过关了，还通知我再进《智取威虎山》剧组，去北京拍电影。后来我才知道，要把样板戏搬上银幕，第一个就是《智取威虎山》，半年前已经成立摄制组，但寻遍全国，找不到杨子荣"声乐形象"合适的人，没办法只能让我重返剧组。所以我1969年中期就到北京的电影剧组了。

采访人：电影《智取威虎山》里面京剧上面的一些创作您是不是又进行了一些改动？又进行了哪些再创作呢？

童祥苓：电影《智取威虎山》主要是剧本和艺术处理方面进一步的加工、修改。首先就是从剧本上当时提出来要从原来的三个小时左右改成两个小时，大家考虑到一晚上要观众坐三个小时恐怕比较疲劳，要把这个戏压缩到两个小时以内，删繁就简、精炼剧本。当时没有编剧，就指定了我们自己来改，成立了一个小组。我记得那个时候接这个任务难啊，因为剧本已经是比较成熟了，你想想三个小时的戏剪成两个小时，剪错了也不行呀！但从谁开刀呢？大家头一天晚上坐着你看着我，我看着你，谁也不敢下这一刀。后来我想想，还是休息休息，第二天咱们改，先思考思考，看谁有什么主意。当天晚上我想必须从杨子荣身上开刀，为什么呢？因为十场戏里杨子荣占了七场戏，如果从他这儿剪是最大的下剪子的地方。但是提出来之后大家也很忐忑，从英雄人物身上开刀，不知道对不对，但是没有其他的办法。后来怎么改呢？重复的话或者重复的意思，或者有的话没有什么作用的，我们就从剧本上一句话一句话地剪，剪了十句话我们拿秒表掐了一下，一秒、两秒就这样。第四场少剑波和杨子荣的唱、对白都比较多，我们就先从这一场开刀。就这样改了一宿，我们终于把第四场掐掉了七八分钟。一场戏掐七八分钟，那十场戏下来也能达到五六十分钟了。之后就根据这个改，我们把修改的想法打了一个报告，连同第四场改好的剧本都标上，哪句从哪掐的，掐了多少句，掐了多少字，掐了多少秒就这样都标出来。后来批下来通过了，就按照这样改了，第一步就先从剧本上删减，把全剧改到了两个小时。

那么从剧本上看两个小时够了，但是从演出上看就不行了，因为演出的时候有唱腔、身段，加上锣鼓、音乐，时间还是要超出的。所以要求我们在表演上，快得不得了，在台上很少有喘息的地方。对唱的时候两个人衔接得非常准，非常之流畅，时间掐得正好。这就使得我们表演上有一定的难度，我不仅要会杨子荣的词，还要会座山雕的词。座山雕念的时候，我心里也默念，他的词结束的时候我一张嘴正合适，他也是一样，所以演员演出的难度相当大。我们在台上表现得特别熟练，没有空闲的时间给你想我这个动作应该怎么样，如果有那个时间你肯定要出戏了，所以那个时候每一场演出都是精神高度集中。应该说我们演员的训练不亚于运动员的训练，一天我们要训练七八个小时，包括排戏，我们演出也是两个小时，等于打一场球。打球是靠体力、靠技巧，戏剧演员不一样，唱、念、坐、打，蹦完了还要唱，唱完了还要念，念完了还要

《智取威虎山》剧照

打。演员还要从心里表演出来，比较累。我记得那个时候演出三场、四场、五场、六场，这四场是连着的，这在其他的戏里是没有的。这四场戏连着，还要改妆，时间非常之紧，体力消耗非常之大。反正六场戏下来，每次演出完了之后，我到了后台都要呕吐。现在我明白了为什么要呕吐，就是心脏不好，那个时候年轻不觉得，每次演完了戏脸都煞白，其实就是由于体力上很大的消耗。

采访人：当时拍电影拍了多久？谢铁骊导演在拍电影时，对于电影里的演出和戏曲的演出对您提出不同的要求了吗？

童祥苓：拍电影拍了两年，1969年到1970年，剧本改了很多稿。因为我们要把这个戏拍好，如何用现代戏来拍，适应电影的表达方式，电影又如何来适应舞台，包括如何处理舞台和电影的关系，这个都有一个过程，大家在一起讨论、修改、再试拍，磨合了很多次。

我觉得电影跟戏曲不同，因为戏曲是贯穿的，它从人物发展中演出的，第一场、第二场，故事情节从开始到高潮。电影不是，电影上来可能不直接拍第一场，可能先拍第四场或者第三场，情绪不好衔接。而且电影中的一场戏不一定是同一天拍下来的，一天拍四个镜头或者十个镜头，顺利了可以拍十几个，不顺利也许就拍一个，情绪上也要求你得贯穿起来，拍摄的顺序也是打乱的。

所以拍电影的时候我们有一个习惯的过程，没拍之前就要在那里琢磨，就要培养情绪，情绪到了开始试镜头、走台。那个时候走台人家是走位置，但是我们是走情绪，为什么？情绪上来一次、两次到三次，到饱和点了正好可以拍，所以说这对我们来说是一个新的过程。虽然我们也拍过戏剧电影，但是这样快的节奏，这样复杂的人物是一个新鲜的东西。

采访人：拍这个戏花了两年的时间，一直在北京，您会经常回家看看吗？

童祥苓：那个时候因为拍电影时间太长了，大伙都离开家了，这两年当中有两次演员可以分期分批回到上海探亲的机会，亲属也可以到北京来探亲两次，但是唯独我没有这种待遇，我跟我的夫人两年没有见面，因为不许我回去。我在北京的时候不但回不了上海，而且我夫人也不能从上海到北京看我。因为我处于一个特殊的地位，我是立功赎罪，等于戴罪之人。说实在的，叫我们去我们也不敢去。为什么呢？如果我夫人到了北京，万一我拍的过程中出了什么错，她也受不了。

当时很想见夫人，人家来探亲的，一到休息日带着孩子和老婆去玩，只有我一个人在旅馆里，无处可去。怎么办呢？那时候工资也减掉了，我夫人说给家里留了四十多块钱，我交了三十多块钱的饭费之后，还剩二十几块钱，要吃一点营养的东西，那个时候我还抽烟，花销是不够的。我只能到北海，一个人买一张票从后门走到前门，从前门再走到后门。北京的家也不许我去，要划清界限，不许我看望父母。那个时候我感觉到很孤独、很凄凉，有时候我就趴在北海河边的栏杆上看水里的鱼在游，我就感觉鱼比我自由，成群结队，而我不行，没有这种自由，连和亲人见面的自由都没有。那个时候剩下一毛钱买了两个烧饼，五分钱一个烧饼，这是我的夜宵。回去的时候整个招待所只有我一个人，我就在屋里，把衣服都洗好，晾好，把屋子打扫干净，就做这个作为消遣，除此之外没有其他的。那个时候好像生活在一个孤岛上一样，因为大家都走了，我心里有一种说不出来的滋味。

采访人：这个电影是什么时候上映的？上映之后您也可以回家了，有很多人认识您了，知名度就上去了。

童祥苓：1970年电影上映了，那个时候真是家喻户晓，不仅是电影，杨子荣的相片很多人家里都有。我拍完电影，并没有很大的成就感。领导找我谈话说，电影是拍完了，也算完成任务了，但是你要夹着尾巴做人。所以我出去的时候总是戴一个口罩，怕人家认出来，如果一旦认出来，那也是不得了的事。为什么呢？很多观众包括小孩，有的小学生看到我就喊，"啊！杨子荣！"有时候在火车上围着你，连蹦带跳，我特别不好意思。我记得那个时候参加广交会,一进去说今天《智取威虎山》来了,大伙找杨子荣,我就赶紧化个妆,怕人家认出来。我拍电影中眼睛受了损害,灯光照的,一到九点钟就容易充血,眼睛充血之后就点新福林,收缩血管的。后来准许我带个墨镜,因为"文革"的时候谁戴墨镜谁是特务,都不敢戴。后来他们找不着,我跑到二楼被人发现了,说戴眼镜的就是杨子荣。一听戴眼镜的是杨子荣,我赶紧把眼镜摘下来戴上口罩,一会儿人家又找到了三楼,说发现戴口罩的是杨子荣。

采访人: 您觉得《智取威虎山》在您的京剧艺术生涯当中,甚至在您生命当中占据一种怎样的位置?

童祥苓: 它是我艺术生涯的一个巨大的转折点。过去我们也演传统戏,也是主要演员,但一方面观众不熟悉,另一方面虽然我们也演得可以,但是毕竟老戏都是先生留下来的,是先生的东西,我们吃人家的饭,不是我们自己创造的。即便我们有一些发现,有一些改革,那也不等于是我们的。但是《智取威虎山》这个作品用京剧的形式,把现代人物搬上舞台,不能讲完全成功,但是确实取得了很好的效果。因为剧本不断地修改,多少年大家的心血放在那里,它相对比较成熟。在创造过程当中,我通过创造过程的实践,把我先生教给我的东西通过自己多少年的舞台经验,在创造中发掘了我自己的潜力,作品中出现了我自己的东西,有了自己的特点、个性。自己的艺术思想、对艺术的认识,通过舞台直接展现出来了,这样形成了我自己的品牌。所以一般想起杨子荣就想起了童祥苓,这个是连在一块的。通过这个作品,观众对我的艺术生活更了解了,更熟悉我了。通过这个戏我在艺术上有一个升华,通过实践也把先生教我的东西,不是原原本本地拿出来,而是通过一番消化而展现出我自己的东西,我觉得是通过这个戏开始使我对艺术又有了一个深刻的、进一步的认识。

采访人: 承包京剧二团是什么时候?当时为什么要走这条道路?

童祥苓: 1983年的时候京剧有点困难,不景气,当时是想把京剧从大锅饭带到经济发展的道路上,把京剧商品化,就搞了承包。当时我们剧团里发现的问题就是素质问题,剧团人的上进心、事业心不强,武戏不翻跟头,文戏不怎么练功。另外演员与舞台结合不符合规律。因为什么呢?过去像梅先生有剧团,四大名旦的剧团,各有各的风格,各有各的特点。大锣一响你就知道是谁,所以他们有个人的品牌,在社会上有一定的知名度、信任度,观众买票梅兰芳的演出两块钱,值!我们现在没有这个信任度,没有特色,大家都演这个戏,谁也分不出来。另外呢剧团的组成不是一个人,流派也不是一个人能形成的,必须有整体。比如梅先生他唱旦角的,他自然第一个考虑的就是小生,旦角要小生配。小生谁跟自己合适呢?在演出实践中他发现姜妙香先生跟他合适,他在不断地选择合适的人选,组成一个剧团。所以剧团不是谁指定谁就是谁,是要自然结合起来的。所以要走这一步,当时我跟党委和院领导说,要自由结合,你给我一个自由,我可以在全京剧院挑。当时我就提出,我说我挑人品好的、事业心强的,这样的我就要。那么看准了还要跟他谈话,为什么呢?这是一种改革,国家把经济权给我了,咱们自己去组成剧团,出去演出,当中有好的(收益)上交一部分,我们自己分红分一部分。当时京剧院是两包香烟一包自来火柴,奖金很可怜,京剧院已经走到这种地步了。

我们有这个想法,当时正好是农业改革,我就想文艺也应该改革。我就趁改革之际来实现我的理想,我的理想并不是光为赚钱,剧团要流动,要怎么流动,首先要有质量、有特色,在流动当中就可以增加收入,而且增加青年演员的实践。

当时有个小事情,《新民晚报》上画了一幅漫画,我们上海京剧院到外地演出,弄了一车的鸡,开着车鸡也飞了,就讽刺我们,当时剧团形象也是差了点。所以我那个时候就说,去演出任何人不能带这个东西,要保持车上的整洁,我们是艺术团体去演出,不是搞副食品去了。平常化妆的时候用擦脸油,要棉花,猛用呀,完了扔了一地。当时由于跟经济杠杆，跟个人利益拴在一块，你用的、糟蹋的是公积金的钱，这里头是分红钱，你们糟蹋多少我也不管。因为跟分红挂钩了，一看不用棉花了，大伙都改用软的纸，这个比较省钱。另外大家用纸用得少了，节约了，走的时候后台很干净。我记得那个时候文化部到京剧院来就说童祥苓的那个承包队最好，当时给我一个称号，我感动得不得了，"新文艺工作者典范"。解放初期唱戏的改成"新文艺工作者"，而且周总理说你们就是灵魂工程师，提得很高，这个不是多少钱能代替的，是一种精神上的翻身感，精神上的自尊，那天我听了这句话心里很激动，多少年没听到了。因为我们经历了从新中国成立前到新中国成立后，有对比，这个称号确实是来之不易，所以我就想把剧团搞成这样的一个剧团。

所以当时搞承包制搞了一年，那一年下来，京剧院给我70%的工资，我们自己补足了30%，包括米贴、副食品、演出消耗等，把这个刨除，那个时候一个人拿到大概一千多块钱、两千块钱不到，很多，我们很惊喜。

采访人： 您后来退休了去开了个小饭馆？

童祥苓： 90年代退休后，我们开了个饭馆。我们这一家子演了一辈子戏。我夫人呢，"文化大革命"中练出了做饭的好手艺，大儿子、小儿子也能弄一点，后来想想就开了一个小的饭店。那时手里没什么钱，就搞了个28平方米的小店，卖点面条、馄饨。那个时候真的有人还不太相信，搞这么一个小店得六七万块钱，租房、成本、装修弄了半天，拿不出来，也没有办法，有时候靠点演出，积攒下来开了这么一个小店。开始觉得虽然店小，但不能给上海丢脸呀，咱们得找三级厨师，找洗碗的，找下手，人倒不多，找了三个。那个时候不知道三级厨师一个月也要一两千块钱，干了两个月不对劲了，怎么这钱没有往里进，倒是往外拿了。后来知道了，咱们这个规模只能自己干，谁呀？就剩我跟我老伴了，那就咱们自己干吧。后来就我们和儿子，我们一家四口自己操持这个小店。我夫人跟我大儿子是大厨，我就是零碎，哪儿需要我就上哪个岗位，端菜需要我就端菜，切菜需要我就去切菜、洗菜。后来因为大儿子有了工作了，另外也实在太累了，就不开了。

采访人：您1998年的时候还曾经到美国，跟齐淑芳一起演出，还记得吗？

童祥苓：那个时候我大姐姐芷苓已经去世了，我小姐姐就认为最好是有机会到美国去一次，因为她年纪也大了，我也年纪大了。因为大姐姐去世了，我最后都没有见着，我大哥去世了，芷苓去世了。剩下就是我们，寿苓、葆苓大家能够见面的机会少，借这个机会到美国顺便看一下。那个时候齐淑芳就提出，演一场《智取威虎山》的第三场，因为她说在美国很多业余剧团演的现代戏，演解放军把国民党的军服穿上了，糟蹋我们的戏。她花了成本做了布景，咱们虽然人少，我一个，常宝一个，一个猎户，还有两个战士，咱们正儿八经地搞一场，就这样演了两场。

那时候我们开了一个记者招待会，很多人想了解为什么我到美国来，我说别的原因没有，因为我小时候就听说梅兰芳到美国演出很红，我们那个时候就有一个想法，希望自己也能到美国来演出一次，和美国观众见一次面。这次实现了，借着这个机会，给我的理想画了一个句号。

虽然我现在已经年纪大了，离开了舞台，但是应该说一生中京剧和我的生命是交织在一起的，我觉得这一生中在京剧的生涯当中有欢乐、有幸福、有辛酸、也有痛苦，我这一辈子就是在甜和苦中这么生活过来的。尽管我不在舞台上了，但是京剧这两个字永远在我心里。我非常非常希望在我有生之年能看到我们京剧真正的高潮，京剧能名副其实地成为中国的国粹，中国的国剧，得到观众的认可，得到观众的爱。我希望这一天能够在我活着的时候到来，这样我觉得我就开心了。

（采访：余　娟　整理：陈姿彤）

昆曲，是我生命的代名词
——蔡正仁口述

蔡正仁，1941年出生于浙江吴兴南浔镇，后全家迁往江苏吴江震泽镇。昆剧表演艺术家，国家一级演员。1961年毕业于上海市戏曲学校第一届昆剧演员班。工小生，尤其擅长官生戏。师承京昆艺术大师俞振飞及"传字辈"沈传芷、周传瑛等名家。其嗓音宽厚明亮，膛音充足，底气饱满，演唱满宫满调，感情真挚。代表剧目有《撞钟分宫》《惊变埋玉》《迎像哭像》《太白醉写》《八阳》《贩马记》《见娘》《乔醋》《评雪辨踪》等。主演大戏有《长生殿》《琵琶记》《牡丹亭》《白蛇传》《风筝误》《连环记》《班昭》《桃花扇》等。塑造了昆剧小生中官生、巾生、穷生、雉尾生等各种行当的不同人物。

1986年因演出《乔醋》《见娘》等剧获第四届中国戏剧梅花奖。1989年主演《长生殿》，荣获上海文化艺术节优秀成果奖。1993年主演《牡丹亭》，获上海白玉兰戏剧表演艺术奖主角奖。参演昆剧电视剧《牡丹亭》，获1997年全国电视戏曲片"飞天奖"和"金鹰奖"。获首届中国昆剧艺术节荣誉表演奖及首届宝钢高雅艺术奖等奖项。2009年因主演精华版昆剧《长生殿》而荣获第四届中国昆剧艺术节特别荣誉奖。2010年获第十三届文华表演奖榜首。

第八、九、十届全国政协委员，文化部振兴昆剧指导委员会委员，中国昆剧研究会常务理事，中国戏曲表演学会常务理事，上海京昆艺术发展咨询委员会副主任、研究室主任。曾任中国戏剧家协会理事，上海市戏剧家协会副主席，上海市文学艺术界联合会委员，上海市艺术教育委员会顾问，上海昆剧团团长。

采访人：请您先介绍一下自己吧。

蔡正仁：我叫蔡正仁，1941年7月2日（农历六月初八）出生于浙江南浔镇，后举家迁入江苏吴江震泽镇。

采访人：能谈谈您小时候是如何与戏曲结下不解之缘的吗？

蔡正仁：其实我小时候没接触过昆曲，连听都没听过。不过那个时候我的父亲喜欢京剧，是京剧票友。我记得小时候还看过父亲上台表演京剧，唱《借东风》。他也喜欢其他曲艺，像越剧、滑稽戏、评弹，那些剧团到我家乡来演出，他总是去看，有时候带着我去，所以我从小就喜欢看戏。每次看戏回来，我总要模仿着唱几句。记得我十岁的时候，我与我的三四个兄弟放学回来没事就一起学着模仿京剧《孙悟空》的武打戏。

采访人：您怎么会到上海来考戏校的呢？

蔡正仁：平时父亲看见我那么喜欢戏，他有一次就表示了一种遗憾，"要是招京剧多好"。我听到这句话，就问父亲怎么回事，他说在《解放日报》上看到一条招生广告，是"华东戏曲研究院昆曲演员训练班"招生。当时因为我的兄弟比较多，家里经济上比较困难。招生广告上有一条，"住、吃、学费全包，由国家供给"。父亲想如果我能考取的话，家里就少一个负担。不过父亲还是认为学京剧好，就没再提报名的事情。我自己还是蛮感兴趣的，虽然不知道昆曲是什么，但只要能穿龙袍演戏我就愿意去。于是我偷偷地写了一封信给我住在上海的大舅舅，他很快就回信了，而且还跑到华山路1448号昆曲演员训练班招生的地方，去要了份招生简章一同寄回。就这样，父母同意我去考戏校了。

从震泽镇到上海，现在看来很方便，路也不太远，大概120公里，可是当时还挺麻烦，几乎要走一天的路程。我早晨6点钟左右先坐上一艘小火轮，开三个小时到浙江的嘉兴，再换乘从杭州到上海的火车。当时大多是慢车，要开三个半小时才到，所以路上就用了一天的时间。那个时候还是冬天，下午5点钟到的时候天色基本已经黑了。

那是1953年的年底，我正好12岁，小学刚毕业。我到上海以后住在舅舅家，现在复兴中路襄阳南路这个地方。第二天我就去报名，然后等通知去参加考试。第一天是初试，通过之后还要复试，最后只录取60人。我是第一次参加这样的考试，觉得比考中学要复杂得多。我记得我的准考证是417号，后来了解到有三四千人来参加考试。

采访人：竞争很激烈，您记得当时考试的时候考了些什么内容？

蔡正仁：我记得当时出了很多表演的题目。比如老师端上来一个空的脸盆，他说现在这里有一脸盆的水，你想洗手，但伸手进去却发现是一盆滚烫的开水，你会是什么表情；天气非常冷，你只穿了单衣在马路上走，让你表演怎么走。还有，这时来了一个疯子拿刀在后面追你，你会怎么办？我想这个容易，我有过亲身经历。小时候在乡下小镇，放学了几个同学一起跑到果园里去偷点果子来吃。当时看果园的恰恰是个疯子，拿了个长棍追我们，我就把当时的情景演出来了。当时考试都是这一类的表演题目比较多，还有就是模仿，跟着老师的动作来学，看你的模仿能力和记忆能力。再有就是让我唱首歌，看看嗓音条件怎么样，我当时唱了一首《二郎山》，是歌颂解放军在青海造公路的，这个工程非常大，要翻越二郎山。我唱得很高昂，调门非常高，唱到一半拉二胡的老师弦拉断了，还说这小子厉害。总的来说我觉得考试的过程还算顺利。

采访人: 考完之后感觉怎么样?

蔡正仁: 说句实话,我从小在小镇上长大,没见过世面,连钢琴都没有见过,到上海来考试还是有一种自卑感的,在考场上的拘束感很明显。那么多人来考试,都是父母陪同来的,我就是独自一人,候考的时候心情也受影响。所以去看榜的时候,也没抱太大希望。但是我一直对能去上海读书有种向往,也把它作为我的最高理想。一是我可以到上海去,从此就成为上海学校的学生;二是我可以减轻家庭的负担,这个愿望也很强烈;三是我在考试的时候还看到学校里有很多木匠,在做学生的上下铺床,很羡慕,想到如果考取了我就可以睡这样的床。强烈的好奇心、内心的热烈愿望加之怕不能考取的忐忑,我是在这种很复杂的心态下去看榜的。到了那边一堆人围在那里,我钻进人群在榜单上来回看,第一遍看完以后脑子"嗡"的一下,坏了,没有看到。心想没办法,果然上海的学校不好考,垂头丧气就出来了。走了五六步路,心里头总是有点不甘心,难道我就这样完了?在这种想法的驱使下我又回头再去看了一遍,结果还是没看到,心里很难过。一边往校外走一边想怎么办,心想舅舅肯定明天就让我回家了,回去怎么面对父母?不知不觉走到了校门口,想到踏出校门口从此就不会再来了,带着这种心有不甘的心情我最后再回去看了一次。很有意思,第三次回去看,突然发现中间有"蔡正仁"三个字,我有点不敢相信自己的眼睛,怎么之前两次都没看到。当然这时我脑子还比较冷静,会不会是同名同姓的?我马上看了一下名字下面的准考证号码——417号。我一下子跳起来了,梦想成真的感觉,心里真是异常高兴。这仅仅是初试,复试之后的录取是发通知单。现在回想起来六十多年前的情景好像就在眼前。

采访人: 复试也很紧张吗?

蔡正仁: 复试的场面比初试还要大,主考官人也多。复试之时我心里头还是七上八下,因为我觉得竞争的对手比初试的还要棒。120

人进入复试，最后录取60人，相当于两个人当中选一个。考完试等通知的那一周，我在上海到处转，我想如果没有考取可能以后也没有机会来上海了，要逛个够。结果有一天回到家里已经天黑了，看到舅舅、舅妈坐在那边，表情很严肃，说通知单来了，你收拾收拾回家去吧。一听这话，我肯定是没有考取了。看我垂头丧气的样子，舅舅和舅妈偷笑起来，"你自己拿去看吧"。我拿着通知一看——"你已被录取"，我这才明白他们是跟我开玩笑呢。拿到这张通知，我的第一感觉就是好像做梦一样，真是非常高兴。之后我回到自己家里，跟父母说，在我几个弟弟面前也特别自豪。当时还没有意识到我要为昆曲事业做贡献，只是觉得很喜欢，很开心，能成为昆曲演员很自豪，但对昆曲的概念是很模糊的。

采访人：开学是什么时候？

蔡正仁：开学时间是1954年3月1日，过完了春节就准备赴上海开学了。

采访人：进了戏校之后您最先选择的行当是老生？

蔡正仁：第一个学期是不分行当的，所有的男同学都学两个角色，《长生殿·定情赐盒》，一个是唐明皇，一个是高力士，一个官生，一个丑角。所有女生都学杨贵妃。学了半年，有群唱，杨贵妃、唐明皇的对唱都有。所以如果说我与唐明皇这个角色有缘分，就缘起于1954年上半年第一学期学的第一个角色，第一次接触的就是唐明皇。后来到了第二学期，要分行归路了，当时老师问我："蔡正仁，你喜欢什么行当？"我毫不犹豫地回答："老生。"郑传鉴老师是当时老生组的老师，郑老师一看这个孩子倒是像个老生的脸架子，就让我到老生组了。老生大概学了一年多吧，那时我已到了倒嗓期。这个阶段短则半年到一年，多则三年到五年左右，是每个男生都要经历的。当时我也不懂，平时嗓子挺好的，忽然有一天什么都唱不上去了，声音也逐渐变粗了，我还以为是自己嗓子坏了，在课堂上唱不上去，当场就哭了。我的倒嗓期前后加起来有三年多。

采访人：这三年中就转成小生了吗？

蔡正仁：是这样的，我的嗓子久久不见起色，这三年当中每一个学期我都没有固定什么行当，因为老师吃不准你将来会干什么。有一段时间去学了武生，万一嗓子以后不太好，也能有口饭吃。

不久，沈传芷老师在小生组教《断桥》，原来小生组的许仙，老师都觉得不太满意，就让我去学学看。我之前不太喜欢小生，这与我看到有些剧团里演小生的演员水平比较差有关，所以没有好感。之所以同意去小生组，主要是因为我看到了俞振飞老师。俞老师当时从香港回到上海，他听说上海有一个昆曲演员训练班，很高兴，就跑到我们学校来看。他亲自跟朱传茗老师演了一出《评雪辨踪》。这个举动现在想想很不容易，给我们这些进来才两年不到的小小学生看这出戏。恰恰就是因为俞老师演的这出穷生戏，把我紧紧地吸引住了。自打俞老师这个戏演完以后，我完全入了迷，脑子里就开始翻腾。我想："这么一个小生怎么演得那么可爱。"也是巧得很，看我思想有了转变，不久沈老师就到老生组把我调到小生组来学《断桥》。那个时候我的变嗓已经到了恢复期，已经有了点小嗓子，但还没有完全变好。这种情况下我开始

沈传芷老师在教学，右一为蔡正仁

沈传芷老师给蔡正仁、岳美缇说戏

学《断桥》,许仙是我学习昆曲小生的第一个角色。朱传茗和沈传芷两位老师教《断桥》,我跟华文漪一起演的。后来我的嗓子逐渐恢复了,所以《断桥》可以说是我在学生时代早期演出最多的一个戏,也为我学小生打下了最大的基础。从此我就变成小生行当了,以后再也没有改变过行当。

采访人: 您觉得沈传芷老师在小生教学方面,给了您哪些比较大的帮助?

蔡正仁: 我们昆曲界流传一句话——"俞家唱沈家做"。沈传芷老师的父亲叫沈月泉,他的威望很高,艺术也是最好的,是"传字辈"老师的大先生。俞振飞老师很多戏也是沈月泉教的,所以后来同时有沈传芷和俞振飞两位老师在教我们,也没有发生很大的问题,两位老师都是互相尊重互相学习,这一点使我们这些学生感觉很幸福。

采访人: 沈老师的特点在哪里?

蔡正仁: 沈老师的特点就是他非常重视教学生表演,我得益匪浅的一点在于他的表演非常讲究,他的动作,以及所有的形体都服从人物的表演,这一点非常了不起。而且他每次跟我们排戏的时候先教我们唱、念白,然后还要教为什么唱这个内容、这个人物的思想情感是什么、为什么动作上要这样指出去,都要讲出个所以然。他非常注重人物的思想感情,这是沈老师的一大特点。

采访人: 那俞老师对于您具体的影响是怎样的?

蔡正仁: 我们虽然那个时候年纪比较小,对昆曲也不太了解,但是当时俞振飞这个名字我小时候听父亲、听很多亲戚朋友讲到过——当代著名的小生俞振飞、叶盛兰、姜妙香,所以对俞振飞先生可以说仰慕已久。后来华东戏曲研究院昆曲演员训练班扩大成上海市戏曲学校,他就开始担任我们的校长,这样一来我们接触的机会就比较多了。我记得俞老师正式开始跟我们拍曲子大概是1958年以后。我当时发生了意外。那个时期"大炼钢铁",我们全部到上钢三厂去劳动,我的左眼不小心被铁片打中了,情况非常危险,老师们赶快把我送到第九人民医院,立刻动了手术。第一次手术没有成功,铁片无法取出,医生说还要进行第二次手术,如果第二次还不成功就要把左眼球挖掉。当时学校领导非常着急,经过了很大的努力把我转到了当时的广慈医院,就是现在的瑞金医院。医院的眼科主任是留德的医生,由这样一名专家亲自给我动手术。当天晚上铁片取出来了,保住了我的左眼球,也就是保住了我当演员的基本条件,否则我也不可能当演员了。这件事发生在1958年,正值俞振飞老师和言慧珠老师参加赴欧洲访问的戏曲代表团之时,他们正在欧洲访问

蔡正仁与俞振飞老师合影

演出。不知道他怎么会知道我受伤的消息，就从欧洲写了一封信给我。这是俞振飞老师第一次跟我通信，信的内容是他知道我受伤的事情，感到很痛心，也知道我受了很多的苦，并且鼓励我，相信我一定会好，等他回来以后一定亲自给我们上课。这个消息对我来说是非常大的鼓舞，所以1958年下半年俞老师回来以后，就亲自给我们拍曲子上课。拍的第一个曲子就是《牡丹亭》的《拾画叫画》，我们跟俞老的关系就越来越亲近，越来越密切，一直到"文革"。

采访人：您同时有两位老师教戏，是特别幸运的事吧？

蔡正仁：是的，我觉得最要紧的，是我非常有幸能够同时跟两位老师学，一位毫无疑问是我的启蒙老师沈传芷老师，从1954年沈老师就开始教我了，一直到1994年沈老师去世，这40年间，一直是在教我。尽管因为"文革"中断了一个时期，"文革"后沈老师退休回到了苏州，但是我们还经常到苏州去看望老师，还不断地跟老师学习，这在戏曲界是比较少见的。俞老也是如此，从1958年开始给我们上课，到1961年我们毕业，他亲自带我们到香港去演出。"文革"开始，被迫中断。"文革"结束以后，我们经常请俞老给我们拍曲子，遇到问题，比如这个字怎么念，这个腔怎么唱更合适，还会不断地去请教俞振飞老师。所以我跟随这两位老师，几十年没有间断过。周传瑛老师在杭州，我向他学戏学的比较多的时间是集中在1986年的3、4、5月，文化部在苏州举办了一个昆曲演员培训班，周传瑛老师是培训班的班主任，他亲自教了我三出戏，《彩楼记》的《拾柴》，《红梨记》的《亭会》，《金雀记》的《乔醋》。关于《乔醋》也有一段故事，周老师刚教了一个开头突然吐血了，住了院。后半出戏是我到医院去，老师躺在病床上跟我说，说了我做给他看，他说对我就记下来，然后下午我再回到培训班，把上午老师教的东西再传给小生组的其他人。《乔醋》成了我后来经常演出的一个剧目，而且也是因为我演了一出《乔醋》、一出《见娘》而获得了第四届中国戏剧梅花奖。虽然周传瑛老师教的戏不太多，但

俞振飞和沈传芷给蔡正仁和华文漪说戏

是对我来讲受益匪浅。

采访人：您还记得第一回登台演出是在哪里？

蔡正仁：第一回登台演出是1956年在上海的国际饭店旁边的长江剧场，与华文漪合演《断桥》。

采访人：当时反响怎么样？

蔡正仁：我们都是学生，演出看上去还是很稚嫩的，老师怎么教我们就怎么演。不过说到《断桥》，在我身上的故事还是蛮多的。记得有一次，俞老师带领我们去复旦大学相辉堂演出《断桥》。那时我倒嗓以后嗓子刚刚有点起色，声音时好时坏。演出当天一早起来我去喊嗓子，感觉今天嗓子不错，我就想今天不要说话了，特地跑到药房里去买了个大口罩戴起来。我平时从来不戴口罩，同学们都觉得我很奇怪。我心里盘算着，我现在不说话，保护嗓子，到晚上我"哗"一叫吓你们一跳，有一鸣惊人的想法。哪里知道一天不讲话，嗓子就闷在里头，化好妆以后，闷了一天的嗓子，怎么喊也喊不出来。因为我那个时候才十五六岁，看起来还像个小孩，在台上光张口没声音，下面的观众是复旦大学的老师和学生们，看到这副狼狈相觉得我非常好笑，所以只要我一张口下面就哄堂大笑。这样一来这出戏被我搅得不像戏了。现在想想，当时不知道是怎么过来的，恨不得台上有个洞就钻进去。这件事情大大刺激了我，对我产生了重大的影响，演出结束后回到后台心里非常难过。

采访人：俞老师跟您说什么了吗？

蔡正仁：俞老师还在后台化妆，他可能还没有感觉到什么，也没看到。在我非常痛苦的时候，俞老师上台了，我就听到老师的声音从前台传进来，那真是好听得不得了，促使我跑到台边上，站在侧幕看俞老师的表演，一边看一边觉得唱得真好，跟我在舞台上形成了非常强烈的对比。回去之后我晚上睡不着觉，越想越觉得自己怎么那么不争气，原想是要一鸣惊人，结果是惨不忍睹。但是这件事刺激我得出一个结论——自己没功力，练得很不够。从此我下决心天天坚持喊嗓子，而且是起早摸黑。一般早上是六点半起床，我五点钟就起来去喊嗓子，而且一边回忆俞老的发音方法，一边模仿俞老的声音，这就开始了我长达两三年喊嗓子的生涯，风雨无阻。每天早上练一次，晚上练一次，放暑假我就跑到我的家乡运河边，对着河水喊。这样，我的嗓子越喊越好，所以说我这条嗓子基本上是这么练出来的。

现在回想一下，如果没有那天的出洋相，也许我就没有那么大的决心将喊嗓坚持下去。因为喊嗓子是非常枯燥无味的，是很单调的一种练习，没有恒心、没有决心、没有耐心是坚持不下去的。后来我跟俞老师的接触就越来越多，常常是沈传芷老师教会我一个戏，我又跑到俞振飞老师那儿请他给我加工，给我指点，哪些地方是还要努力的。因为俞老师有一个明显的优势，他的舞台实践机会大大多于我的启蒙老师沈传芷老师。沈老师长期从事教学，舞台演出基本处于停顿状态。俞振飞老师不仅教戏，他还有很丰富的舞台经验，常常上台演出，也受到观众的热烈欢迎,俞老师教我的时候可以把他宝贵的舞台经验传授给我,这个收获非常大。所以我这两位老师不断的教习和加工,促使我后来在艺术上、业务上有了很显著的进步,这是非常重要的。

采访人:您在戏校的毕业大戏是什么?

蔡正仁:主要是《白蛇传》和《杨门女将》。我们昆大班是提前毕业,之后成立了上海市戏曲学校京昆实验剧团。文化部和上海

蔡正仁(左)和恩师俞振飞合影

市委当时决定要组成一个京昆青年团到香港去进行演出。为什么选这两出剧目呢?因为中国京剧院的四团把《杨门女将》拍成了一部电影,在香港放映后引起了轰动,香港方面就强烈要求请中国京剧院的四团到香港演出。当时中央领导认为四团的电影在香港已经引起轰动,他们觉得应该再物色类似于四团这样的青年剧团到香港,派新中国培养出来的第一代青年演员,到香港全面展示一下。出于这样的意图,最后就决定派上海戏校这两届京昆毕业班组成一个团去演《杨门女将》,同时还决定京昆合演一出《白蛇传》。由于到香港的日期是10月以后,我们从8月到9月进行了建团公演,这两台戏也就成了我们毕业演出的重头戏了。

京昆合演的《白蛇传》阵容非常强大,引起了香港的轰动。从《游湖》到《合钵》分了四个白娘子、三个小青、三个许仙、两个法海,可以说是集中了昆曲大班跟京剧大班的毕业生中最优秀的学生。《上山》《逃禅》两折,唱昆曲。但临出发前发生了点意外,其他的两个小生去

不了了，就剩下我一个许仙了。这个戏从《游湖》《结亲》，再到许仙看见蛇现形吓死为止，也就是《酒变》，唱京剧。然后从《上山》到《盗草》，到许仙被救活，找法海去求教，一直到许仙逃下山来再去寻找娘子，这一段全部唱昆曲。然后从《断桥》开始到《合钵》《毁塔》为止又唱京剧，是两头京剧当中昆剧，成了京昆合演的一出戏。

1961年以前，内地派到香港去演出的剧团还很少，尤其是青年的大团到香港去演出的机会几乎是没有的，所以当时领导对这件事相当重视，他们反复考量应该是哪一台戏开炮。后来想出一个办法，决定到广州演《杨门女将》和《白蛇传》，从香港请来160位各界人士来观看，看完以后请他们发表意见说哪出戏开炮为好。早晨走台，本来是不要唱出来的，后来因为广东省戏曲学校的学生全部到台下来看排练，就唱完了一出戏。下午其实应该好好休息了，可是下午要开会，谈怎么样保证演出，结果没有休息。到了晚上演《白蛇传》，我那个时候扁桃体已经发炎得很厉害，那天晚上一直演到中间都很好，到了《断桥》，杨春霞唱一段非常重要的唱，大概十几分钟，很长的一段，我跪在那儿听白娘子唱，声音就闷在那儿，等到我该起来唱四句，声音又一下没有了，这是我第二次在台上哑嗓子。虽然前面都没问题，但到了最紧要关头的时候嗓子哑掉了，觉得这么重要的演出，我把这场戏唱砸了。没想到香港来的客人看完戏以后，因为我们有四个白娘子，年轻漂亮，

改革开放后，蔡正仁在《白蛇传·断桥》中饰许仙，华文漪饰白素贞

觉得这个戏非常好看，他们仍然决定应该以《白蛇传》作为打炮戏。这个时候我们离到香港演出只剩下一个多星期的时间，我嗓子哑了，领导们也非常着急，每天派一部车送我到中山医院去治疗嗓子，采取了各种办法。

所以最后到香港的开炮戏就是《白蛇传》，我还记得领导怕我万一嗓子又哑了，还挑了京剧班的一个小生叫费振年，跟我同时扮戏，什么时候觉得我嗓子不行了就他上。演出第一天，我前面都演完了，剩下就两场戏，一场是《断桥》，一场是《合钵》，我想虽然可以唱，但是后面预计要演12场，如果今天勉强能对付，后面还有11天，那怎么办？想了半天，我去找领导，请求从《断桥》开始就让费振年上，这样一来，由原来的一个许仙变成了两个许仙。我的所谓"小俞振飞"的称号就是这次在香港被观众们叫出来的。

采访人：在"文革"前你觉得还有什么比较重要的演出吗？

蔡正仁：在"文革"前最重要的还是毕业公演和到香港去的演出。我回来以后经常到各个地区巡回演出，演到1964年，实际上我们的传统戏基本就停下来了。到了1965年就很少演传统戏了，主要是演现代戏，1966年6月以后"文革"开始，一直到1976年10月粉碎"四人帮"，中间长达10年的时间，传统戏一直没法演。其实是12年，1964年到1966年这两年中，昆曲还可以演，1966年以后昆曲就不能演了，真正不能演昆曲的年数是10年超过一点，直到1978年我们成立上海昆剧团的时候才恢复。

采访人：您在"文革"期间是唱京剧吗？

蔡正仁：对，但是小生这个行当也不能唱了，小嗓不能用了，我就又去练大嗓了，整整花了三年左右的时间把大嗓练出来。那些样板戏如《智取威虎山》《红灯记》《沙家浜》我全唱。在传统戏上，我会的京剧大部分都是俞老师教我的，像《三堂会审》《罗成叫关》《白门楼》《凤还巢》《玉堂春》《春闺梦》《打侄上坟》等。

采访人："文革"期间昆曲的状况是什么样的？

蔡正仁："文革"期间可以说是自我摧残的十年。我所喜欢的昆曲变成了所谓毒害人民的东西了，心里很难过，也很矛盾。当时我居然亲手把自己学校里学的昆曲剧本撕掉，放在煤炉上烧，而且自己批判自己，不应该成为"封资修"的小资先生。后来我表示自己要演工农兵的英雄人物，就要丢掉过去"封资修"的东西，包括我的小嗓，所以经过三年多我又练了京剧的大嗓。"文革"期间，我跟俞老也无法交流，除了我去问俞老的戏装，跟老师有过几次接触以外，平时见了面大家只能用眼睛你看我，我看你，眼神交流。俞老不跟我讲话是怕"毒害"青年，我也怕连累俞老，真是很痛苦的一件事情，但是没办法。

采访人：其实内心还是觉得过去做的东西是对的？

蔡正仁：嘴上讲是受了毒害，心里还是喜欢的。不仅喜欢，而且觉得很可气，我辛辛苦苦学了这么多年的昆曲艺术，怎么会是毒害人民的？当时实在是很想不通的。

采访人：后来是到了1977年，您起草了一封要求恢复昆曲的信。

蔡正仁：当时上海一位很有名的画家谢稚柳先生，是一个昆剧迷。我们那时候跟谢伯伯有过接触，常常到他家里去玩。谢稚柳有一天跟我说："蔡正仁，我想来想去就觉得只有你可以去完成这个任务。"我说："谢伯伯，什么事儿？"他说："你应该带头起来起草一封信，与华文漪、岳美缇等，你们一起来要求恢复上海青年京昆剧团……"他特别强调说恢复昆曲。我听了谢伯伯这话后心里是很同意的，可是顾虑重重。一是我觉得现在给上海市委领导写信，他们能重视这个事情吗？二是如果我写好这封信，怎么能够送到这些领导的手里呢？我记得当时的上海市委书记是苏振华、倪志福、彭冲这三位主要领导，谢伯伯说彭冲同志特别喜欢昆曲。他几次三番动员我写信，说一定会受到上海市委的重视。在谢伯伯的极力鼓励下，我就联合几位同学起草了一封信，要求恢复上海青年京昆剧团，之后谢伯伯就把信递送给上海市委的主要领导。大概也就个把月以后，我就收到了非常振奋人心的消息——上海市委看到信以后认真讨论，作出了建立上海市昆曲剧团的决定。我们马上行动起来，把昆大班的同学基本都找了回来，在这基础上很快建团。这是新中国建立以后，在上海第一次成立的专业昆曲剧团，也是百年来上海出现的第一个专业昆剧团。

采访人：那"文革"之后演的第一出大戏是什么？

蔡正仁："文革"以后我们搞的第一出大戏是昆曲的现代戏《琼花》，当时是在《龙江颂》这个样板戏剧组的基础上恢复的，演员有华文漪、计镇华和我，还有其他几位是从《智取威虎山》剧组调到《龙江颂》剧组来的，这时昆剧团还没有正式成立。第二出戏，也就是上海昆剧团建团公演的剧目是《十五贯》，当时是1978年2月份。

采访人：您是主演哪个角色？

蔡正仁：我是演小生熊友兰，是被冤枉的一个角色。我们上海昆剧团建团的第一年排出了四台大戏，《十五贯》《孙悟空三打白骨精》《白蛇传》《蔡文姬》。当时大家的干劲非常足，现在想想一年排四个大戏几乎是不可能的，能排出两个大戏来就不得了了。

采访人：那您觉得上昆建立之初的黄金期有多久？

蔡正仁：黄金期大概三年吧。从观众的角度来说，我们建团演出的时候观众是排着队买票的，不过从1980年开始观众就逐渐减少了。那种长期以来没有戏看的心情也过去了，观众的要求也越来越高。

采访人：面对这样的情况，上昆又推出了哪些剧目呢？

蔡正仁：上昆建立的第二年也有两三部大戏。一般是在上演三四场到五六场后，观众就开始饱和了，我们就转移到江浙两省去巡回演出了。在建团前五年期间，我们到江浙两省去演出的频率是非常高的。1980年我就排了《连环记》《贵人魔影》两个戏。同时还恢复传统折子戏，以前演过复排的《贩马记》《墙头马上》等大戏。之后就到各省市，各个县、小镇，苏北、浙南去演出。

采访人：80年代也是您的黄金期吧？

蔡正仁：是的，我们也是刚刚开始恢复，不过这时候我又面临第三次练嗓子，因为"文革"期间练了大嗓，小嗓就没了，又开始为了恢复小嗓子练习。在我的艺术生涯当中有三次，从此就比较稳定了。

采访人：八九十年代您的代表剧目有哪些？

蔡正仁：称得上我的代表剧目的，《长生殿》是毫无疑问了，到现在还在演。特别到1987年我们排了完整版本的《长生殿》。此外还有《撞钟分宫》《贩马记》《乔醋》等。

采访人：比如说像《长生殿》，它是有一个变化的，从最初50年代在戏校的一些演出，到后来排成全本大戏，您可以说是这个过程的亲历者了。

蔡正仁：是啊，《长生殿》我们从学折子戏开始，一直学了将近有十多出，《定情赐盒》《密誓》《惊变》《埋玉》《闻铃》《哭像》等，到后来可以把它集中起来叫"折子戏串演"，这也是一种形式。后来到1987年，我们团的编剧唐葆祥对《长生殿》进行了整理改编，从《定情》开始一直到《埋玉》结束，结尾处还加了段霓裳舞，这样比较完整地排出来，并且在舞台灯光、音乐等各方面配合。1988年到日本去演出，轰动了日本。1989年我们参加第二届中国艺术节，但是比较遗憾的是1989年7月，我们团里发生了华文漪等七个人滞留美国不归的事情。这样的事情发生了以后，我跟华文漪共同排出的这个版本的戏就受到了很大的挫折。原定要参加11月在北京的第二届中国艺术节，后来决定让张静娴接替华文漪，最后这个戏还是如期参加了中国艺术节。可以讲从1987年排出全本《长生殿》一直到90年代，在我们现在排出四本《长生殿》之前，长达十多年，上海昆剧团都是演的这个版本。后来到了20世纪末、21世纪初这个阶段，我们开始酝酿全本《长生殿》，一直到2006年我们开排四本《长生殿》，2007年5月正式公演，以后我们的《长生殿》就出现了变化，变为四本。

蔡正仁在1987年版《长生殿》中饰唐明皇,华文漪饰杨贵妃

2010年5月,在第九届中国艺术节上,我们又搞了一个"精华版"的《长生殿》,也是从《定情》开始演到《埋玉》结束。我觉得整个戏应该比1987年的时候还要更进一步了,我们的年龄也增长了不少。所以在第九届中国艺术节上,我们取得了更大的成绩,在65台戏的角逐中,《长生殿》获得了第一名。这对我们来讲,搞了几十年的《长生殿》终于达到了顶峰。

采访人:对于唐明皇这一角色,您是如何去理解、消化、吸收昆曲的传统表现手法,并将自己的创造注入角色中的?

蔡正仁:我演《长生殿》中的主要人物唐明皇,无论从哪个角度来讲都是很有意思的。我是唱小生的,但是唐明皇是带髯口的,按照京剧来讲是归到老生,但是昆曲有一个很特别的行当叫冠生。因为唐明皇的身份、地位是

2009年,蔡正仁在《长生殿》(精华版)中饰唐明皇,张静娴饰杨玉环

最高的,他是属于冠生中的大冠生。要用大小嗓混合交替,但是要求你有膛音,小嗓不能太细,不能太尖,要宽、厚、亮,这个要求是比较高的,所以能够演好唐明皇这个角色在昆曲界的演员中为数不多。我很荣幸,这个角色我是得到了沈传芷老师和俞振飞老师的教授,特别是俞老师,他常演的一个戏就是《惊变埋玉》,我也看得特别多。可以说,俞老演的唐明皇在当代昆剧界已经是属于顶峰了,我受俞老的影响是非常之大的,在昆曲艺术生涯中演的最多的也就是《惊变埋玉》。同时还有一个戏就是大家都知道的,著名的唱功戏《迎像哭像》,是俞老最为拿手的一个戏。我很荣幸,这个戏也得到了沈传芷老师和俞振飞老师的亲授。尤其是俞老,《迎像哭像》是他在晚年常演的剧目之一,也是很多人非常向往观看的戏。俞老只要一演《迎像哭像》,我就必然在舞台一侧看老师的演出,这对我的帮助非常大。

　　这两出戏我学得比较扎实,俞老不仅跟我说应该怎么唱,还为我进行再加工,之后我又有机会看到老师在台上的演出,我觉得这点也至关重要。老师在教学和在台上演出的时候不是完全一样,他在舞台上有很多即兴的发挥,这对我来说是非常重要的经验。我看了老师的演出以后,我自己会琢磨,再去请教老师。我上台演出这个戏的时候,也请

蔡正仁在《长生殿·惊变》中饰唐明皇,张静娴饰杨贵妃

老师来看,让老师来指出我的不足,回去再加以练习。就是这样反复的、不断循环打磨的过程,让我打下了扎实的基础,得到真正有意义的提高。加之从昆剧团成立到后面排出四本的《长生殿》,中间的各种版本的演出,积累了非常难得的舞台实践的经验,最后终于呈现出了比较完整版的一到四本。所以我觉得《长生殿》获得成功绝非偶然,是经过长期以来不断地磨炼和实践,才能取得这样的成就。

蔡正仁在《迎像哭像》中饰唐明皇

采访人: 除了《长生殿》还有其他一些什么剧目呢?

蔡正仁: 还有《牡丹亭》《琵琶记》这些也是经常演的,俞老的拿手戏《贩马记》也是我非常喜欢演的戏。此外就是我得到梅花奖的两个戏,《见娘》和《乔醋》。《乔醋》是我近十几年来的一出常演剧目,也是不断获得好评的剧目,无论在台湾、香港、北京、上海演出都受到观众们的欢迎。

有一出戏,我应该特别地讲一讲,那就是《铁冠图》中的《撞钟分宫》。提到这两出戏的排练演出,颇有一番周折。《铁冠图》大家都知道是描写李自成起义攻打明王朝,崇祯帝自杀身亡的一部戏,在昆曲中很著名。但正因为戏中是骂李自成而同情明王朝,所以历来将此戏看成诬蔑农民起义的一本"反动戏",长期以来属"禁戏"范畴。尽管此戏在艺术上很有特色,亦是"大官生"的一出重头戏。但凡"传字辈"老师一提起《铁冠图》,都异口同声地说"好戏",当然这是指艺术上的。由于这个原因,我一直怀着好奇的心情,想要一睹该戏的风貌。终于我

80年代蔡正仁在《贩马记》中饰赵宠，华文漪饰李桂枝

的愿望实现了，1986年8月1日，我记得沈传芷老师同意我和张静娴、沈晓明赴苏州沈老家里，向老师学习《撞钟分宫》这出戏。8月5日回到上海，随即请导演秦锐生对此戏进行加工，大大丰富了原来的"初架子"，排练至20日定锣后即在瑞金大戏院进行了首演。后来剧团排练演出了大戏《甲申记》，《撞钟分宫》成为该剧的重头戏。时隔12年后又开始复排此戏，由沈斌担任导演，于2008年9月1日在逸夫舞台"雅部正音"专场演出中成功演出。这两出戏成了我晚年演出的重头戏，在上海、北京、台北、香港、南京等地演出都受到观众热烈欢迎。

此剧的成功说明了什么？这样有深厚基础的传统折子戏，经过不断地加工、排练，赋予了该剧时代生命力，受到了当代观众的欢迎，尤其是年轻观众，使该剧久演不衰。

这件事告诉我们：一是昆曲的家底很丰厚，但就算是经典剧目，只要经过我们认真地加工排练，给旧剧赋予新的生命力，那么仍然会受到当代观众的欢迎和热爱。二是传统剧目的加工、整理和排练，不是可有可无的，而是必不可少的。三是昆剧的生命力仍然是很强的。

国破家亡何足道，生离死别在今宵。

《撞钟分宫》一出戏，唱念做表皆称好。

2008年,蔡正仁在《撞钟分宫》中饰崇祯,缪斌饰王承恩

2008年,蔡正仁在《撞钟分宫》中饰崇祯,陈莉饰皇后

采访人:这些戏是您的代表作,您自己觉得在其中加注了哪些自己的东西呢?跟"传字辈"老师不同的是,"传字辈"老师由于历史原因他们的演出不多,长期以传授为主。像您在舞台上表演的时候,您会运用什么样的技巧?

蔡正仁：首先我觉得随着年龄的增长，舞台实践的磨炼和加强，我的熟练确实是达到了一定的程度。也有一些戏，像《迎像哭像》，看了很多俞老的演出，对我的帮助很大。后来老师80岁左右了，他的演出机会不多了，包括最拿手的《贩马记》也演得很少，大量的演出都堆到我身上了。俞老的一些常演剧目我几乎都学下来了，而且还成了我的常演剧目。随着我对每出戏的理解深入，对戏的不断加工，体会越来越深刻。我觉得还有很重要的一点是观众，特别是年轻观众在逐渐增加，所以我面对这样的一些现实，跟俞老年轻时候所面对的观众，他们的反应和要求是不一样的。

演出的节奏与以前不一样了，现在不能像以前一样慢条斯理，要快一些。能够经得起当代观众的检验，对如今的昆曲演员来说是很重要的一点，现场效果也很重要。《迎像哭像》是俞老最拿手的经典作品，但就是这样一出无可挑剔的戏，我在十几年前进行了一些调整。我没有改剧本，只是觉得它原来的唐明皇是穿黄帔戴九龙冠出场，唱三段之后说杨贵妃的雕像已经在宫门外候旨了，他说好，再进去换服装，换了唐帽，穿了蟒袍来迎见杨贵妃像。当时我觉得这样太浪费时间，中间有两分钟的时间台上没有任何动作，只等唐明皇换装。后来我就想了一个办法，一出场唐明皇就可以穿蟒袍戴唐帽上来，因为唐明皇知道今天杨贵妃的像已经雕成，没有必要再换装，这样就可省下两分钟，而且一气呵成，给人感觉更加精炼，没有什么废场。

我这样改动也征求了老师的意见，老师说你试试看吧。更让我感动的是老师在86岁的高龄，文化部录像记录俞老的表演艺术，俞老提出要把《哭像》作为他的剧目之一，而且老师还把我叫去，说要按照我的路子来录。老师按照学生改过的路子来，这是很难得的，以前是不可能的。老师是非常开通的，他觉得我这个改动很好，比他原来演得要好看，要精炼。

应该说俞老演了很多唐明皇和《长生殿》，但是他始终没有机会能把它串起来，所以老师演的《长生殿》都是传统剧目中的《长生殿》，从这个角度讲，我真的是比老师前进了一大步。我觉得这是时代赋予我的，老师要是多活几十年，或者没有"文革"，老师都有可能演到全本《长生殿》，很可惜老师没有碰到这样的机会。但是我碰上了，不仅碰上了，而且我还得到了观众的认可，这是我最感到欣慰的事情，也是很感人的一件事情。我曾经看到报上有一条报道，记者采访一名前来观看我四本《长生殿》的观众，他说："不看蔡正仁的《长生殿》将是我的终身遗憾。"作为一名从事了几十年昆曲艺术的演员，我能够听到观众这样高的评价，真是对我最大的安慰了。

采访人：您是什么时候开始担任上昆团长的？

蔡正仁：1990年。

采访人：您担任团长以后对昆曲进行了很多推广？

蔡正仁：我担任了18年的团长，这期间是做了一些推广活动，像昆曲走进大学就是这期间进行的。我觉得最大的一件事情是1994年从戏校毕业，所谓上海市戏曲学校昆曲三班的一些年轻演员们，他们到上海昆剧团的时候，舆论压力很大。他们在学校学了七八年，有很多演员连舞台都没上过，很多老师觉得他们的基础还不够扎实，很为他们担忧。这就促使昆剧团的领导班子狠下决心，把我们的工作重点全部转移到青年人的身上。所以从1993年到2000年这八年的时间，我们就拼命抓，把这些年轻演员全部锻造一番。

采访人：重点培养的是哪些人呢？

蔡正仁：比如说张军、沈昳丽、谷好好、黎安、余彬、吴双、倪泓等，其中好几个人都是到了上海昆剧团以后才展露出来的。为了把上海昆剧团过去的辉煌延续下去，一定要把这批小年轻培养成功，成为合格的、优秀的昆曲接班人，这是当时摆在我们上海昆剧团领导面前的一个非常实际的问题。记得1993年他们进团实习的时候，昆剧团的领导班子就公开宣告，今后工作中心将要转移到青年身上，我们除了排戏演出

蔡正仁与"昆五班"

以外用了大量的人力、物力、精力去培养这批年轻人,动员了全团的老师们给他们上课。

采访人:是有类似导师的制度吗?比如说您就是培养小生,王芝泉老师培养武旦。

蔡正仁:对,我们都分工教他们戏,然后一个个汇报、彩排,把我们大部分的精力都用到他们身上,这是很不容易的。花了八年的时间,从1993年开始,到2000年,可以说是上海昆剧团的老师们竭尽全力对昆三班进行了回炉再造。所以我觉得这是我担任团长18年中所干的最主要的工作,这对继承和发扬上海昆曲事业的辉煌有非常重大的意义。

当然在此期间上海昆剧团也排了很多戏,包括六本《牡丹亭》,后来又有上、中、下三本《牡丹亭》。另外,此前我跟梁谷音排了交响乐版的《牡丹亭》,岳美缇和张静娴、刘异龙排了《司马相如》,计镇华和梁谷音排了《邯郸梦》和《蝴蝶梦》等。还有就是大家都知道的新编历史剧《班昭》,和后来四本的《长生殿》,确实排了不少戏。

采访人:对于昆曲的继承,您觉得是要把过去失传的剧目更好地继承下来,还是说在这个基础上要更多地去探索新东西?

蔡正仁:那个时候我们叫"三种形式并肩前进",一种是传统折子戏,毫无疑问这是传承的主要内容,也是培养青年演员的主要手段,这个形式绝对不能放掉。第二种就是经典著作,《长生殿》《牡丹亭》《琵琶记》《连环记》等,这些根据昆曲固有的名著进行改编整理,比如我们上、中、下三本《牡丹亭》,全本的《长生殿》,还有折子戏串演的《长生殿》《琵琶记》等都是属于这一类的。第三种形式就是新编历史剧,也包括个别新编现代戏的尝试,这也是一种形式,我们也不放弃。新编历史剧最典型的就是《班昭》,还有《伤逝》《血手记》。《血手记》

2000年,蔡正仁在三本《牡丹亭》中饰柳梦梅,张静娴饰杜丽娘

不是现代剧,是根据莎士比亚的《麦克白》改编成昆曲,这都属于新编这一类的。传承的重要性确实被越来越深刻地认识到,因为大家都知道任何一个剧种都是离不开发展的,它一定要发展。所谓发展,并不是说把所有推翻重来、排新戏才是发展。对传统剧目进行整理、加工、提高也是一种发展。我认为像昆曲这样古老的剧种的发展,必须建立在原有深厚的传统基础上,否则这个发展就成了无本之木、无源之水。我们每前进一步,都是在传承好的基础上才能得到真正的发展,比如说我们得了精品剧目奖的《班昭》,完全是个新编历史剧,但是它唱的每一段曲牌都是完全按照昆曲的格律,它的表演也都是在昆曲传承的基础上进行一些新的创造。因此我觉得事实证明,在传承基础上进行的创新才有可能获得真正的成功。我们以前搞了很多戏都是在传承这方面做得不够,或者说在发挥昆曲的本体艺术上存在很严重的缺

陷，搞到一半就叫停了。

采访人： 关于昆曲的发展，培养青年演员一定是重中之重，您能谈谈当今昆曲青年演员的情况吗？

蔡正仁： 我们进行了纪念申遗成功十周年的各种活动，其中包括全国的"中青年展演周"，全国七个昆剧院团，加上中国戏曲学院、上海青年京昆剧团等在上海演出了九台戏，展示了在申遗成功后的十年中我们昆曲界的一些成绩。包括传承和创新，展示了这十年中全国昆曲界大批的优秀剧目，成绩是有目共睹的。也成长了一批非常有希望的年轻人，每个团都有一批，这在十年以前是看不到的。这十年中，像我们上昆排演了四本《长生殿》，苏州昆剧院排演了青春版的《牡丹亭》，江苏昆剧院也出现了很多非常有希望的年轻演员，我们这次都看到了。还有北昆组成的一台戏很精彩，从21岁到27岁这样年龄层的青年演员，各个行当的都有，受到了观众非常热烈的欢迎。

采访人： 说到培养青年演员，其实现在也是在继续培养昆五班，还有其他的一些年轻的演员。他们向您求教，您也是毫不吝惜地把自己的东西传授给他们，这么做的原因在哪里？存在哪些困难？

蔡正仁： 我觉得现在从中央到地方，昆曲的发展形势应该是比较好的，是这几十年比较少有的好时机。主要原因是从中央到地方，主管部门对于昆曲的认识都比过去有很大的提高，而且都产生了共识——对于我们国家古老的昆曲艺术要进行保护和扶持，这一点大家都没有疑义。但是如何更好地保护昆曲，如何使昆曲能够一代一代地传下去，这样一个重大的课题我觉得还有很多的工作需要我们去做。一些主管部门在这方面缺乏必要的或者是强有力的措施，各个地方的进展情况、实施措施、重视程度等也不平衡。我认为在传承方面最主要的问题，是师资力量分配不均，有些剧团老师的力量稍微强一点，有些剧团的师资就非常贫乏，这是昆曲传承工作中的一个大问题。这个问题怎么来解决？我始终认为需要强有力的组织，譬如文化部要采取非常实际的、非常有力的措施来支持各昆剧团在培养青年演员方面、在传承工作方面取得进一步的好成绩。那么条件不够的地方,如何来弥补呢? 光靠一个剧团的力量是做不到的,我认为全国需要有通盘考虑,要有一个统筹的规划和措施,否则最终会变成各搞各的,个别条件好一点的地方发展得好,条件不好的地方一直苦于没办法,这就造成了不平衡。长此以往,对于昆曲的传承是很不利的。

采访人: 但是相对其他剧种,国家对昆曲还是有一定的扶持,还没有完全市场化。

蔡正仁: 为什么要扶持昆曲呢? 我打个比方,昆曲就好比一个人,这个人想要站起来走路,可是他因为种种历史原因,站不稳了,甚至走三五步就会摔倒,说明这个人还活着,可是走不动。那么我们就应该把他扶持起立,他要往一边摔我们就应该有个人把他扶起来撑着他,这叫扶植。你想想看,如果这样的一个剧种,他还没有完全站稳,还没有到迈开大步勇往直前的时候,你让他完全走向市场,让他勇往直前,那他当然要摔跤,当然会摔得头破血流。所以对待昆曲的这样一种情况,就不能跟其他剧种一样,不能与"身强力壮"并且有很深厚的观众基础的剧种一样,不能同一而论。所以还是要根据不同的情况制订不同的政策,切忌搞一刀切,这是我的看法。

采访人: 上昆现在可以勇往直前吗?

蔡正仁: 上昆要勇往直前还为时尚早,尽管我们发现昆曲的青年观众是在增加,尽管像《长生殿》《牡丹亭》,我们发布演出信息以后一般都会客满,但是其观众基础仍然是薄弱的,要坚持在剧场连演三五场、七八场是不行的,所以昆曲的基础还是很薄弱的。

采访人: 能不能这么说,其实昆曲艺术还是小众化的?

蔡正仁: 是的,昆曲这样的剧种在相当长的时期内是没有办法自力更生的,它还需要政府的大力扶持才能逐渐恢复,这个过程我认为是需要相当长的时间。到底要到什么时候很难说,我觉得我们这代人还

2012年，蔡正仁在《班昭》中饰马续，张静娴饰班昭

不能完成这个任务，还需要经过好几代人坚持不懈的努力才能逐渐好转。对这个问题绝对是来不得半点浮躁和急躁情绪的，否则会坏事，很可能会把目前的大好形势毁于一旦，这是我的看法。

采访人： 昆曲在您的生命当中处于什么样的地位？

蔡正仁： 我觉得昆曲成了我生命的代名词吧，我离不开昆曲，恐怕这辈子叫我离开昆曲已经不现实了。当然我讲的离不开昆曲，不是我一直可以在舞台上演，这个还要看我的身体情况。我现在还能演演就演，演不动了就教，教不动了我就说，直到我的生命终止。这倒并没有半点虚夸，这是我思想深处的感情。因为我觉得一个人活在世界上，有很多事情是由不得个人的，譬如讲，我怎么会遇上昆曲？这就不完全为我个人的意志所转移，父亲让我去考京剧，结果京剧不招生只有昆曲，我说我不管，只要是穿龙袍的就去考，结果一下子考取了，从此我就跟昆曲搭上缘分了。跟我一起考取的有60位，可是坚持到现在的只有十几位，命运把我们跟昆曲紧紧地绑在一起了。经过这几十年的实践，我就告诉我自己，蔡正仁你今生今世只能跟昆曲有缘分了。

观众也一直给予我很大的鼓舞。特别是唐明皇这个角色，甚至有很多人在网上不称我为蔡正仁，就称我为"蔡明皇"。观众对昆曲、对我那么的热爱，我真是三生有幸，很感动，这也更加促使我热爱自己所从事的昆曲事业。这里我必须要说的是，我始终坚信不疑的一点是，昆曲这个剧种一定是有前途的，昆曲的将来是非常光明的。因为我认为时代在发展，人们所追求的艺术情趣、艺术的高雅性，昆曲都符合，所以我觉得昆曲这个剧种的前程是非常远大的。

采访人： 您坚信未来是很光明的，但是还需要一段时间才能实现。

蔡正仁： 我相信，但是我可能是看不到了。也许在我的下一代，或者是下一代的下一代，还要有好几代的时间才能看到昆曲最辉煌，又重新焕发青春的时代。但是我也绝对没想到我还健在的时候，还能亲身感受到昆曲复兴的光辉。看到当代的年轻人，尤其是年轻的知识分子是那么痴迷于昆曲，我非常欣慰。前不久我在剧场看戏的时候，碰到很多年轻观众，有些年轻人就跟我说："蔡老师你知道不知道，你的存在是我们生活当中绝对不可缺少的一部分。"我那次听到这句话以后，心中暗暗吃惊，这些年轻人怎么会把我看得那么重要！我能够在他们生活中，他们的脑海中，成了他们这么重要的一个部分，我是绝对想不到的。同时，从这句话当中可以看出他们对我的期望是很大的，所以我更要不断地努力，不能辜负他们的期望。

（采访：余　娟　整理：陈姿彤）

后记：留下一扇记忆的窗户

出版社跟我商量能不能写个后记，我发呆了许久，十多年来的一幕幕如同电影画面般闪过，个中的酸甜苦辣咸五味杂陈。有太多想表达的时候，反而不知从何说起了。

2005年年底，电台资深音乐编辑毕志光来找朱践耳（1922—2017）的音乐资料。朱践耳是我国著名作曲家，也是新中国第一代留苏学习作曲的留学生，他作曲的《唱支山歌给党听》传唱了几代人。当时我负责广播节目的数字化转存工作，看到过很多民国时期的老音乐家的作品，由于他们的资料很少，普通人对他们很陌生。当时我脑子里突然闪过一个念头，为什么不把目前还健在的老艺术家用镜头记录下来，给后人留下一份鲜活的资料呢？顺便也可以把他们手中保留的作品做数字化保存。我把想法跟时任馆领导的郭克榕、刘敬东做了汇报沟通，他们很支持。我们跟朱践耳先生一说，他也很高兴，一口答应了。最后，我们用了3—4个月的时间，把对朱践耳的口述历史采访和作品数字化全部完成了。为此我们还搞了一个小型的研讨会暨成果发布会。当时朱践耳先生推荐上海音乐学院著名音乐史家戴鹏海教授（1929—2017）在会上发言，但是他自己又不便出面去邀请。我没多想，从朱践耳家告别后直接奔到复兴路上海音乐学院宿舍去找戴鹏海教授了。老人住在一个平房里，阴暗潮湿，屋子里全是书。当我说明来意，老先生一口回绝。看情形似在气头上,果不其然,因为房子问题,他窝了一肚子火。事后得知,老先生在音乐界素以秉性刚直著称。那一下午足足谈了三个小时,终于把他说动了,我感觉自己的舌头都磨秃了一截。此后,我们成了朋友,而且第一批上海音乐家口述历史的名单也是他给开的,权威性毋庸置疑。可惜,由于家人在美国,老人赴美与家人团聚,最后终老他乡,好在他做了口述采访,他的故事留下了。

之后,我们又为闻讯而来的著名二胡演奏家闵惠芬女士(1945—2014)也做了口述和作品数字化保存工作。通过尝试为两位音乐家做口述积累的经验,我觉得可以推而广之,为更多的老艺术家做口述服务。但是,如果大面积推行,经费是个问题,我们毕竟是台里的职能部门,不是生产单位,没有专项资金可以提供支持。

2006年10月的一天晚上,我在《新民晚报》的文化版看到上海文化发展基金会刊登的资助项目启事,真是上天开眼。我对照着基金会的相关条款,觉得我们的项目可以达到资助要求。那么,以什么剧种作为开局呢? 2007年正好是越剧进上海百年的大日子,以此为契机,连同戴鹏海教授开的音乐家名单,我们以《老艺术家口述历史》(越剧、音乐部分)的名义向上海文化发展基金会做了申报,没想到第一次申报就获得了通过,解了我们的燃眉之急和后顾之忧。从此,老艺术家口述历史系列项目扬帆起航了,历年来开展的项目如下:

2006年,音乐家、越剧艺术家口述历史;

2008年,老广播人口述历史;

2009年,老电视人口述历史;

2011年,音乐家、京昆艺术家口述历史;

2012年,话剧艺术家口述历史,上海科教片厂艺术家口述历史;

2013年,淮剧艺术家口述历史;

2016年,杂技艺术家口述历史;

2017年,木偶戏艺术家口述历史;

2018年，老广播人口述历史（二期），音乐家、舞蹈家口述历史（二期），沪剧艺术家口述历史，滑稽戏艺术家口述历史；

2019年，老电视人口述历史（二期），上影厂艺术家口述历史（一期）。

还有1 000余位非艺术类人士的口述采访，这里按下不表。

不知不觉间，我们已经采访了近400位老艺术家。

我们早期采访的老人，有些已经不在了。这些老人经历了岁月的风雨，在他们风华正茂的时代，以那一代人特有的吃苦耐劳、特有的聪明才智，创立了属于他们特有的辉煌。他们身上有着许多鲜为人知的故事，他们的奋斗经历对后来者，对这座城市都有着非常重要的意义。

在如今这个浮躁的年代，还是需要有人沉下心去认真做一些利在未来的事情的。这些老人的感悟和经历是时代所赋予的，在与这些老人的交谈过程中所触摸到的，则是来自于他们那个时代和当年的这座城市所独有的印记。历史需要后来者去梳理，有温度的历史真相有时并不存在于书本里，而是在人的记忆里，而人的寿命是有限的，当人逝去了，某些历史片段与细节也就消失了。历史记忆是亲历者、当事人对历史事件的回溯，口述历史在保存历史记忆方面具有其他形式文献资料无可替代的价值。

当然，口述者提供的信息也会存在误差或失真。客观而言，人的记忆会因时间久远而发生误记。原因一般可分为两类：一类是无意为之，是受个人经历、情感等影响，或因时代变迁导致后来的认识覆盖了先前的认识，从而导致口述者提供的信息失真，作为当事人不一定对此有清醒的意识；另一类则是有意为之，为了"趋利避害"，在口述中着意修饰提升个人的形象，遮蔽了个人不光彩的一面。上述因素提醒我们在采访、整理、汇编口述素材时要细加辨别、谨慎对待，在定论时要多方考证确定。

人的一生，做成一件事不难，但是要把一件事做成一个事业则不容易。我们希望能将老艺术家口述历史项目打造成上海城市的文化名片,为后人留下一个鲜活的、留存着上海文化事业发展脉络的记忆库,使上海的文化历史得以延续和保存。

我不是历史学家,只能算是一个历史爱好者,机缘巧合地做了一些记录历史的活儿,既然做了,也总想把事情做好,给自己一个交代,就像阿Q先生一样给自己画一个圆圆的圆。但是,我知道人生总有遗憾,我已过了知天命之年,即将迈入六十耳顺,后续还想将其他几个剧种的老艺术家口述资料也结集出版,但是能不能实现,要看天意了。

好了,拉拉杂杂说了这些,既是坦露心迹,也是立此存照,没准若干年后让我口述这段历史时,也好有个依据。

在此郑重鸣谢李尚智先生、郭克榕女士、刘敬东先生,你们三位是上海音像资料馆口述历史工作最早的推动者;

感谢历任馆领导对口述工作的支持,感谢你们容忍我的"不务正业";

感谢各分册的主编们,你们在日常工作之余审订几十万字的口述采访文稿,个中甘苦我深有体会;

感谢因为种种原因离开的参与者,成果中也有着你们的付出;

感谢上大社·锦珂优秀图书出版基金对这套丛书的出版提供的资助;

最后,要特别感谢上海文化发展基金会,没有你们的扶持,我们走不了这么远。

SMG上海音像资料馆口述历史工作室

李丹青

2020年5月20日